슈퍼 글로벌 리더가 세상을 움직인다

저자_ 이미숙

1판 1쇄 인쇄_ 2009. 10. 15.
1판 1쇄 발행_ 2009. 10. 20.

발행처_ 김영사
발행인_ 박은주

등록번호_ 제406-2003-036호
등록일자_ 1979. 5. 17.

경기도 파주시 교하읍 문발리 출판단지 515-1 우편번호 413-756
마케팅부 031)955-3100, 편집부 031)955-3250, 팩시밀리 031)955-3111

저작권자 ⓒ 이미숙, 문화일보, 2009
이 책의 저작권은 저자에게 있습니다.
서면에 의한 저자와 출판사의 허락없이 내용의 일부를 인용하거나 발췌하는 것을 금합니다.

Copyright ⓒ 2009 by Lee misook, The Munhwa Ilbo
All rights reserved including the rights of reproduction
in whole or in part in any form, printed in Korea.

값은 뒤표지에 있습니다.
ISBN 978-89-349-3553-7 03320

독자의견 전화_ 031)955-3200
홈페이지_ http://www.gimmyoung.com
이메일_ bestbook@gimmyoung.com

좋은 독자가 좋은 책을 만듭니다.
김영사는 독자 여러분의 의견에 항상 귀 기울이고 있습니다.

슈퍼 글로벌 리더가
세상을 움직인다

BILL EMMOTT　　JACK VALENTI
GUY SORMAN　　WALDEN BELLO
LESTER C. THUROW　　JANICE LYN MARSHALL
CHARLES ARMSTRONG　　STEPHEN TRACHTENBERG
KISHORE MAHBUBANI　　PRATAP BHANU MEHTA
THOMAS L. FRIEDMAN　　RICHARD POSNER
ROSS HONEYWILL　　BENJAMIN BARBER
MARVIN JONIS　　SHASI THAROOR
HOWARD ZINN　　EDWIN FUELNER
PAUL BERMAN　　ANN VENEMAN
BILL KRISTOL　　RAUL RIVERO

SUPER GLOBAL LEADER

세계 1% 지성들의 라이프스타일과 생각법

슈퍼 글로벌 리더가 세상을 움직인다

이미숙 지음

김영사

차례

세계를 움직이는 글로벌 리더 · 7
서문 1% 리더에게 배우는 세상을 사는 지혜 · 14

1장 세계를 움직이는 지성들의 라이프스타일

두려움 없는 호기심이 미국 밖으로 나를 이끌었다
토머스 프리드먼, 〈뉴욕타임스〉 칼럼니스트 · 32

진화하는 글로벌리스트가 사는 법
빌 에모트, 〈이코노미스트〉 편집장 · 47

사회주의의 종말을 선언한 한 유럽인의 꿈
기 소르망, 문명비평가 · 70

10년 후를 예고하고 20년 후를 대비한 경제학계의 거장
레스터 서로, MIT 슬로안 경영대학원장 · 82

아메리칸 드림은 여전히 유효하다
찰스 암스트롱, 컬럼비아대 역사학과 교수 · 95

헬로 아시아, 굿바이 웨스트
키쇼어 마흐부바니, 싱가포르국립대 리콴유공공정책대학원장 · 105

21세기 혁명적 계층 네오 파워를 주목하라
로스 허니월, 글로벌 트렌드 연구가 · 120

김치 속에 빅맥의 원리가 숨어 있다
마빈 조니스, 시카고대 경영대학원 교수 · 134

2장 1%의 리더들이 세계를 보는 방법

좌파 휴머니스트가 말하는 인생에서 가장 소중한 것
하워드 진, 역사학자 · 146

밥 딜런을 들으며 거리로 나선 68 이상주의자
폴 버먼, 68세대 저널리스트 · 159

보수에 도전장을 내미는 네오콘
빌 크리스톨, 〈위클리 스탠더드〉 발행인 · 170

아바나에서는 누구도 체 게바라를 말하지 않는다
라울 리베로, 쿠바 반체제 시인 · 181

민주주의 실천 운동으로 글로벌 세상을 바꾼다
벤자민 바버, 글로벌 시민운동가 · 195

새로운 진보는 중산층의 생활 가치 속에 숨어 있다
월든 벨로, 아시아 시민운동가 · 206

거대한 파도는 모든 배를 뜨게 한다
에드윈 풀너, 헤리티지재단 이사장 · 218

3장 열정으로 세계를 사로잡은 리더들의 일하는 법

21세기 파우스트를 꿈꾸는 퍼블릭 지식인
리처드 포스너, 미연방 판사 · 234

유방암도 물리친 뚝심으로 세계 어린이의 수호천사가 되다
앤 베너먼, 유니세프 사무총장 · 245

할리우드를 사로잡은 로비의 승부사
잭 발렌티, 미국영화협회 회장 · 255

모국어만으로는 글로벌 세상을 살 수 없다
스티븐 트래첸버그, 조지워싱턴대 총장 · 267

글로벌 외교계의 카멜레온
샤시 타루르, 유엔 사무차장 · 277

지구촌 가장 낮은 곳에서 소명을 펼치는 난민들의 대모
제니스 린 마셜, 유엔 난민기구 한국 대표 · 289

인도의 부상을 꿈꾸는 신경제학자의 라이프스타일
프라탑 바누 메타, 인도 사회조사연구소장 · 301

후기 지상 최고의 글로벌 인터뷰 · 309

세계를 움직이는 글로벌 리더

1. 토머스 프리드먼 Thomas L. Friedman 저널리스트

- 1953년 미국 미네소타 주 출생
- 브랜다이스대 졸업, 옥스퍼드대 중동학 석사
- UPI 베이루트 특파원, 〈뉴욕타임스〉 베이루트 지국장, 예루살렘 지국장
- 〈뉴욕타임스〉 백악관 출입기자
- 〈뉴욕타임스〉 국제담당 칼럼니스트
- 저서로 《렉서스와 올리브나무》, 《세계는 평평하다》, 《코드 그린》 등

2. 빌 에모트 Bill Emmott 저널리스트, 컨설턴트

- 1956년 영국 런던 출생
- 옥스퍼드대 맥달렌 칼리지 졸업. 정치학, 철학, 경제학 전공
- 〈이코노미스트〉 브뤼셀, 도쿄 특파원
- 〈이코노미스트〉 편집장(1993~2006)
- 국제 비즈니스 컨설턴트
- 저서로 《20:21 비전》, 《태양은 다시 진다 The Sun Also Sets》, 《일본 부활》 등

3. 기 소르망 Guy Sorman 문명비평가

- 1944년 프랑스 파리 출생
- 동양어학교 일본어 전공, 파리행정대학원(ENA) 졸업
- 파리행정대학원 경제학 초빙교수(1977~2000)
- 미국 스탠퍼드대학교 후버연구소 객원연구원(1985)
- 프랑스 총리 고문(1995~97)
- 파리 근교 불로뉴 부시장
- 〈르 피가로〉 〈월스트리트 저널〉 칼럼니스트
- 저서로 《Made in USA》, 《진보와 그의 적들》, 《경제는 거짓말을 하지 않는다》 등
- 이명박 대통령 직속 미래기획위원회의 자문위원(2008)

4. 레스터 서로 Lester C. Thurow MIT 슬로안 경영대학원장
1938년 미국 몬태나주 리빙스턴 출생
윌리엄스 칼리지 졸업. 정치경제학 전공
로즈 장학생, 옥스퍼드대에서 철학, 경제학, 정치학 수학
매사추세츠 공과대학(MIT) 교수(1968~)
MIT 슬로안 경영대학원장(1987~93)
저서로 《제로섬 사회》, 《세계 경제 전쟁 Head to Head》, 《자본주의의 미래》 등

5. 찰스 암스트롱 Charles Armstrong 컬럼비아대 역사학과 교수
1962년 대구 출생
예일대 동아시아학과 졸업, 런던경제대 국제관계학 석사, 시카고대 역사학 박사
컬럼비아대 역사학과 교수, 한국학연구센터 소장
저서로 《북조선 탄생 1945~50》, 《더 코리아스 The Koreas》 등

6. 키쇼어 마흐부바니 Kishore Mahbubani 외교관 출신 역사 비평가
1948년 싱가포르 출생
싱가포르국립대 졸업. 철학 전공
캐나다 델하우시대 철학 석사 및 명예철학 박사
싱가포르 외교관(1991~2004), 유엔 주재 싱가포르 대사
유엔 안전보장이사회 의장(2001~2002)
저서로 《아시아인은 생각할 줄 아는가 Can Asians Think?》, 《헬로 아시아》 등

7. 로스 허니윌 Ross Honeywill 글로벌 트렌드 연구가
1949년 호주 브리즈번 출생
퀸즐랜드대 졸업. 심리학, 사회학 전공
아델라이데대 엘튼 메이요 경영대학원 석사
호주 소비자전략연구소 근무
기업컨설팅 전문 '네오그룹' 총괄국장
저서로 《네오 파워 Neo Power》(공저) 등

8. 마빈 조니스 Marvin Jonis 경영학자

- 1936년 미국 출생
- 예일대, 하버드 경영대학원 졸업
- 매사추세츠 공과대 정치학 박사
- 시카고대 경영대학원 교수
- 마빈 조니스 국제컨설팅 운영
- 저서로 《빅맥이냐 김치냐》(공저) 등

9. 하워드 진 Howard Zinn 역사학자

- 1922년 미국 뉴욕 브루클린 출생
- 선박 노동자, 공군 전투기 조종사로 세계 2차대전 참전
- 뉴욕대 졸업, 컬럼비아대 역사학 석사, 박사
- 스펠먼 칼리지 교수(1956~63)
- 보스턴대학교 교수(1963~88), 정치학과 명예 교수
- 반전운동가, 역사학자, 극작가
- 저서로 《미국 민중사》, 《달리는 기차 위에 중립은 없다》 등

10. 폴 버먼 Paul Berman 68세대 저널리스트

- 1949년 미국 뉴욕 출생
- 컬럼비아대 및 대학원 졸업, 미국사 전공
- 〈빌리지 보이스〉 기자, 〈뉴요커〉 〈뉴 리퍼블릭〉 등에 기고하는 독립 저널리스트
- 뉴욕대 저널리즘 스쿨 교수
- 저서로 《권력과 이상주의자들 Power and Idealists》, 《2개의 유토피아 이야기 A Tale of Two Utopias》, 《테러와 리버럴리즘 Terrorism and Liberalism》 등

11. 빌 크리스톨 Bill Kristol 〈위클리 스탠더드〉 발행인

- 1953년 미국 뉴욕 출생
- 하버드대 졸업, 하버드대 정치학 박사
- 하버드대 케네디스쿨 미국정부론 강의(1979~85)
- 윌리엄 베넷 교육부장관 비서실장(1985~88)
- 댄 퀘일 부통령 비서실장(1989~92)
- 새로운 미국의 세기를 위한 프로젝트PNAC 회장(1997~)
- 〈폭스 뉴스〉 정치담당 객원 해설위원
- 〈위클리 스탠더드〉 발행인(1995~)

12. 라울 리베로 Raul Rivero 반체제 시인

- 1945년 쿠바 아바나 출생
- 아바나대 언론학과 졸업
- 시집 《대지의 시》로 내셔널 문학상 수상(1970)
- 쿠바 관영매체 모스크바 특파원(1973~76), 작가동맹 대외관계 국장(1980년대)
- 쿠바 프레스 대표(1995~2003)
- 유네스코 선정 세계언론자유상 수상(2004)
- 시인, 언론인, 스페인 일간지 〈엘 문도〉의 칼럼니스트
- 저서로 시집 《공중의 시》, 《인간의 역할》 등
- 국가반역죄로 2003년 4월 투옥, 20년형 선고. 2004년 11월 석방 후 스페인으로 망명

13. 벤자민 바버 Benjamin Barber 정치학자, 시민운동가

- 1939년 미국 출생
- 스위스 앨버트 슈바이처 칼리지, 런던경제대 수학, 아이오와주 그린넬 칼리지 졸업, 하버드대 정치학 박사
- 러트거스대 교수, 메릴랜드대 공공정책대학원 교수
- 국제시민운동기구 '민주주의 협력체Democracy Collaborative' 대표
- 저서로 《지하드 대 맥월드》, 《강한 시민사회 강한 민주주의》, 《권력의 진실》 등

14. 월든 벨로 Walden Bello 사회학자, 시민운동가

- 1945년 필리핀 마닐라 출생
- 프린스턴대 사회학 박사
- 버클리 캘리포니아대 교수
- 필리핀대 사회학 및 공공행정학과 교수
- '남반구 포커스Focus on the Global South' 대표
- 저서로 《탈세계화》, 《더 나은 세계는 가능하다》 등

15. 에드윈 퓰너 Edwin Fuelner 헤리티지재단 이사장

- 1941년 시카고 출생
- 레지스대 영문학과 졸업, 펜실베니아대 와튼경영대학원 MBA, 영국 에든버러대 정치학 박사
- 로널드 레이건 행정부의 공공외교자문위원회 위원장
- 미 의회 유엔개혁 테스크포스팀 위원
- 헤리티지재단 이사장
- 저서로 《미국을 위한 리더십Leadership for America》, 《자유의 행진The march of Freedom》 등

16. 리처드 포스너 Richard Posner 미연방판사, 사회비평가

- 1939년 미국 뉴욕 출생
- 예일대 영문학과 졸업, 하버드대 로스쿨 졸업
- 시카고대 법대 강사(1969~)
- 제7순회항소법원 판사(1981~)
- 제7순회항소법원장(1993~2000)
- 저서로 《법철학》, 《성과 이성》, 《퍼블릭 지식인Public Intellectuals》, 《실용주의와 민주주의Pragmatism and Democracy》 등

17. 앤 베너먼 Ann Veneman 유니세프 사무총장

- 1949년 캘리포니아 모데스토 출생
- 데이비스 캘리포니아대UC Davis 정치학과 졸업
- 버클리 캘리포니아대UC Berkeley 공공정책대학원 졸업
- 샌프란시스코 헤스팅스 로스쿨 법학 박사(1976)
- 농무부 외국농업처 관리관(1986~89), 국제담당 부차관(1989~91)
- 농무부장관(1991~93)
- 캘리포니아 주 식품농업장관(1995)
- 식품, 농업, 환경 전문변호사(1999~2001)
- 농무장관(2001~2005)
- 유니세프 사무총장(2005.5~)

18. 잭 발렌티 Jack Valenti 미 영화협회 회장

- 1921년 미국 텍사스 휴스턴 출생
- 휴스턴대 영문과 졸업
- 하버드대 경영대학원 졸업
- 위클리 & 발렌티 광고 에이전시 운영(1952~63)
- 린든 존슨 대통령 특별보좌관(1963~66)
- 미국영화협회MPAA 회장(1966~2004)
- 잭 발렌티 오피스 운영
- 2007년 사망
- 저서로 《말 잘하면 대통령도 될 수 있다》 등

19. 스티븐 트래첸버그 Stephen Trachtenberg 대학 전문 경영인

- 1937년 미국 뉴욕 브루클린 출생
- 컬럼비아대, 예일대 로스쿨, 하버드대 행정대학원 졸업
- 보스턴대 부총장(1969~1977)
- 하트포드대 총장(1977~1988)
- 조지워싱턴대 총장(1988~2007), 조지워싱턴대 명예총장(2007~)
- 저서로 《크게 생각하기Thinking Out Loud》, 《그의 마음을 말하기Speaking His Mind》, 《고등교육에 대한 회고Reflection on High Education》 등

20. **샤시 타루르 Shasi Tharoor** UN 고위 관료 출신 사회비평가
- 1956년 영국 런던 출생
- 인도 델리 세인트 스티븐 칼리지 역사학과 졸업
- 미국 터프츠대 플레처 법률외교대학원 정치학 박사(1978)
- 유엔 난민고등판무관실 근무(1978~89)
- 유엔 본부, 평화유지군 담당 업무(1989~96)
- 코피 아난 유엔 사무총장 행정자문역(1997~98)
- 유엔 사무국 공보국장(1998~2002)
- 유엔 공보담당 사무차장(2002~2007)
- 인도 국회의원, 인도정부 대외관계담당 장관
- 저서로 《쇼 비지니스》, 《폭동》, 《네루:인도의 발명》, 《인도》, 《코끼리와 호랑이, 그리고 셀 폰—떠오르는 21세기 파워 인도》 등

21. **제니스 린 마셜 Janice Lyn Marshall** 유엔 난민기구 한국대표
- 1954년 캐나다 토론토 출생
- 토론토대 법과대학 졸업
- 캐나다 정부 이주민·난민위원회 법률자문관
- 유엔 난민기구UNHCR 중미 지역 긴급대응팀
- UNHCR 제네바 본부 난민법 전문관
- UNHCR 워싱턴 지부 대표, 중미 지역 난민지원 총괄
- UNHCR 한국 지부 대표(2006~)
- 저서로 《캐나다의 민족음식 및 각 지역 요리법》 등

22. **프라탑 바누 메타 Pratap Bhanu Mehta** 인도사회조사 연구소장
- 1967년 인도 라자스탄 주 조푸르 출생
- 영국 옥스퍼드대 졸업, 미국 프린스턴대 정치학 박사
- 인도 자와하랄 네루대 교수
- 인도 정책연구소The Center for Policy Research 소장(2004~)
- 저서로 《민주주의의 부담The Burdens of Democracy》, 《인도의 공공제도 Public Institution in India; Performance and Design》 등

서문

1% 리더에게
배우는 세상을
사는 지혜

글로벌 세기는 어디로 향하고 있나

21세기가 개막된 지 10년이 가까워지면서 세계가 하나의 지구촌으로 점점 빠르게 통합되고 있다. 멀고 먼 나라에서 일어나는 일이 우리의 일상생활에 곧바로 영향을 주고 있다. 불과 몇 년 전만 해도 나라 밖에서 일어나는 일들은 그저 강 건너 불로 여겨졌지만 21세기 글로벌 세상이 되면서 세상의 수많은 일이 서로 밀접하게 연결되어 돌아가는 시대가 됐다. 바깥 세계와 담쌓고도 마음 편하게 살 수 있던 시대는 이제 오래전의 희미한 기억이 돼버렸다. 이젠 어느 누구도 깊은 산이나 외딴섬으로 들어가 세상과 의도적으로 인연을 끊고 살지 않는 한 나 홀로 살아가기 어려운 시대가 된 것이다.

세계 각국의 상호 연관성이 적었던 시절, 한 나라의 문제는 그 나라의 문제로 끝났지만 이젠 어떤 일도 국지적 차원에서 끝나지 않고 곧바로 전 세계로 파급된다. 과학 기술이 발전하고 정보 유통이 빨라지면서 세계는 밀접하게 가까워졌고 서로 영향을 주고받는 시대가 됐기 때문이다. 〈뉴욕타임스〉 칼럼니스트 토머스 프리드먼

식으로 표현하자면 세계가 평평해진 것이다. 글로벌리제이션 프로세스 밖에서 한 나라가 생존해 나가는 것은 불가능해진 만큼 앞으로 한 개인, 한 민족, 한 국가의 흥망성쇠는 글로벌 세상에 얼마나 더 주도적으로 적극적으로 참여하느냐에 달려 있다고 해도 과언이 아니다.

기 소르망은 필자와 만났을 때 "세계화 흐름에서 벗어나 있는 나라는 쿠바와 북한뿐"이라면서 "엄밀히 말해 두 나라는 사회주의 체제를 유지하고 있다기보다 하나의 거대한 박물관으로 규정해야 할 것"이라고 말한 바 있다. 그런데 최근 현황을 보면 쿠바나 북한조차 글로벌 세계와 벽을 쌓고 생존하는 게 점점 힘들어지고 있다는 것을 실감하게 된다.

2007년 여름 아프가니스탄 오지에서 발생한 한국인 인질 사건은 다시 떠올리기 싫을 정도로 온 국민에게 충격을 던져준 악몽이지만 몇 달간 관련 뉴스가 보도되면서 칸다하르나 토라보라 등 생소했던 아프가니스탄의 지명들이 부산, 광주처럼 친근해진 것 또한 부정할 수 없는 사실이다.

2008년 발생한 미국의 서브프라임 모기지불량주택채권 사태는 '글로벌 시대엔 모든 나라가 연결되어 있다'는 명제를 재확인시켜주었다. 미국 내부에서 발생한 것이지만 우리나라를 비롯한 세계 각국의 경제에 직격탄이 되고 있다. 미국 금융위기는 엉뚱하게 아이슬랜드를 국가파산 상태로 이끌어 정부가 붕괴되는 결과를 초래했다. 세계의 공장이던 중국도 경제가 차갑게 얼어붙으면서 극심한 사회 불안정 징후가 나타나고 있다. 이뿐인가. '21세기의 뉴욕'으로 불렸던 중동의 오아시스 두바이도 미국 금융 사태의 유탄을 맞아 추락하고 있다. 우리나라에서 발생한 문제가 아니라고 해서, 우리와 상관없는 문제라며 오불관언의 자세를 보이다간 한반도 안에서의 삶조차 보장받기 어려운 시대로 세상살이의 법칙이 변화했다. 세상이 점점 작아지고 복잡해지면서 어느 한곳에서 발생한 문제가 순식간에 지구촌 전체를 삼켜버려 누구도 안심하고 살지 못하게 만들어버린 것이다.

문제는 21세기가 동튼 지 벌써 10년이 가까워오지만 누구도 21세기가 어떻게 흘러갈지에 대해 권위 있는 진단을 하지 못하고 있다는 점이다. 샤시 타루르 유엔 공보담당 사무차장은 2001년 미국에서 발생한 9·11테러를 21세기의 출발점이라고 규정하면서 '21세기는 글로벌 세기'라고 명명했지만, 정작 글로벌 세기가 어떻게 전개될지에 대해선 명쾌한 전망을 내리지 못했다. 다만 글로벌 세기의 문제를 풀기 위해선, 우리들 개개인이 글로벌 시민이 되어 세상의 문제에 대해 깊이 관여해야 하고 세계의 문제는 유엔 등 국제기구들이 적극적으로 움직여 위기를 극복해야 한다는 제언만을 할 뿐이다.

2009년 우리가 맞고 있는 대위기는 2008년 여름 이후 본격화한 미국발 서브프라임 모기지 사태에 뿌리를 둔 것으로 불과 발생 반년 만에 세계 전체가 위기의 대소용돌이 속으로 빨려 들어가고 있는 형국이다. 글로벌 세계의 내로라하는 전문가들은 이번 위기의 강도와 심도에 대해 짐작하지 못하고 있다. 그저 전대미문의 대위기라고만 말할 뿐 언제 어떻게 어떤 과정을 거쳐 위기가 극복될 것이라는 예측을 하지 못하고 있다. 조지 소로스 소로스펀드 회장은 이번 위기가 자신이 평생 겪어보지 못한 대규모의 위기라고 규정했다. 그가 1931년생인 것을 감안해볼 때 1930년대 대공황 이후 최대 규모의 위기라는 얘기인데, 이 같은 주장은 레스터 서로 MIT 교수의 분석과 맥이 닿아 있다.

빌 에모트 〈이코노미스트〉 편집장은 지난 2008년 9월 서울에서 만났을 때 "이번 금융경제위기는 글로벌 자본주의를 위협하는 대위기라기보다는 글로벌리제이션 과정에서 나타나는 주기적인 위기"라면서 "너무 비관적으로 보지 말라"고 했다. 미국발 금융경제위기는 세계경제의 글로벌화가 진전되면서 발생한 것일 뿐 글로벌리제이션의 유효성이나 필연성을 근저에서부터 뒤흔드는 대사건은 아니라는 것이다.

에모트의 낙관적인 분석에 약간의 위안을 느낀 것은 사실이다. 그의 말대로 이번 위기가 일과성으로 지나가버렸으면 하는 마음이 굴뚝같지만, 토머스 프리드먼 식의 세계화 낙관론에 대해 근본적 회의를 갖게 해준 것 또한 사실이다. 미국의 경제 애널리스트 데이비드 스믹David Smick은 프리드먼 식의 세계화 낙관론에 반기를 든 인물이다. 그는 자신의 저서 《세계는 평평하지 않다》에서 "프리드먼은 상품, 서비스 시장의 세계화를 부각시키면서 세계가 글로벌리제이션 효과를 골고루 누릴 것이라는 낙관론을 견지했는데 금융 측면에서 세계는 결코 평평하지 않다"고 주장하였다.

프리드먼의 글로벌리제이션 분석서 《세계는 평평하다》를 뒤집어 제목을 붙인 것에서부터 짐작할 수 있지만 스믹은 글로벌리제이션이 일관되게 추진되지 않고 있는 현실의 이중성을 봐야 한다고 주장한다. 그는 저서에서 "그간엔 글로벌리제이션이 일직선적으로 진행될 것으로 여겨졌지만 글로벌리제이션의 길은 울퉁불퉁한 곡선으로 되어 있다"면서 "이제 글로벌리제이션은 전 세계가 하나의 시장으로 통합되어 경제가 팽창하던 1단계를 넘어서 금융 등에서 보이지 않는 불안정성이 깊어져 예측 불가능한 상태가 되는 2단계로 접어들고 있다"고 진단했다. 이번 경제금융위기로 글로벌리제이션 1단계는 끝났고, 앞으로는 경제가 후퇴하고 갈등이 커지는 고통스러운 2단계가 열릴 것이라는 게 그의 전망이다.

스믹의 뛰어난 분석은 이홍구 전 총리가 〈문화일보〉 창간 17주년 대담2008.11.1에서 "미국발 금융위기를 두고 역사적 전환기인가, 세계 역사의 패러다임이 바뀌는 것인가 논란이 있는데, 이번 위기는 역사의 전환점이라기보다는 세계화 시대 1단계가 종료되고 다음 단계로 접어드는 과정에서 발생한 것이라고 봐야 한다"고 밝힌 것과 맥을 같이한다.

이 전 총리는 특히 "단순한 시장 우선주의를 강조하던 시대, 즉 미국의 절대적 주도권이 유지되던 시대가 예상치 못한 미국발 금융위기로 인해 끝나고 이제 다음 시대로 넘어가는 전환점에 서 있다"면서 "세계화 1단계는 시장이 국가를 끌고 가는 시대였다면 앞으로는 그런 전제를 다시 생각해야 하는 시점"이라고 밝혀 시장만능주의에 대한 대대적인 수술이 필요함을 시사했다.

에모트가 보듯이 현재의 경제금융위기는 글로벌리제이션의 과정에서 나타난 일시적 위기일 수도 있고, 스믹이나 이 전 총리가 얘기하듯이 세계화 1기의 종언을 드러내는 전환기적 변화일 수도 있다. 누구 얘기가 맞는지는 좀 더 상황의 추이를 지켜봐야겠지만 현재로선 누가 맞고 누가 틀리다고 판정해줄 만한 권위 있는 경제학자나 역사학자가 없는 상태다. 따라서 이 고통스러운 시대를 살아내며 위기 극복의 지혜를 찾아내기 위해선 우리가 스스로 고민하고 연구하고 모색할 수밖에 없다.

문제는 상대적으로 우리 내부 문제에 집중했던 노무현 정부가 끝나고 한국의 국제적 역할 확대를 추구하는 이명박 정부가 들어선 시점에서 이 같은 위기가 닥쳐왔다는 점이다. 이명박 정부는 글로벌 코리아를 지향한다고 밝혔지만, 구체적 전략은 아직 미확정 상태이다. 우리 사회 내부에서도 글로벌 코리아에 대한 담론이 아직 활발하지 않은 상태인데 세계는 벌써 글로벌리제이션 1단계를 넘어서 2단계로 돌입하고 있다. 따라서 우리는 과거 20세기에 압축성장을 했듯이 세계화 시대에도 이 같은 압축적 학습과 뛰어넘음이 필요한 상황이 된 것이다.

프리드먼이 2009년 다보스 포럼 참석 소회를 칼럼 '단번에 해결할 수 있는 요술 해법은 없다There's no magic bullet'〈인터내셔널 헤럴드 트리뷴〉, 2009.2에서 밝혔듯이 누구나 현재의 경제금융위기가 최악의 상태라는 것에 대해서는 공감하면서도 문제를 극복할 수 있는 대안은 자신 있게 제시하지 못하고 있다. 프리드먼에 따르면 그런 해결책이 단시일 내에 마련되기는커녕, 대안 마련 이전에 위기가 얼마나 더 깊어질지 가늠조차 못 하고 있다는 게 다보스 포럼에 모인 세계 리더들의 탄식이었다는 것이다.

따라서 성급하게 문제 해결책을 찾기보다 우리 시대에 드리워진 위기의 뿌리를 추적하여 대안을 찾기 위해선 전 세계적 변화에 대한 글로벌 리더들의 논의와 진단, 반성을 먼저 알아볼 필요가 있다.

세계 지성의 눈으로 세상을 보자

이 책은 21세기 글로벌 세상은 어디로 가고, 우리는 어떻게 어떤 준비를 해야 슬기롭게 세상을 살 수 있는가를 주제로 세계의 리더들과 나눈 대화록이다. 필자는 이 책에 소개된 세계의 지성들과의 만남에서 우리가 살고 있는 시대가 어떤 의미를 지니고 있고, 이 시대의 흐름을 이해하고 전망하기 위해선 무엇이 필요한지, 그리고 어떻게 살아야 하는지를 탐색했다. 인종과 국적이 다르고, 전공과 관심 영역이 다른 글로벌 리더들은 각자가 처한 위치에서, 각자의 경험을 바탕으로 우리가 살고 있는 세상과 우리가 살아가야 할 미래에 대해 얘기했다.

글로벌 리더들을 만날 때마다 물었던 질문은 21세기 현 세상을 어떻게 보고 있으며, 세상이 어디로 흘러가고, 우리는 이런 세상과 어떤 관계를 설정하고 살아야 하는가였다. 이 책에는 각 분야의 글로벌 리더들은 세상의 변화를 어떻게 보고 있고, 이들이 갖고 있는 삶의 지침은 어떤 것인가를 집중적으로 소개했다. 국내적 시각이 아니라 글로벌 시각에서 세상의 변화와 우리나라의 변화를 점검하고 우리의 대안은 어떻게 마련해야 하는가를 세계 지성의 눈을 통해 그려보려는 게 이 책의 의도다.

물론 어느 누구도 '앞으로 세상은 이렇게 될 것'이라고 점쟁이식의 확답을 주지는 않았다. 만약 그렇게 얘기하는 사람이 있다면 오히려 의심해봐야 할 정도로 세상의 흐름은 변화무쌍하고 복잡다기한 게 현실이다. 하지만 이들의 얘기를 비교 분석하면서 곱씹어보면 우리 스스로 21세기에 대해, 그리고 우리가 살아가고 나아갈 방향에 대해 시사점을 얻을 수 있을 것이라 생각한다. 미래를 예측하기 위해선 시대를 보는 통찰력을 갖는 게 중요한데, 이를 위해선 세상의 흐름을 진지하게 관찰하고 대안을 모색해온 글로벌 리더의 얘기가 도움이 될 것이다.

필자와 만난 대부분의 글로벌 리더들은 이념이나 직업에 상관없이 세계화를 역류될 수 없는 역사의 흐름으로 보면서 기본적으로 수용하는 자세를 보였다. 보수주의자는 보수주의자대로 그 세계화의 흐름에 더 적극적으로 부응하기 위한 방법을 제시했고, 진보주의자는 진보주의자대로 세계화가 초래하는 다양한 긍정적, 부정적 효과에 주목하면서 진보의 가치를 새롭게 재해석하려는 실용적 태도를 보였다. 따라서 독자들은 이들의 다양한 얘기를 접하면서 세계화의 추세와 의미를 다시 한 번 곱씹어보는 기회를 갖게 될 수 있을 것이다.

유감스러운 것은 국내 분위기다. 글로벌리제이션에 대해 국내에선 여전히 찬반론이 있고, 세계화 담론에 대한 정서적 거부감이 여전한 게 우리의 현실이다. 국내 지식인들 또한 보수와 진보의 틀 속에서 공방전을 벌이고 있어 나라 밖의 세상도 그러할 것이라는 착시 현상을 주고 있지만 세상은 이미 달라졌다. 우리 내부의 정서, 국내 지식인들의 논쟁과 무관하게 세계의 글로벌리제이션 진행 속도는 점점 깊어지고, 빨라지고 있다. 한반도 밖의 지식인들은 20세기적 이념 투쟁의 틀을 벗어버리고 변화된 시대에 걸맞은 비전과 대안 찾기에 열심이다.

필자는 1980년대 세대다. 1980년대 초는 대학 도서관에서 〈타임〉지를 읽으려면 주변의 시선을 의식해야 했고, 토플 책을 들고 캠퍼스를 걷는 데도 용기가 필요하던 시대였다. 어느 세대보다 민족주의와 민주화 문제에 대해 강한 자의식을 갖고 성장한 세대지만 동유럽·소련 붕괴 후부터 이념으로 만들어진 세상의 허상을 깨닫기 시작했다. 이후 저널리스트로서 세계 각국의 현장을 취재하고 글로벌 지성과 리더를 만나면서 민족 내부로 향했던 좁은 마음은 세계로 향하게 됐다. 이 과정에서 만난 글로벌 지성들은 더할 나위 없는 교사였다.

〈뉴욕타임스〉 도쿄 특파원을 지낸 패트릭 스미스Patrick Smith는 《일본의 재구성Japan: A Reinterpretation》이란 책에서 "세심한 특파원이 된다는 것은 어떤 의미에서 수많은 스승을 섬기는 학생이란 직업을 얻는다는 것을 뜻한다"고 밝힌 바 있는데 필자의 생각도 꼭 같다. 지난 몇 년간 서울과 워싱턴, 뉴욕, 시카고, 보스턴, 싱가포르 등지에서 만난 수많은 세계의 지성과 리더들은 필자를 글로벌리언으로 키워줬다. 무엇이 글로벌 마인드인지, 글로벌 리더들의 라이프스타일은 어떤 것인지 만남을 통해 알게 됐다. 그런 점에서 이 책에 소개된 글로벌 리더 22인의 대화록은 어떤 면에서 필자가 글로벌 보편주의자로 진화하는 과정의 기록이라 할 수 있다. 독자들은 우리 문제에 집착했던 386세대 저널리스트가 이들과의 대화와 만남을 통해 세계 문제에 눈을 떠가는 과정, 글로벌리언으로서 자의식을 갖게 되는 과정을 지켜볼 수 있을 것이다.

글로벌리스트와 글로벌리언

필자는 이 책에서 글로벌리제이션과 글로벌리즘, 글로벌화, 세계화라는 용어를 부분적으로 혼용했다. 글로벌리제이션과 글로벌리즘은 우리말로 세계화, 전 지구화로 번역된다. 세계화라는 용어 또한 1993년 김영삼 정부가 세계화 선언을 하면서 사용되어 정치적으로 윤색된 부분도 없지 않지만, 이미 그것도 십수 년 전 일이기 때문에 그런 정치성에 주목하지 않고, 문맥에 따라 적절하게 혼용했다. 하지만 글로벌리제이션은 전 세계 시장의 통합으로 인해 노동과 상품 자본이 치열하게 경쟁되는 현상을 의미하는 것으로 경제적이고 기업적 의미가 강하다고 생각한다. 반면 글로벌리즘은 전 지구화, 세계주의로 번역되는 것으로 정치적이고 사회 흐름적 개념이 가미되어 있다. 이 책에 다룬 대부분의 글로벌 리더들은 경제적 측면에서 글로벌리제이션의 의미를 사용하는 경우가 많았지만 '경제적 측면에서 글로벌리제이션이 진행된 결과 글로벌리즘이 형성되고 있다'는 식의 논지를 펴는 경우가 많았다.

글로벌리스트와 글로벌리언에 대해선 의도적으로 구분해 사용했다. 글로벌리스트의 사전적 의미는 세계화론자로 글로벌리제이션을 적극적으로 옹호하는 자로 번역된다. 우리말 뉘앙스로는 '전투적 개방주의자'라는 이미지가 있다.

다만 글로벌리언은 인권과 평등, 상호 협력을 중시하는 글로벌 시민, 즉 '세계인'이라는 의미로 점점 쓰임새가 확장되고 있는 신조어다. 국경이 없어진 세계에서 개인적 이해관계나 민족적 편견, 국가적 이해관계를 초월해 전 세계적인 이슈, 예컨대 인권이나 테러, 대량 살상무기, 기후변화와 같은 보편적인 문제 등에 관심을 갖고 세계시민으로서 생각하고 사고하고 실천해가는 이들을 총칭해 글로벌리언이라 지칭할 수 있다.

글로벌리스트나 글로벌리언 모두 글로벌리제이션을 거부할 수 없는 세계사적 조류로 인정하지만, 전자는 '그렇기 때문에 개방과 무한 경쟁만이 살길'이라고 주장하는 '기계적' 개방주의자의 뉘앙스를 갖고 있는 반면, 글로벌리언은 세계화로 인해 변화된 세상을 좀 더 유연하고 보편적인 글로벌 시민사회로 만들기 위해 노력하는 사람들이라는 측면을 강하게 풍기고 있다고 필자는 생각한다. 여기엔 세계화가 현 단계에서 거부 불가능한 세계사적 대조류인 것은 인정하지만, 그렇다고 그것을 무차별적으로 모두 수용해야 한다는 것이 아니라 현 단계에 걸맞은 세계적 규범, 즉 글로벌 시민사회적 규제를 통해 좀 더 나은 글로벌 세계로 만들어야 한다는 필자의 생각이 들어 있다.

21세기 리더들은 누구인가

필자는 지난 2003년부터 〈문화일보〉 워싱턴 특파원으로 일하면서 글로벌 인사들의 세상 조망법을 탐색해왔고, 2006년 귀국 후에도 세계 각국의 리더를 만나 그들의 생각을 기록해왔다. 지난 6년여의 수첩을 살펴보니 100여 명의 글로벌 인사들과의 약속 메모와 그들이 했던 주요한 발언들이 적혀 있다. 서울과 워싱턴, 뉴욕, 보스턴, 시카고, 싱가포르, 시드니 등에서 이뤄진 대화의 내용은 그때그때 〈문화일보〉에 '글로벌 토크', '시대와 비전', '글로벌 뷰'로 소개됐다. 그러나 지면 한계상 대화 내용은 압축해야 했고, 취재 전후의 일화는 생략해야 했다. 여기에 실린 글은 그간 만나온 글로벌 리더 중 21세기의 비전과 전망에 대해 독자적 관점과 메시지를 담고 있는 22명을 가려 뽑은 뒤 인터뷰 내용을 전면 보완하고 인터뷰 전후의 상황과 배경 설명을 새롭게 보탠 것이다.

22명의 리더들은 다양한 접근법으로 글로벌 세계의 전체상을 파악해온 지식인들이거나 글로벌 세계를 무대로 활동하는 글로벌

리언의 전형성을 갖춘 이들이다. 더러는 국내에 이미 소개된 이들도 있지만 처음 소개되는 이들도 많다. 그렇다고 그들이 무명의 인사들은 아니다. 지식 흐름의 국제 시차 때문에 아직 한국 사회에 소개되지 못한 것일 뿐이다.

이들은 하워드 진 보스턴대 명예교수, 레스터 서로 MIT대 교수처럼 확고부동한 국제적 지위를 갖고 있기도 하지만, 프라탑 바누 메타 인도 사회조사연구소장처럼 40대 신예 글로벌리언도 있다. 로스 허니월 네오그룹 대표의 표현대로 하자면 이들은 글로벌 시대의 주도 계층인 '네오 파워'의 선두주자들이다. 허니월은 글로벌 시대의 중요한 기준은 나이나 학력, 경력, 직업이 아니라 글로벌 세상에 대한 시각과 마인드, 라이프스타일이라고 했는데 이 22명은 모두 그런 전형성을 갖고 있다.

빌 에모트 〈이코노미스트〉 편집장은 글로벌 라이프스타일과 마인드를 지닌 전형적인 글로벌리언이다. 영국에서 태어나 교육을 받은 에모트가 어떤 과정을 거쳐 어떻게 글로벌리언으로 진화했는지, 글로벌리언으로서 그의 세계관은 어떤 것인지를 엿보는 것은 상당히 유의미한 시사점을 던져준다.

레스터 서로 MIT 교수는 세계 경제가 세계화 단계로 접어들기 전부터 세계적 차원의 경제 흐름과 이행 문제에 대해 주목해온 학자인데, 이번 인터뷰에서 "21세기 글로벌 세계는 하나의 세상이 됐다"고 선언했다. 그는 그렇기 때문에 미국 서브프라임 모기지 사태로 인해 촉발된 세계적 차원의 경제금융위기도 과거처럼 일국적 수준에서 만들어질 수 없다면서 유엔 및 세계은행, 국제통화기금 등 글로벌 기구들의 역할을 강조하고 있다.

키쇼어 마흐부바니 싱가포르국립대 리콴유공공정책대학원장은 21세기가 아시아의 세기가 될 것이고 세계사의 중심축은 이미 아시아로 이동하고 있다는 획기적 주장을 했다. 반면 프랑스의 석학 기 소르망은 21세기도 여전히 미국의 세기가 될 것이라는 예측을 내놓았다.

필자가 만난 세계 각국의 리더들은 진보냐 보수냐는 이념적 구분에 집착하기보다 현실을 중시해야 하며 평화와 인권, 휴머니즘 등 보편 가치를 확산하는 데 집중해야 한다는 얘기를 공통적으로 하고 있다. 미국의 68세대 지식인 폴 버먼 뉴욕대 교수는 "세계적 수준으로 경제성장과 민주주의가 확대되면서 20세기 진보 진영의 과제는 달성됐고 이제 21세기엔 인권과 휴머니즘 확대에 초점이 맞춰져야 한다"는 입장을 펴고 있다.

하워드 진 보스턴대 명예교수도 글로벌 수준에서의 평화 확대, 한반도 북녘에서의 인권 존중이 21세기 진보의 과제라고 명시적으로 언급했다. 반면 미국 신보수주의의 대부 빌 크리스톨〈위클리 스탠더드〉발행인은 "미국이 막강한 힘을 바탕으로 세계의 학정을 종식시켜야 한다"는 '힘에 의한 평화론'을 펴고 있는데 이는 주목할 만하다.

리처드 포스너 미연방 판사는 법률 문제에 국한되지 않고 성과 사회 경제 전반, 지식인 문제에 이르기까지 세상의 모든 이슈들에 대해 오감을 열어놓고 분석하는 흥미로운 지식인이다. 잭 발렌티 미국영화협회 회장은 미국 영화를 글로벌 브랜드로 만드는 데 획기적 공헌을 한 할리우드 최고의 로비스트인데 그가 말하는 개방의 미덕에 대해서도 경청할 만하다.

이 책이 나오기까지

이 책에 담긴 인터뷰가 추진되고 성사되어 신문에 보도되고, 이렇게 책으로 묶이기까지 많은 이들의 지원과 격려가 있었기에 가능했다. 글로벌 리더를 소개해준 분들은 물론 인터뷰 섭외가 어려울 때 도와준 분들도 많았다.

레스터 서로 MIT 교수와의 인터뷰는 한승주 아산정책연구원 이사장께서 도움을 줬고, 에드윈 풀너 헤리티지재단 이사장과의 몇 번에 걸친 인터뷰는 정몽준 한나라당 대표와 정광철 보좌관의 도움이 컸다. 스티븐 트래첸버그 조지워싱턴대 총장, 프라탑 바누 메타 인도 사회조사연구소장과의 만남이 성사되는 과정에는 국제교류재단 분들의 숨은 도움이 있었다. 또한 책으로만 만났던 로스 허니월 네오그룹 대표와 연락을 닿게 해준 이는 박영숙 호주대사관

공보관이다.

월든 벨로 필리핀대 교수와는 조희연 성공회대 교수 덕분에 대화를 나눌 수 있었고, 키쇼어 마흐부바니 싱가포르국립대 리콴유 공공정책대학원장은 싱가포르 '채널 뉴스 아시아' 임연숙 특파원이 추천해줬다. 쿠바의 시인 라울 리베로는 폴 버먼 뉴욕대 교수의 주선으로 만났다.

잭 발렌티 미국영화협회 회장과의 만남은 워싱턴에 살고 있는 태권도의 달인 이준구 선생의 도움으로 이뤄졌는데, 이 선생을 통해 인터뷰 제안을 했을 때 발렌티 회장은 "내 친구가 소개한 사람이라면 누구든 내 친구"라면서 흔쾌히 응했다. 발렌티 회장은 고인이 됐지만 생전에 그를 인터뷰할 수 있었던 것은 큰 기쁨이다. 이 모든 분들에게 감사를 드린다.

특히 지난 몇 년간 글로벌 리더와의 대화를 지면에 소개할 수 있도록 해준 〈문화일보〉 이병규 사장과 이용식 당시 편집국장현 논설위원에게 감사의 마음을 전하고 싶다. 〈문화일보〉가 글로벌 리더 심층인터뷰를 장기 연재한 것은 우리 사회의 업그레이드를 위해선 우리의 눈높이를 글로벌 세상과 맞춰야 한다는 두 분의 신념이 있었기에 가능한 것이었다. 아울러 글로벌 인터뷰 기획을 따뜻하게 지켜보며 책으로 멋지게 만들어주신 김영사의 박은주 사장께도 고마움을 전한다.

1장

세계를 움직이는 지성들의 라이프스타일

—

세계가 주목하는 위대한 리더들의 라이프스타일은 어떠한가? 세상과의 싸움에서 승리하고 변화를 이끄는 글로벌 리더들의 라이프스타일을 통해 미래를 설계하라!

두려움 없는
호기심이 미국
밖으로 나를
이끌었다

〈뉴욕타임스〉 칼럼니스트
토머스 프리드먼

THOMAS FRIEDMAN

독자를 울리고 웃기는 칼럼, 지식을 주는 칼럼, 새로운 시각을 던져주는 칼럼, 논란거리를 던져주는 칼럼을 쓰기 위해 나는 오늘도 글로벌 세상 곳곳을 누빈다. 현장에서 사람들과 직접 부딪히며 칼럼을 쓰는 게 내 원칙이다. 나는 독자들의 반응을 두려워하지 않는다.

· 질문
·· 대답

토머스 프리드먼은 글로벌 시대의 세상 변화를 최전선에서 추적하고 분석해온 미국의 대표적인 글로벌 저널리스트다. 그는 〈뉴욕타임스〉에 매주 2회 칼럼을 쓰면서 글로벌 세계의 변화 추이와 전망을 분석하고 있다. 그의 저서 《렉서스와 올리브나무》와 《세계는 평평하다》는 글로벌화의 과정과 그 필연성을 분석한 교과서적 저작으로 꼽힌다.

그는 1953년 미네소타 주에서 태어나 브랜다이스대를 졸업하고 옥스퍼드대에서 중동학 석사학위를 받았다. UPI 통신 베이루트 특파원을 거쳐 〈뉴욕타임스〉 베이루트 지국장, 예루살렘 지국장을 지냈고 백악관 출입기자도 역임했다.

프리드먼은 이명박 정부 출범 1주년 기념 국제학술회의 '글로벌 코리아 2009'에 참석하기 위해 2009년 2월 방한했다. 그의 방한은 신작 《코드 그린》의 국내 출간 홍보도 겸한 것이었는데 프리드먼은 자신의 저서 프로모션에 멈추지 않고 이명박 정부의 녹색성장 전략에 대해서도 적극적인 평가를 해 주목을 받았다. 녹색성장론자가 된 프리드먼과의 인터뷰는 글로벌리스트가 보는 한국에 대한 인식 등에 초점이 맞춰져 진행됐다.

• 글로벌 베스트셀러가 된 신작 《코드 그린-뜨겁고 평평하고 붐비는 세계》에서 그린 코드에 따른 새로운 발전 전략을 제안하면서 이 전략에 따라 미국이 재건돼야 한다고 제안했는데 그 이유는?

•• 인류가 그간 유지해온 방식대로 살 수 없다는 것은 지난 금융 경제위기를 통해 여실히 드러났다. 에너지 수급 불안과 석유 독재, 파괴적 기후 변화, 에너지 빈곤, 생물 다양성의 감소 등 《코드 그린》에서 지적하고 있는 21세기 다섯 가지 주요 트렌드에 대해 어떻게 대응하느냐에 따라 지구의 안정성 여부가 결정될 것이다. 이

를 위해선 풍부하고 안전하며 값싼 에너지를 얻기 위한 에너지 테크놀로지Energy Technology, ET가 중요하다. ET를 집중 개발해야 환경과 에너지 안보를 구축할 수 있으며 기업은 경쟁력 있는 글로벌 기업이 될 수 있을 것이다. 이 문제가 차세대 글로벌 이슈가 될 것이며, 누가 이 이슈를 지배할 것인가는 아직 판가름나지 않았지만 나는 미국이 그런 역할을 하는 국가가 되기를 바란다. 그래서 나는 책에서 미국이 이 같은 ET에 입각해 도로, 항만 등의 사회간접자본을 재건해야 한다고 주장했다. 21세기 녹색성장 시대를 이끌려면 모든 것을 새롭게 혁신해야 한다.

- 그런 측면에서 《코드 그린》은 지나치게 미국식 애국주의를 고취하는 책이라는 생각이 든다.
- • 그런가? 프리드먼은 도발적 질문에 좀 놀란 듯한 표정을 지었다. 워낙 큰 눈이 더 커 보였다. 잠깐 생각을 하다가 다시 말을 시작했다. 맞는 말이다. 나는 미국의 미래를 걱정하는 사람이다. 9·11 이후 미국의 세계적 지도력은 서서히 약화하면서 쇠퇴하고 있다. 쇠퇴의 속도가 아주 느리게 진행되어 잘 느끼지 못하고 있다는 것이 더 문제다. 그래서 신작 《코드 그린》을 통해 뜨겁고 평평하고 붐비는 글로벌 세상에서 미국이 지구의 문제를 해결하면서 다시금 세계적 리더십을 찾자고 제안했다. 그런 면에서 내 책은 아주 미국적인 게 사실인데, 어떻게 보면 미국적인 것만은 아니다. 20세기 냉전 시대에 미국은 소련과 경쟁

하면서 우주를 겨냥한 경쟁을 했는데 지금은 지구 경쟁 시대이다. 초강대국이 우주 경쟁 대신 지구 경쟁을 하면서 경쟁 국가들이 늘어나고 있는 것은 상당히 고무적이다. 물론 나는 내가 태어난 나라 미국이 다시 경쟁력을 회복하기를 원하지만 한국이 일본, 중국, 인도와 경쟁하면서 코드 그린 시대를 이끌며 함께 성장하고 승리할 수 있기를 바란다. 그러면 우리 모두가 코드 그린 시대의 승자가 될 수 있다.

• ET를 너무 강조하는 바람에 정보기술IT의 역할을 소홀히 하는 게 아닌가?

•• 내 신조 중의 하나는 제품을 더 스마트하게 만들지 않는 한 코드 그린의 승자가 될 수 없다는 것이다. 그러기 위해선 ET와 IT가 통합돼야 한다. 예를 들어, 햇볕이 날 때 창문을 열어두는 게 ET라면 어느 정도 열어둬야 좋은지를 결정하는 것은 IT라 할 수 있다. 그러니 ET와 IT는 함께 가는 것이다. 한국은 제조업이 탄탄한 데다 IT도 뛰어나기 때문에 다른 어떤 나라보다 IT와 ET를 통합하는 새로운 녹색 전략을 만드는 데 유리하다.

• 일각에서는 코드 그린녹색성장 전략이 지나치게 강조될 경우 그린 버블이 나타날 수 있다는 우려가 있는데…….

•• 19세기 미국에서는 철도 버블이 있었는데, 수백 개의 철도 회

사가 등장했다가 유성처럼 사라졌다. 그러나 경제성장에 필수적인 철도 시스템을 남겼다. 1990년대 IT 버블도 마찬가지다. 그때엔 정말 모든 것을 IT와 연결 지으면 다 될 것같이 얘기됐다. 말하자면 '에브리싱 닷컴everything.com' 시대였다. 그런데 닷컴 기업 버블이 꺼지면서 기업들은 대부분 망했지만 인터넷 슈퍼하이웨이는 남겼다. 그래서 구글google이 가능해진 것이다. 그린 산업도 마찬가지일 것이라고 생각한다. 요즘 미국 곳곳에 코드 그린 관련 세미나에 참석하면 수십 장의 명함을 받게 된다. 대부분 새로 만들어진 그린 기업 대표들의 명함이다. 이들 중 많은 그린 기업들이 망할 것이다. 그렇지만 이들은 인프라를 남겨 다음 단계 혁명을 위한 조건을 마련할 것이다. 나는 미국에 그린 버블이 일 정도로 코드 그린 바람이 뜨거웠으면 좋겠다는 바람을 갖고 있다.

- 글로벌 저널리스트로서, 이명박 정부의 캐치프레이즈인 '글로벌 코리아'가 성공하기 위한 조건을 얘기한다면?
- • 글로벌 코리아 전략이 성공하기 위해선 4개 조건이 필요하다. 첫째, 양질의 사회간접자본, 즉 공항이나 텔레커뮤니케이션 등의 시설이 갖춰져 있어야 한다. 둘째, 좋은 교육을 통해 국민들을 스마트하게 교육하고 협력하게 해야 한다. 한국은 세계 여느 나라와 비교해볼 때 아주 좋은 교육체제를 유지하고 있고 교육의 질도 높은 편이다. 셋째, 민주주의와 굿 거버넌스다. 정부가 합리적으로

투명하게 국가를 운영하며 사회·경제적 규제와 감시도 적절하게 이뤄져야 한다. 한국은 세계 각국보다 높은 수준을 유지하고 있다. 마지막으로 좋은 환경 및 사회 여건을 갖춰야 한다. 21세기 지식 노동자들은 이동성이 아주 강하다. 샌프란시스코의 실리콘밸리에서 중국, 인도 등으로 끊임없이 이동하며 상대적으로 더 좋은 지역에 살려고 한다. 그러니 한국이 21세기 글로벌 국가를 지향한다면 이 모든 4개 요소를 골고루 갖춰야 한다. 글로벌 시대는 끊임없는 경쟁 시대다. 그러니 이 4개 분야에서 일정한 성과를 거뒀다고 해도 절대 만족하지 말고 더 나은 상태로 나가기 위해 지속적으로 노력해야 한다.

• 방한 때 이명박 대통령과도 대화를 나눴는데 소감은?
•• 이 대통령과 한국이 저탄소 녹색 성장 쪽에 집중하고 있는 것을 보고 정말 놀랐다. 이것은 한국이 21세기 지구 경쟁 시대를 선도하겠다는 구상인데 일본과 대만 등은 한국의 그런 발 빠른 변화에 놀라움을 표하며 주목하고 있다.

• 글로벌리스트가 보는 북한은 어떤 이미지인가?
•• 북한은 아주 슬픈 케이스다. 북한은 늘 '결혼해줘, 그렇지 않으면 죽여버릴 거야'라는 식으로 행동하는데 그건 아주 슬픈 일이다. 북한을 생각할 때마다 연민이 생기지만, 북한은 종국적으로 체

제이행 국면에 접어들게 될 것이다. 글로벌 시대 한국이 더 개혁하고 발전할수록 북한과의 격차가 더 커지고 남북의 명암은 더욱더 뚜렷해지는 게 현실이다.

- 수많은 국가를 방문, 최고 지도자들과 대화를 나누고 있는데 만약 김정일 북한 국방위원장이 당신을 초대해 조언을 구한다면 어떤 얘기를 해주겠는가?
- 단 한마디만 하고 싶다. 권좌에서 물러나라.

- 그리고 덧붙인다면?
- 개방하라는 말을 덧붙이고 싶다.

- 한미 양국은 반세기 역사의 동맹인데, 코드 그린 시대 한미 양국이 어떤 협력을 해나가야 한다고 보는가?
- 한국이 미국과 동맹이라고 해서 굳이 코드 그린 전략을 미국과 협력할 필요는 없다. 한국과 미국은 이미 경쟁하는 수준의 나라다. 그러니 한국은 미국과 협력하기보다, 시선을 인도나 중국 등으로 돌려 큰 시장을 겨냥해 나가야 한다. 한국은 시장이 작기 때문에 적은 비용을 들이면서 큰 시장을 만드는 전략이 필요한데, 그렇다면 미국이나 유럽 등 서구보다는 중국이나 인도 쪽으로 시선을 돌려 시장을 개척하고 영향력을 확대해 나가는 게 좋다.

- 경제평론가 데이비드 스믹은 최근 세계의 금융위기를 분석하는 신작《세계는 평평하지 않다》에서 당신의 저서《세계는 평평하다》를 비판했는데…….

•• 나는 평평하다는 개념을 보다 많은 사람이 동등한 기회를 갖고 동등하게 경쟁한다는 의미에서 사용했다. 그런데 비판론자들은 이것을 국가 간, 제도 간 장벽이 사라진다는 식으로 아주 다르게 쓰고 있다. 나는 그것에 대해서조차도 감사하게 생각한다. 스믹이《세계는 평평하지 않다》에서 글로벌 금융 부문의 위험성 문제를 제기한 것에 대해 공감한다. 그러나 나는 어디까지나 글로벌리제이션 시대는 서로 동등하게 경쟁하고 협력하는 시대라는 데 초점을 맞추었다.

인터뷰 때 스믹의 책《세계는 평평하지 않다》를 보여주며 질문을 했더니 그는 "스믹이 내 논지를 과도하게 단순화한 뒤 자신의 주장을 펼친 것"이라면서 "스믹은 워싱턴에서 자주 만나는 내 친구"라고 소개했다. 이어 그는 "스믹이 이 책을 쓸 때부터 나와 의논을 했다"면서 "스믹의 책은 내 주장을 뒤집는 것이라기보다 내가 미처 설명하지 못한 부분을 보완, 분석한 것"이라고 덧붙였다.

- 지난 1월 다보스 포럼 후 쓴 칼럼에서는 "세계의 석학들조차 현재 세계 금융위기의 폭과 깊이를 알지 못하며 처방전도 내

놓지 못하고 있다"고 했는데…….

•• 글로벌 금융위기가 언제 어떻게 극복될 수 있을지 나도 모르겠다. 현재의 위기는 지속 가능하지 않은 소비 행태를 극한적으로 추구한 끝에 발생한 것이다. 그러니 이 같은 위기 극복을 위해서는 기본 틀을 바꿔야 한다. 버락 오바마 미국 대통령의 요즘 최우선 3대 관심사는 첫째도 은행, 둘째도 은행, 셋째도 은행이다. 우리가 이 위기에서 벗어나려면 우선적으로 은행의 위기에서 벗어나야 한다.

• 당신의 책을 읽은 수많은 한국의 젊은 독자들에게 글로벌 시대 생존 전략에 대해 조언을 한다면?

•• 내 딸들에게 늘 말하는 것인데 살아가는 데 중요한 4대 요소는 첫째도 교육, 둘째도 교육, 셋째도 교육, 넷째도 교육이다. 보다 좋은 교육을 받고, 다양한 사람들과 협력하면 이 평평한 세계에서 보다 유리한 조건을 얻게 된다. 글로벌 시대를 살아가기 위해 중요한 것은 지성과 창조력인데, 이것은 모두 좋은 교육에서 나온다. 비즈니스나 테크놀로지, 과학 모두 뛰어난 창조력에서 시작된다. 21세기의 평평한 세계를 슬기롭게 살아가는 데 가장 필요한 것은 좋은 교육이다.

• 미국에서 가장 영향력 있는 저널리스트라는 평을 듣고 있는데 어떤 게 좋은 칼럼이라고 생각하는가?

•• 나는 늘 세상의 변화에 대해 진지하게 생각한다. 또한 자만하지 않으려고 노력한다. 그리고 늘 현장에 가서 그 나라 사람들을 만나보고 글을 쓰려고 노력한다. 그리고 남보다 많이 읽으려고 한다. 요즘엔 퓰리처 상 심사위원이어서 후보작을 읽어야 하기 때문에 남보다 많은 글을 읽고 있다. 늘 칼럼을 쓰지만 반응은 그때마다 다르다. 다음과 같은 반응 중 어느 하나를 받는다면 성공한 것이라고 본다. 첫째, 독자가 읽고 나서 '그건 몰랐던 것인데……'라고 느끼도록 지식을 주는 칼럼, 둘째, '그렇게는 생각 못했네'라고 독자들에게 새로운 시각을 주는 칼럼, 셋째, '내가 제대로 표현하지 못한 생각을 당신이 제대로 썼네'라는 생각을 갖게 하는 칼럼, 넷째, '당신과 가족을 모두 죽여버리겠어'라고 할 정도로 논란이 되는 칼럼, 다섯째, 독자를 울리고 웃기는 칼럼 등이다.

취재노트

〈뉴욕타임스〉 칼럼니스트 토머스 프리드먼은 호기심 많고 진지한 기자였다. 50대 중반의 나이가 믿겨지지 않을 정도로 발랄하고 생기가 넘쳤다. 2009년 2월 4박 5일에 걸쳐 서울을 방문한 그는 10여 개 행사에 참여해 기조연설을 하고 토론하고 면담하고 인터뷰하느라 분 단위로 시간을 쪼개 사용할 정도로 바쁜 일정을 보냈지만, 모든 순간순간에 최선을 다하는 태도가 보기 좋았다. 2009년 2월 23일 서울 중구 소공동 롯데호텔에서 열린 '글로벌 코리아 2009' 주제 발표와 만찬 연설 때 그는 청중과 호흡하며 일체가 되려고 노력했고, 취재진들과 인터뷰를 할 때에도 모든 질문에 대해 진지하게 메모한 뒤 생각을 정리해 답변했다. 그를 세계 최고의 저널리스트로 만든 힘은 바로 '지칠 줄 모르는 호기심과 탐구력, 진지함의 결과'라는 생각이 들었다.

그의 신작 《코드 그린》을 읽다 보면 녹색성장 전략에 대한 그의 해박한 지식과 비전에 감탄하면서도 그의 철저한 미국 중심적 사고에 대해선 좀 불편해진다. 특히 미국은 현재도 그렇고 앞으로도 영원히 글로벌 넘버원 국가가 돼야 한다는 것을 기본전제로 깔고 논리를 전개하는 데 대해선 눈살을 찌푸리게 된다. 그가 글로벌리스트임에도 불구하고 영국 출신인 빌 에모트 〈이코노미스트〉 편집장처럼 세계 보편주의를 견지하지 않고, 철저히 미국 중심주의, 미국식 애국주의를 견지하는 이유는 뭘까?

그와의 인터뷰 자리가 마련됐을 때 초점을 맞춘 것은 바로 이 문제였다. "영국 출신의 글로벌리스트 빌 에모트는 영국적 관점에서 탈피해 글로벌리스트적 사고를 하고 있는데 미국의 대표적 글로벌리스트인 당신은 왜 여전히 미국 문제에 집착하는가?"라는 질문을 먼저 던졌다. 그 스스로 너무도 당연시했던 미국 중심주의적 사고에 대한 도발적 질문에 당황했기 때문일까, 그는 "전혀 새로운 질문"이라면서 인터뷰에 흥미를 보이며 다음과 같이 자기주장을 펼쳤다.

"글로벌 세계의 초강대국인 미국이 앞으로도 초강대국 지위를 유례를 예측할 수 있다. 첫째, 각국들은 미국에 대해 응분의 보상을 하려 하지 않을 것이다. 둘째, 세계 각국은 지속적으로 미국을 비판할 것이다. 셋째, 세계 각국은 미국이 사라졌을 때 비로소 아쉬워하며 그리워할 것이다."

세계 금융위기 후 뚜렷해지는 미국의 쇠퇴 징후가 일시적 현상이냐, 아니면 미국 대 중국이라는 G2 체제로의 재편으로 가는 전조냐를 둘러싸고 국제적인 논쟁이 진행되고 있다. 여기서 프리드먼은 미국이 그린 코드 발전 전략을 통해 강력한 슈퍼파워의 지위를 지속해야 하고 그것이 곧 글로벌 세계의 안정과 평화를 위한 길이라는 미국 중심적 글로벌리스트의 견해를 유감없이 드러내고 있는 것이다. 물론 판단은 독자의 몫이다.

어떤 나라도 미국을 대신할 수 없다는 말을 내게 했다"고 소개했다. 미국은 여전히 군사적으로나 경제적으로 넘버원이고, 인권옹호나 이상주의를 수호하는 데도 가장 적극적인 역할을 하고 있기 때문에 유럽연합도 중국도 이 같은 역할을 대신할 수 없다는 게 한국 정부 관계자의 얘기라는 것이다.

프리드먼은 이 칼럼에서 서울에서 이홍구 전 총리와 만난 얘기를 전하며 이 전 총리의 미국에 대한 충고를 다음과 같이 소개했다.

"글로벌 세계에서 어느 나라도 미국의 리더십을 대신할 수 없다. 미국인들은 자신들에게 부과된 역사적 무게를 잘 생각하고 세계가 긍정적인 방향으로 나가도록 일을 해야 한다. 미국이 국가주의에 빠져들어 보호무역주의를 채택할 경우 파장이 커진다. 미국인들은 세계의 많은 사람들이 미국에 대해 얼마나 큰 기대와 희망을 갖고 있는지 잘 이해하기 바란다."

후에 이 전 총리를 만났을 때 프리드먼 칼럼에 이 전 총리의 대미 메시지가 인용된 배경에 대해 물었더니 "세미나에서 그를 만났을 때 금융위기 후 미국의 역할에 대해 얘기를 들으려 했는데 그는 오히려 내게 많은 질문을 던졌다"면서 "그는 쉼 없이 취재하고 기록하는 현장 기자였다"고 말했다.

프리드먼은 이 전 총리의 적극적인 미국 역할 주문에 고무된 듯 서울발 칼럼을 외교 전문가인 마이클 먼델바움Michael Mandelbaum 미 존스홉킨스대 교수의 저서 《골리앗의 사례The Case of Goliath》 메시지로 끝을 맺었다.

"미국의 글로벌 지도력이 얼마나 지속되든 간에 다음 세 가지 사는 게 그의 설명이었다. 그러나 너무 거대한 담론을 추상적으로 펼친 듯한 느낌을 지울 수 없었다. 프리드먼 스스로도 인터뷰 때 임기응변식으로 미국 넘버원주의의 필요성에 대한 자신의 설명이 옹색했다고 느꼈는지 한국 방문 후 쓴 칼럼 '글로벌 세계에서 엉클 샘은 여전히 넘버원Globally Uncle Sam is still No. 1'〈인터내셔널 헤럴드 트리뷴〉, 2009.2.26에서 '미국은 왜 글로벌 리더 국가여야 하는가'를 재차 설명했다.

"아시아를 방문했을 때 세계 무대에서 미국의 지위를 다시 한 번 생각해보게 됐다"고 시작하는 이 칼럼에서 프리드먼은 "최근 들어 미국의 불가피한 쇠퇴를 거론하는 모든 얘기들에도 불구하고 모든 이들의 눈이 도쿄나 베이징, 브뤼셀, 모스크바가 아닌 워싱턴에 집중되어 있는 것을 느꼈다"면서 다음과 같이 그 이유를 설명했다.

"미국인의 관점에서 볼 때 지난 50년의 역사에서 미국 파워가 요즘처럼 약해졌을 때가 없는데도 불구하고 미국의 중요성은 역설적으로 더 커지고 있다. 냉전시대 많은 이들은 미국의 파워가 너무 세다고 불평했는데, 미국 파워가 쇠퇴한 이후 세계는 또 다른 제3국의 부상이나 더 나은 슈퍼파워의 등장이 아니라 '리더 없는 세계'로 귀결되고 있다는 것을 깨달은 뒤 모두 불안을 느끼고 있다."

프리드먼은 세계 각국이 미국 파워에 의지하려는 증거로 미국 경제의 사실상 파산에도 불구하고 미 달러화가 폭락하지 않고 오히려 강세를 유지하고 있다는 점을 들었다. 그는 여기에 "한국의 원화는 미국발 세계 경제위기 후 40퍼센트가 폭락했는데 미 달러화는 그렇지 않았다"고 한국 사례를 슬쩍 끼워 넣은 뒤 "한국 정부 관계자는

지해야 세계평화가 유지된다. 그러나 기존의 발전 전략은 이번 금융 위기에서 보듯이 더 이상 지속 가능하지 않다. 미국부터 새로운 시대에 맞는 새로운 발전 전략을 채택해야 글로벌 세계가 좀 더 평화로운 상태에서 지속 가능한 성장을 할 수 있다. 그것이 바로 코드 그린 전략이다. 미국이 석유에 대한 의존에서 벗어나 에너지 자립률을 높이는 쪽으로 코드 그린 발전 전략을 채택하면 전 세계에 막대한 변화를 끌어낼 수 있다. 우선 미국이 석유 수입을 줄이면 국제유가가 떨어질 것이고, 이것은 페트로석유 달러에 의존하는 중동 등 일부 권위주의 국가들의 권력 기반을 흔드는 결과를 가져온다. 또한 새로운 에너지원 발굴을 통해 미국이 에너지 자립을 하게 되면 미국 경제도 내부적으로 발전할 수 있고, 석유자원 확보를 둘러싼 글로벌 국가들 간의 갈등도 줄일 수 있다. 21세기 들어 인도와 중국 등 신흥 거대 경제국들의 석유 수요가 급증하면서 지역 간 긴장이 높아지는 추세인데, 미국의 신에너지 개발은 이 같은 갈등도 줄일 수 있는 것이다. 결과적으로 미국은 에너지 소비형 20세기 경제에서 벗어나 21세기형 코드 그린 전략을 통해 세계적 우위를 계속 유지할 수 있게 되고, 미국의 석유 의존도 저하는 페트로 달러에 의존한 권위주의 정권 기반을 흔드는 부가적 결과를 가져올 수 있다. 코드 그린 전략으로 인해 각국의 석유 의존도가 줄어든다면 중동과 이란, 베네수엘라의 권위주의 정권은 장기적으로 변화를 맞게 될 수밖에 없다."

미국이 하루빨리 과도한 석유 의존에서 탈피해 코드 그린 전략으로 전환하면 미국의 전 세계적 우위도 유지되고, 페트로 달러에 기반한 권위주의 정권도 붕괴시키는 일석이조의 효과를 거두게 된다 글로벌리스트는 어떤 이념도 지향도 없다. 세상의 흐름을 편견 없이 보고 분석하고 판단하기 위해서다. 나는 영국에서 태어나서 교육을 받은 영국인이지만 1980년 〈이코노미스트〉에 입사해 브뤼셀, 도쿄 등에서 일을 하며 생각이 바뀌기 시작했다. 전 세계를 대상으로 글을 쓰고 취재 여행을 하는 과정에서 글로벌리스트로 성장했다. 누구나 세상 변화를 보며 자신의 생각을 발전시켜나간다면 그렇게 될 수 있다.

진화하는 글로벌리스트가 사는 법

〈이코노미스트〉 편집장
빌 에모트

BILL EMMOTT

- 질문
- • 대답

빌 에모트는 영국의 대표적인 글로벌 시사 주간지 〈이코노미스트〉 편집장 출신 저널리스트다. 그는 1980년 〈이코노미스트〉에 입사, 13년 만인 1993년 편집장이 됐고, 이후 13년간 편집장으로 일하며 잡지를 2배 이상 성장시킨 신화적 인물이다. 그는 도쿄 특파원을 지내며 한·중·일 경제 발전에도 깊은 관심을 가져왔다.

그는 일본 경제의 호황기인 1989년 일본 버블경제 붕괴를 예측한 저작 《태양은 다시 진다》를 발간, 센세이션을 일으켰던 경제 전문가다. 이후 15년 만에 《일본 부활》을 써서 21세기 일본의 새로운 부상을 전망했다. 에모트는 많은 저서를 펴냈지만 그의 필명을 전 세계에 알린 문제작은 《20:21 비전》이다. '21세기를 위한 20세기의 교훈'이라는 부제를 갖고 있는 이 책은 전 세계적 베스트셀러가 됐다. 에모트와의 대화는 2004년 노무현 대통령의 여름휴가용 도서로 국내에 알려져 있는 이 책 얘기로부터 시작했다.

• 《20:21 비전》은 노무현 대통령재임 2003.2~2008.2이 2004년 여름휴가 때 읽은 책으로 유명한데, 책의 저자로서 노 대통령에 대해 어떻게 평가하는가?

•• 노 대통령은 성공적이지 않은 대통령이었다고 본다. 민주적으로 선출된 한국의 대통령들 모두 말기엔 국민들을 실망시켰고 실패로 끝났는데 노 대통령은 특히 더 실망시키고 있다고 본다. 실질적인 경제적 개혁을 하는 데 실패했고, 노동법 개혁에도 실패했고, 노동법 전문변호사로 더 잘할 수 있었는데 그러지 못했다. 그는 대외 관계, 특히 한·미, 한·일 관계에 매우 부정적 영향을 끼쳤다. 물론 한국의 역대 대통령 중 한·일, 한·미 관계에 나쁜 영향을 미

친 이들이 많은데 노 대통령은 역대 대통령보다 더 공격적인 태도를 취했고 그게 대통령으로서는 실수였다고 본다.

- 노 대통령은 글로벌리즘을 제창하는 당신의 책을 읽었음에도 불구하고 책의 내용과는 반대되는 방향으로 나갔다고 보는가?
- 〈이코노미스트〉 독자 중 〈이코노미스트〉가 지향하는 관점에 동의하지 않고 정반대로 생각하는 이들이 있는데 노 대통령도 그 중의 한 명이지 않은가 한다. 몇몇 독자들은 자신들의 원래 생각을 강화하기 위해 반대적인 입장의 책을 읽기도 한다. 반 세계화주의자들이 친 세계화주의적 시각을 엿보기 위해 〈이코노미스트〉를 읽거나 내 책을 읽기도 한다.

- 노 대통령을 실패한 지도자라고 했는데, 한국의 지도자가 성공하기 위해선 어떤 일을 해야 한다고 보는가?
- 한국엔 경제적 개혁을 할 수 있는 대통령이 필요하다. 분명한 어젠다를 갖고, 한국의 세계화 기반을 만드는 지도자가 필요하다. 중국은 한국을 빠르게 따라오고, 일본도 개혁을 통해 빠르게 회복하고 있고, 베트남 같은 나라도 빠르게 발전하고 있다. 한국이 좀 더 개방적으로, 좀 더 적극적인 세계화를 할 수 있도록 이끌 지도자가 필요하다.

- 김대중 대통령재임 1998.2~2003.2 임기 초 한국은 외환위기 극복을 위해 세계화로 가기 위한 개혁을 많이 했다고 보는데…….
- - 한국이 동북아 금융허브를 지향한다면 추가적인 개혁이 필요하다. 서울은 국제금융기구들이 활동하는 데 별로 매력적이지 못한 곳이다. 국제 비즈니스 측면에서 볼 때 서울엔 너무 규제가 많아서 일하기 힘들다. 서울을 동북아 금융허브로 만들려면 도쿄나 싱가포르, 상하이 수준으로 규제를 없애야 한다.

- 서울과 도쿄를 비교해볼 때, 서울보다는 도쿄에 더 규제가 많을 것이라고 생각되는데…….
- - 도쿄는 지난 10년간 지속적인 개혁을 해왔다는 것을 한국 사람들이 이해해야 한다. 도쿄는 또한 시장 친화적 경제정책을 운용하고 있다. 물론 도쿄도 개혁해야 할 게 많다. 서울과 비교할 때 도쿄는 지역 시장이 워낙 넓고 장점이 많다. 국내 시장이 넓고 국내 자본의 영향력도 크다. 서울과 도쿄를 경쟁하려 한다면 도쿄가 해왔던 개혁보다 더 빠르게 나가서 동북아의 중심으로 부상해야 한다.

- 한국의 개혁 부진은 지도자의 의지 부족인가, 정부 관료들의 편협한 시각 때문인가?
- - 정부 관료들에게 우선 문제가 있다고 본다. 영국과 비교해볼

때 한국의 관료들은 시장 및 시민사회에 훨씬 더 많이 간섭하는 경향이 있다. 또한 외국 투자에 대한 한국인들의 정서적 거부감도 아주 크다. 서울이 동북아 금융허브로 크기 위해선 한국 사람들이 우선적으로 외국 자본에 대한 친화적 사고를 해야 하고 외국 기업과의 경쟁에 대해 자유롭게 생각해야 한다. 한국은 충분히 강하고 자신감을 가질 만하다. 외국 기업과 자신 있게 경쟁해도 된다.

• 〈이코노미스트〉 일본 특파원으로 일하며 한·일 관계를 관찰해왔는데 두 나라 관계가 영국과 아일랜드 관계처럼 발전하려면 어떤 노력이 필요하다고 보는가?

•• 영국은 아일랜드와 오랫동안 식민-피식민 관계를 유지해왔지만 이제는 아주 우호적이다. 1970년대 영국과 아일랜드가 유럽연합에 가입하면서 대등한 인식이 확산됐고 아일랜드 경제가 아주 좋아진 점, 그리고 영국과 아일랜드의 새로운 세대가 과거보다는 미래지향적 사고를 하면서 많이 달라졌다. 한·일 관계도 젊은 세대가 주도한다면 많이 달라질 것이다. 나는 야스쿠니 신사 등에 대한 일본 접근법에 대해 매우 비판적이다. 한국의 정치인들도 역사적으로 민감한 이슈에 대해 좀 더 조용하고 화해적인 방법으로 접근해야 한다고 생각한다. 김대중 대통령은 한·일 간에 화해를 추구하면서 노무현 대통령보다 더 좋은 정책을 추진했다고 본다.

- 1980년에 〈이코노미스트〉에 들어가서, 13년 만에 편집장이 됐는데, 잡지 최고 책임자가 될 수 있었던 비결은 무엇인가?
- - 〈이코노미스트〉는 젊은 편집장을 전통으로 하고 있다. 나는 36세에 편집장이 됐는데, 내 전임자도 마찬가지였다. 〈이코노미스트〉는 기자 중에서 젊고 능력 있는 이를 편집장으로 선발한다. 젊은 기자들이 왕성한 에너지를 갖고 있고, 정치·경제·사회 문제에 대해서도 아주 적극적이고 진지한 자세를 취하기 때문에 가능하면 젊은 편집장을 뽑아서, 〈이코노미스트〉가 시대 변화에 둔감해지는 것을 막으려는 시도다. 〈이코노미스트〉 독자들은 〈아메리칸 비즈니스 매거진〉이나 〈월스트리트 저널〉의 독자보다도 젊다. 최근 조사에 따르면 〈이코노미스트〉 독자의 평균연령은 38세인 데 반해 미국 경제 잡지나 신문 독자의 평균연령은 45~48세다.

- 〈이코노미스트〉가 글로벌 신세대 독자들에게 특별히 선호되는 이유는 무엇이라고 보는가?
- - 글로벌 시대의 젊은 세대는 윗 세대에 비해 더 국제적인 마인드를 지니고 있고, 보다 교육을 많이 받았으며 여행도 많이 해 세계 각국에 대한 경험이 많다. 또한 인터넷 세대이기 때문에 짧고 간결한 것을 좋아한다. 〈이코노미스트〉는 기사를 짧게 쓰고 그래픽을 많이 쓴다. 뉴욕의 주간지 〈뉴요커〉는 길고 추상적이고 지적인 기사가 많은데 우리는 가급적 기사를 짧게 쓴다.

또한 〈이코노미스트〉는 영국에서 발간되는 잡지이지만 모든 현안에 대해 글로벌한 관점을 유지하며 편집 노선 또한 아주 독립적이다. 어떤 정부나 나라, 어떤 대기업의 이해에서도 자유롭다. 복잡하고 복합적인 세계의 여러 현상에 대해 분명하고 직설적인 영어로 기술한다. 추상적으로 얘기하지 않고 직접적인 표현을 많이 쓰며 글로벌 통계자료를 쓴다. 글로벌리스트적 시각으로 풍부한 통계자료를 분석해 객관적으로 세상의 변화를 설명하기 때문에 세계 각국의 지식인들이 신뢰하는 것이다.

에모트의 말대로 〈이코노미스트〉는 글로벌 시대의 대표적 시사 주간지다. 필자가 워싱턴에서 〈문화일보〉 특파원으로 일할 때 〈뉴욕타임스〉와 〈워싱턴 포스트〉, 〈월스트리트 저널〉, 〈파이낸셜 타임스〉를 읽은 뒤 매주 꼭 〈이코노미스트〉를 챙겨 본 이유는 이 잡지가 미국적 관점의 한계를 인식하게 해줬기 때문이다. 〈이코노미스트〉는 어느 한 나라의 이해관계에도 치우치지 않는 유일한 글로벌리스트 잡지다. 흥미로운 것은 워싱턴이나 뉴욕에서 만난 글로벌 리더의 가방엔 늘 〈이코노미스트〉가 들어 있었다는 점이다. 〈이코노미스트〉는 세상을 글로벌한 관점에서 보려는 사람들의 파트너인 셈이다.

• 〈이코노미스트〉가 수미일관 글로벌리스트 관점을 유지할 수

있는 비결은?

•• 〈이코노미스트〉의 성공은 글로벌리즘 진전 덕분이다. 기업이나 정부나 대학, 개인이 더욱더 국제사회에 노출되고, 국제사회와 연결되어 일어나는 일이 많게 되면서 상호 이해가 필요하게 됐다. 그런데 대부분 신문이나 잡지는 발행되는 나라나 지역의 문제에 초점을 맞추고 있는 게 사실이다. 〈뉴욕타임스〉만 해도 미국의 대표적인 국제주의적 신문이지만 시각은 여전히 미국적이다. 뉴욕에 초점을 맞추고 미국에 초점을 맞춘다. 그러니 모든 사건이나 현상에 대해 미국적으로 해석한다. 그러나 우리는 국제적인 시각, 월드뷰world view를 추구한다. 그런 점에서 경쟁자가 없는 셈이다. 글로벌 앵글을 늘 유지한다.

• 영국인들은 세계에서 가장 세계화된 국민이라고 할 수 있는데 그 비결은 무엇인가?

•• 영국인들은 세계화된 국민이지만 여전히 외국인에 대해 민감하다. 하지만 우리는 외국 자본과 이민을 받아들이는 문화를 갖고 있고, 외국 기업이나 외국 사람들도 영국의 일부로 받아들이고 있다. 영국의 이 같은 글로벌 어프로치는 한국과 아주 다르다.

• 영국에서 태어나 교육을 받은 지식인으로서 어떻게 영국적 이해관계를 뛰어넘어 국제적인 시각을 견지하는 글로벌 저널

리스트가 됐는가?

•• 나는 영국에서 태어나서 교육을 받은 영국인이지만 26세 때인 1980년 〈이코노미스트〉에 입사해 브뤼셀에서 일하기 시작하면서부터 생각이 바뀌기 시작했다. 1982년 영국 담당 경제기자를 했고 이어 도쿄 특파원으로 활동한 뒤 1986년 런던으로 돌아왔다. 〈이코노미스트〉에서 전 세계를 대상으로 글을 쓰고 취재 여행을 했는데 그 과정이 나를 글로벌리스트로 교육시켰다.

• 말하자면 현장에서 일하면서 스스로 글로벌리스트로 교육됐다는 것인가?

•• 그렇다. 여행과 취재가 나를 글로벌리스트로 만들었다. 누구나 세상 변화를 보며 자신의 생각을 발전시켜나가면 그렇게 될 수 있다.

• 〈이코노미스트〉 편집장이 됐던 1993년은 세계가 냉전 시대에서 탈냉전 시대로 변화되는 시기였는데 그런 전환기에 어떤 전략으로 적응했는가?

•• 적응을 한 게 아니라 그때는 아주 좋은 시대였다. 냉전이 끝나면서 많은 기업과 국가들이 글로벌 경쟁을 시작했고 동유럽이나 러시아, 라틴아메리카가 점점 가까워지고, 개방되기 시작했다. 그래서 정부의 역할에 대한 시각이 변화되기 시작했다. 이미 1980년

대 로널드 레이건과 마거릿 대처 시대가 시작되면서 정부의 역할이 많은 부분 시장으로 넘어갔는데 탈냉전 시대로 가면서 그런 징후가 뚜렷해졌다. 그런 변화를 추적하며 우리는 세상의 변화를 분석하고 해석하고 전망했다. 세계 각국의 변화를 현지 통신원이 시시각각 추적했는데 이것이 큰 도움이 됐다.

- 〈이코노미스트〉의 발행 부수는 편집장에 임명됐던 1993년 50만 부였는데, 편집장 퇴임 때인 2006년에는 110만 부로 뛰었다. 그 성장 비결은 무엇인가?
- · 좋은 기자들과 편집진, 그리고 마케팅팀이 힘을 합쳐 만들어낸 결과다. 우리는 해외 지사를 넓혔고 세계경제의 새로운 시장으로 떠오른 중국과 동유럽, 라틴아메리카, 아시아에 대해 커버스토리로 집중적인 보도를 하여 독자들의 관심을 끄는 데 성공했다. 세계사적 전환기를 우리의 성장 기회로 삼은 것이다.

- 〈이코노미스트〉 부수는 점점 확장되는 추세인가?
- · 성장세에 있다. 아직도 상당한 성장 잠재력이 있다고 본다.

- 글로벌 시대엔 프린트 미디어가 쇠퇴하고 인터넷 미디어가 성장할 것이라는 관측이 많은데…….
- · 프린트 미디어는 보다 차별화된 시장 접근 노력을 해야 한다.

즉 특정 독자층을 겨냥하는 특별 전략이 필요하다. 〈이코노미스트〉 독자들은 특별한 타입의 마인드를 가진 이들이다. 국제적인 감각과 마인드를 지니고 인터넷을 많이 사용하는 고소득 고학력층이다. 〈이코노미스트〉 광고는 이들을 겨냥함으로써 큰 성공을 거뒀다. 예컨대 구직, 구인, 직업, 주택, 자동차 광고 등은 이제 대부분 인터넷으로 간다. 따라서 프린트 미디어에는 좀 더 특성화된 광고가 필요하다. 말하자면 새로운 비즈니스 모델이 필요하다. 물론 말하기는 쉬워도 실제 생각해내기는 어려운 일이지만 좀 더 특성화한 매체, 특정층 독자를 위한 매체가 돼야 한다는 게 내 생각이다. 그래야 인터넷 매체와의 공존에서 생존할 수 있다.

- 그렇다면 프린트 미디어의 미래에 대해 전반적으로 낙관적인가?
- • 나는 〈이코노미스트〉의 미래에 대해 낙관적이다. 다른 미디어들도 〈이코노미스트〉의 원칙을 견지해 나간다면 성공한다고 본다. 그러나 〈이코노미스트〉처럼 하지 않는다면 결코 낙관할 수 없다.

- 세계화를 얘기할 때 한국에서는 대기업주의자나 시장주의자를 글로벌리스트로 여기는데 이에 대해 어떻게 보는가?
- • 세계화는 경쟁력을 높이고 선택의 폭을 높이는 게 핵심이다. 그런 면에서 세계화는 세계 모든 기업의 상품들이 한국에서 활동

하게 하고 그 반대도 가능하게 한다는 뜻이다. 이것은 한국을 지배하는 거대 기업에 위협적인 흐름이지만 한국의 소비자들에게는 보다 많은 기업들의 상품에 대해 접근성을 높이는 결과를 가져온다. 세계화는 열린 시장과 더 많아진 선택의 폭, 기술혁신을 의미한다. 그러니 대기업 친화적 정책과는 상관이 없다. 오히려 엄밀하게 말하면 대기업의 이해관계와 배치되는 게 세계화다. 폐쇄적 경제를 운영하는 나라에서는 몇 개의 대기업이 정부와 특수 관계를 갖고 시장을 지배한다. 그러나 경제가 세계를 향해 열려 있으면 경쟁도 커지고 선택의 폭도 넓어진다.

- 그런데 한국에서는 아직 세계화에 대한 오해와 혼란이 많은 게 현실이다.
- · 그렇다. 많은 나라에서 세계화가 잘못 이해되고 있다. 프랑스에서 특히 그렇다. 그러나 영국 등에서는 그런 경향이 비교적 적다.

- 한미 자유무역협정FTA 협상 때 세계화론자들은 FTA를 지지하고 반세계화론자들은 FTA 반대론을 폈는데……
- · 진정한 글로벌리스트는 FTA를 반대한다. 오히려 다자적 관점을 견지하는 세계무역기구WTO의 프로세스를 존중한다. FTA는 양자 관계에서 맺어지는 것이라서 글로벌리제이션 일반론을 위협하

고 혼란스럽게 한다. 그렇기 때문에 글로벌리스트적 관점에서 FTA는 그렇게 바람직한 게 아니다. 글로벌리스트적 관점에서 보면, 양자적 관점의 FTA는 문제가 있다.

- 글이나 책을 쓸 때, 영국인으로서의 자의식이나 국가적 이해관계를 고려하는가?
- - 전혀 고려하지 않는다.

- 어떻게 그런 입장을 견지할 수 있는가?
- - 나는 오히려 그런 것을 무시하려 애쓴다. 어떤 경우에도 영국의 국가적 이해관계를 고려하지 않는다.

- 한국 지식인들은 보수든 진보든 간에 민족적인 정서나 국가적 이해관계를 극복하기가 어려운데…….
- - 영국적 전통에서 볼 때 우리는 글로벌적 사고와 마인드를 중시한다. BBC 종사자들도 글로벌 마인드를 존중하는 전통이 있다. 또한 우리는 여행을 많이 하면서 글로벌적 사고를 키운다. 도쿄와 런던, 워싱턴으로 여행하고 일하면서 지역적 사고보다는 글로벌한 사고를 하게 된다. 우리는 영국 정부와 아무런 연결 고리가 없다. 또한 우리 독자들은 대부분 글로벌하다. 〈이코노미스트〉 독자 중 영국인은 15퍼센트 정도에 불과하기 때문에 우리가 영국적 국가

이익에 봉사할 이유가 없다. 우리 독자의 85퍼센트가 세계 각국에 있기 때문에 영국적 이해관계에 매달리면 안 된다. 그러면 우리가 일을 할 수 없다.

- 그래서 영국 시민임에도 불구하고 글로벌리스트적 관점을 견지한다는 것인가?
- • 만약 런던에 살면서 매일 영국 신문을 읽는다면 영국적 사고를 하겠지만 우리는 글로벌 도시를 이동하며 글로벌 사고를 하는 데 익숙해진 사람이다. 늘 글로벌적 사고가 뭔지를 생각하면서 로컬 사고의 한계를 극복한다.

- 우리 모두가 글로벌 시대에 살고 있는데 세상에는 당신과 같은 글로벌리스트가 얼마나 있다고 생각하는가?
- • 〈이코노미스트〉가 120만 부 정도 팔리니 그 2~3배 정도 독자가 있다고 본다면 약 300만 명 이상은 되는 것 같다. 글로벌 기업, 국제기구에 일하는 이들이 점점 늘어나고 있다. 자신들의 국가적 이해관계와는 상관없이 국제적 이해관계에 집중하는 사람들이 점점 늘고 있다.

- 유럽이나 유럽인들에게 그런 것은 자연스러운 것으로 받아들여질 수 있겠지만, 아시아에서는 아직 글로벌 마인드와 시각

을 갖는 게 쉽지 않는데…….

•• 유럽인들에게도 늘 자연스럽고 쉬운 것은 아니다. 프랑스와 이탈리아를 보라. 아주 어렵다. 그러나 좀 더 부유하게 되고, 경제적으로 발전되고, 그리고 좀 더 타인의 삶의 방식을 받아들일 수 있게 되면 변화될 것이다. 물론 힘들 것이다. 어떤 사람도 자신의 민족적 한계나 이해관계를 초월하기 어렵다. 노력해야 한다. 한·중·일 간 역사 화해가 지연되고, 중국의 공산당 지배가 이어지는 한 이 지역 사람들이 초국가적 마인드를 갖는 것은 쉽지 않을 것이다.

• 글로벌리스트로서 북한에 대한 전망은?
•• 내 꿈은 하루빨리 북한이 붕괴되어 한반도가 통일되는 것이다.

• 하루빨리라는 게 당장을 의미하나, 아니면 최소한 5~10년을 의미하나?
•• 빠를수록 좋다고 본다. 지금 남북 간의 격차는 미래로 갈수록 더 커진다. 빠르게 하는 통일이 낫다. 북한의 인권유린, 체제의 야만성, 수많은 정치범, 경제적 빈곤, 식량난 등을 생각하면 하루빨리 통일해야 한다.

• 한국 정부와 시민사회에서는 급진적인 통일이 대재난을 가져

올 것이라는 점에서 북한의 변화와 개혁 속에서 이뤄지는 점진 통일이 바람직하다고 하는데…….

•• 물론 그런 정서를 이해한다. 하지만 나는 그런 점진 통일을 한다고 해서 남북한 간의 간격이 좁혀질 가능성은 거의 없다고 본다. 북한이 중국식 경제개혁을 하게 되면 통제력을 잃게 되고 체제는 더욱 혼란에 빠질 것이다. 한국은 경제적으로도 빠르게 발전해 생활수준이 점점 높아질 것이지만 북한은 정체의 과정을 반복할 것이다.

• 글로벌리스트의 관점에서 볼 때 남북한 통일은 바람직한 것인가?

•• 물론 아주 위험하고 비용이 많이 들고 혼란스럽고 불안한 상황이 조성되어 아주 힘든 상황이 될 수도 있다. 그렇지만 일단 그런 상황이 발생하면 빠르게 호전될 것이다.

• 글로벌리스트는 보수적인가 진보적인가, 아니면 자유주의자인가? 글로벌리스트의 이데올로기적 성향은 무엇인가?

•• 글로벌리스트는 어떤 이념적 지향도 없다. 그 어떤 범주에도 속하지 않는다.

• 당신은 환경 등에서는 진보적이고, 대북 문제에서는 보수적

인데…….

•• 나는 한반도 문제에 대한 내 시각이 보수적이라고 보지 않는다. 단지 한국 정부의 관점이 아닐 뿐 나는 북한의 인도적 문제를 중시한다.

• 당신의 대북관은 미국 네오콘들의 북한 체제 교체론과 유사한 측면이 있다.

•• 나는 한국 정부도 북한 체제 교체를 추구한다고 본다. 단지 군사적 수단을 반대하는 것뿐이다. 그게 차이이다. 반면 네오콘들은 군사적 수단을 포함한 레짐 체인지regime change를 추구하는데 나는 이런 군사적 수단을 지지하지 않는다. 나는 인도적 측면에서 남북한 통일을 긴급하게 해야 한다고 본다. 지연되면 더 힘들어진다.

• 49세 때 〈이코노미스트〉 편집장에서 물러나 프리랜서가 됐는데 커리어를 바꾸게 된 동기는?

•• 13년간 편집장 일을 했더니 에너지를 보충할 필요를 느꼈다. 삶을 재충전하기 위해서 결단을 내렸다. 나보다 젊은 에디터를 임명하는 게 잡지에도 좋고 내게도 좋다고 생각했다. 그것이 〈이코노미스트〉의 향상을 위한 것이고, 나는 좀 더 자유를 원했다. 내 스스로의 일, 내 책을 쓰고 내 생각을 지속시켜 나가는 것을 선택한

것이다.

- 그러한 선택에 만족하는가?
- • 물론이다. 나는 현재의 내 삶을 즐기고 있다.

취재노트

　빌 에모트와의 만남은 그가 2007년 5월 한·영 포럼 참석차 서울에 왔을 때 이뤄졌다. 수많은 글로벌 리더를 인터뷰했지만, 국제적인 사안에 대해 에모트만큼 명쾌하게 얘기하는 이는 많지 않았다. 그는 국가적 이해관계에 얽히지 않고, 가장 객관적으로 세상을 보고, 분석하는 진정한 글로벌리스트였다.
　1999년부터 2000년까지 뉴욕에서 연수를 할 때 유엔과 관련된 여러 세미나에 참석하면서 '민족주의 틀에서 벗어나 세계 보편주의자가 되겠다'는 야심을 키웠던 적이 있다. 컬럼비아대 공공정책대학원에서 진행된 유엔의 아프리카 지원 관련 세미나 등등에 참석해 자민족만을 위하는 민족주의, 자국의 발전만을 꿈꾸는 국가주의에서 벗어나 인류 보편의 이상을 위해 노력하는 여러 지식인들을 만나면서 그런 생각은 더욱 굳어졌다. 그런데 글로벌 보편주의자로의 길은 생각보다 쉽지 않았다. 더구나 연수를 마칠 즈음 개최된 남북한 정상회담을 보면서 또다시 20세기 역사에서 한반도의 역사적 특수성과 민족적 과제 등에 대해 빠져들게 됐고 글로벌 보편주의자가 되겠다는 꿈은 잊혀져버렸다. 한국적 상황에서 글로벌 보편주의자의 꿈을 키우기엔 분단 문제에서 민족 문제, 미국에 대한 문제에 이르기까지 내부적으로 해결해야 할 20세기적 과제들에 대한 생각이 너무나 많았기 때문이다. 그런데 에모트를 만나고 그의 책을 읽으면서 글로벌 시대를 사는 지식인의 한 전형으로서 글로벌 보편주의자의 길이 꼭 불가능한 것은 아니라는 사실을 깨닫게 됐다.

에모트와의 대화는 글로벌 보편주의자의 꿈을 재확인시켜줬지만, 예기치 않은 민족주의적 역풍으로 인해 이 같은 길이 결코 쉬운 게 아니라는 자명한 진리를 재확인시켜줬다.

에모트 인터뷰가 〈문화일보〉2007.5.29에 보도된 후 예상치 않은 사건이 일어났다. 친노 성향 인터넷 매체인 〈서프라이즈〉www.seoprise.com가 에모트의 노무현 대통령 비판에 반발, 조직적인 반박 움직임을 보이면서 인터넷에서 논쟁이 벌어졌다. 친노 네티즌들은 인터뷰 보도 직후 필자에게 "어떤 근거에서 노 대통령을 실패한 대통령이라고 썼는지 밝히라"고 압박하면서 "과연 에모트가 그렇게 말을 했는지 본인에게 직접 확인하겠다"는 '협박성' 이메일을 보내왔다.

실제 〈서프라이즈〉측의 네티즌들은 에모트에게 많은 이메일을 보내 "진짜 〈문화일보〉인터뷰에서 노 대통령을 실패한 대통령이라고 말했는지, 왜, 어떤 근거로 비판했는지 이유를 밝히라"고 압박했다. 네티즌들의 '뜨거운 반응(?)'에 놀란 에모트는 필자에게 "내가 한국 정치의 민감성을 고려하지 못했다고 생각하느냐"는 편지를 보내오기도 했다. 또한 한국의 네티즌들이 유독 노 대통령의 평가 부분에 이렇게 민감한 반응을 보이는 이유를 묻기도 했다. 에모트는 인터뷰 보도 직후 두 차례에 걸쳐 친노 네티즌들에게 다음과 같은 답신을 보냈다.

"한국의 네티즌들이 〈문화일보〉에 실린 제 인터뷰에 대해 비판적 반응을 보인 것에 대해 설명이 필요할 듯합니다. 저는 이 인터뷰에서 노무현 대통령을 실패한 대통령이라고, 역대 한국 대통령 중에서 최악의 실패자라고 말했습니다.

그 이유에 대해 설명하겠습니다. 김대중 정부 말기에 한 한국의 학자는 제게 '한국 대통령들은 대부분 실패로 귀결됐다'는 말을 해줬습니다. 최소한 민주화 이후의 대통령들은 대부분 그랬습니다. 그것은 1970년대 영국의 한 정치인이 "모든 정치인들의 커리어는 실패로 끝난다"고 했던 말과도 유사합니다. 영국 저널리스트들은 영국 정치인이 사퇴할 때 그 표현을 반복적으로 쓰기도 합니다. 물론 한국에는 또 다른 요소가 있을 것이라고 생각합니다. 한국은 단임제이기 때문에 대통령들이 임기 중 업적을 추구할 만한 충분한 시간이 없는 게 사실입니다. 또한 대통령 자신이 속한 정당은 물론 국회에서도 그 지지를 쉽게 상실하게 되는 게 그간의 역사였습니다. 그리고 대통령들은 재임 중 부패의 유혹을 받게 되는데 그것은 권좌에 있을 시간이 너무 짧기 때문입니다. 김영삼 대통령 재임1993.2~1998.2 과 김대중 대통령도 그런 영향을 받을 수밖에 없었습니다. 저는 노 대통령이 단임제를 바꾸자고 한 것에 대해 지지합니다. 또한 노 대통령이 전임자들과 달리 부패하지 않은 것에 대해서도 높이 평가합니다. 하지만 그가 재임 기간 중 보인 행태에 대해 실망했습니다. 주류 정당의 국외자였던 그는 변화를 추구해야 했다고 생각합니다. 그리고 노동운동과 밀접한 관련을 맺고 있던 노동운동가로서 그는 불법 파업을 종식하고 한국의 노동법을 현대화했어야 함에도 불구하고 그렇게 하지 않았습니다. 또한 1997~98년 외환위기가 극복된 이후 새롭게 조성된 경제 환경에서 처음으로 부임한 대통령으로서 노 대통령은 한국 경제가 세계화 시대에 부응할 수 있도록, 그리고 중국의 부상에 대비할 수 있도록 하는 준비를 했어야 했는데 이 분야에서 노 대통령은 제대로 한 게 없습니다. 그것이 내가 노 대통령을 실패한 대통령으로 규정한 근거입니다. 아마 실패가 아니라 실망시켰다고 썼다면 좀 더 나은 표현이었을 것이라고 생각합니다. 노 대통령은 한국 경제가 좋은 시절에 집권했습니다. 경제는 회복되고, 글로벌 환경은 우호적이었습니다. 그 같은 환경은 전임자들, 특히 외환위기를 극복해야 했던 김대중 대통령보다 훨씬 좋은 조건에서 쉽게 일할 수 있는 상황이었습니다. 나는 물론 한국 전문가는 아니지만, 한국을 1983년부터 방문해온 외부의 관찰자로서 이 같은 관점을 제시한 것입니다. 이 같은 설명이 제 관점을 좀 더 분명하게 이해하도록 하는 데 도움이 되길 바랍니다."

이 편지로 친노 네티즌들은 에모트와의 인터넷 설전을 마무리 지었다. 호전적으로 달려들었지만 에모트가 〈문화일보〉 인터뷰에서 노 대통령을 '실패한 대통령'이라고 표현한 게 사실이라고 재확인하자 실망스럽게 '전투'를 접은 것이다. 에모트의 인터뷰 진의는 글로벌 세계에 대해 편견 없이 바라보고, 글로벌 시각을 갖추라는 것이었음에도 불구하고 일부 네티즌들의 '국수적' 문제 제기로 인해 난데없는 '노무현 평가 논쟁'으로 변질된 셈이다. 이 인터뷰가 보도됐던 2007년 5월 말 노 대통령은 개헌안 공론화와 취재 지원 선진화 방안 등을 밀어붙이며 언론과 각을 세웠다. 그만큼 정국 현안에 대한 친노와 반노의 인식은 달랐고, 양 진영은 사사건건 대립했다. 이 시기에 글로벌리스트인 에모트가 노 대통령 실패론을 제기하자 친노 진영은 총공격에 나선 셈이다. 노 대통령을 엄호하던 친노 네티즌 세력의 전투력이 최고조에 달하던 시기에 에모트는 글로벌 시각에서 한국의 현재와 미래를 위해 조언하다 뜻하지 않은 '암초'에 걸려 홍역을 치른 셈이었다. 후에 그는 "한국의 인터넷 파워가 강한 것처럼 네티즌의 위력은 엄청나다는 것을 논쟁에서 느꼈다"는 후신을 보내왔다.

그리고 2008년 9월 아산정책연구원과 영국의 국제전략문제연구소IISS 공동 세미나 참석차 서울을 방문한 그를 다시 만났다. 친노 네티즌에 의해 벌어졌던 소동에 대해 유감을 표하자 그는 "독자들이 그렇게 열렬한 반응을 보여준 것은 우리의 인터뷰가 대성공적이었다는 것을 나타내주는 것인 만큼 오히려 감사해야 하지 않느냐"면서 유쾌하게 웃었다.

그를 만난 김에 "글로벌리스트는 서브프라임 모기지 사태가 몰고 올 전 세계적 파장에 대해 어떻게 보느냐"고 물었더니 그는 "큰 위기인 것은 사실이지만 자본주의 자체 틀을 바꿔야 할 정도의 위기는 아닌 순환적 위기"라면서 여유 있는 표정을 지으며 다음과 같이 덧붙였다.

"자본주의는 그간 여러 차례의 위기를 거치며 스스로 발전을 거듭했는데, 이번 위기도 세계적 차원으로 그 위기가 파급되고 있다는 점에서 위기의 강도는 크겠지만 기본적으로 세계화의 물꼬를 바꿔 놓을 정도의 대위기는 아니다. 일부 인사들은 서브프라임 모기지 부실화에 따른 전 세계적 금융경제위기를 1930년대 대공황에 버금가는 위기 사태로 보지만 나는 그렇게 보지 않는다. 세계화가 10여 년간 지속되면서 심화한 경제제도와 경제 현실의 괴리가 이번 사태를 통해 해소될 것이며, 과거와 달리 글로벌 수준의 국제기구들과 각국이 협력해서 문제를 풀려는 자세를 보이고 있기 때문에 대형 위기로 번지지 않을 것이다."

사회주의의 종말을 선언한 한 유럽인의 꿈

문명비평가
기 소르망

GUY SORMAN

세계화에 대해 찬성할 수도 있고, 반대할 수도 있지만 분명한 것은 세계화가 인도와 중국의 수십억 빈곤층의 생활을 향상시키면서 빈곤 추방에 기여하고 있다는 점이다. 물론 세계화의 진전에 따라 한국과 프랑스, 미국의 삶이 점점 경쟁적으로 변하며 힘들어지고 있는 면이 있지만 그것은 경쟁력 향상으로 해결해야 할 문제이지 세계화의 반대로 해결될 문제는 아니다.

• 질문
•• 대답

기 소르망은 한국을 비롯해 미국, 일본 등 세계 각국에 폭넓은 독자를 갖고 있는 프랑스 출신 문명비평가다. 프랑스적인 것을 고집하기보다 세계 보편성을 추구하며 글로벌 시대 세상의 변화를 추적하는 책과 칼럼을 써 호평을 받고 있다. 세계화가 본격적으로 시작된 90년대 중반부터 다양한 저작을 통해 한국인들에게 글로벌 마인드의 중요성을 일깨워온 인물이기도 하다.

1944년 프랑스에서 태어나 동양어학교에서 일본어를 전공했다. 파리행정대학원을 졸업한 뒤 이 학교에서 경제학 초빙교수를 하면서 〈르 피가로〉, 〈렉스프레스〉, 〈월스트리트 저널〉 등 프랑스뿐 아니라 미국 등 각국 언론에 칼럼을 쓰면서 널리 알려지게 됐다. 소르망은 불로뉴 시의 부시장, 프랑스 총리실 문화정책 브레인으로 활동한 바 있고, 《진보와 그의 적들》, 《자본주의 종말과 새 세기》, 《Made in USA-미국 문명에 대한 새로운 시선》, 《경제는 거짓말을 하지 않는다》 등의 저서를 펴냈다.

• 프랑스 지식인 중에서는 일찌감치 세계화론을 옹호하며 미국의 국제적 역할을 긍정적으로 평가해왔는데 프랑스 내에서는 어떤 평가를 받는가?

•• 프랑스 전체적으로 볼 때 나는 여전히 소수파다. 그런데 세계화 문제는 더 이상 이념의 문제가 아니라 세대 간의 문제다. 장년층은 세계화에 대해 우려하고, 독일과의 갈등을 떠올리고, 유럽연합에 대해서도 우려를 하고 있지만 젊은층은 유럽 통합에 대해 긍정적이고 세계화에 대해서도 아주 적극적이다. 그런 점에서 나는 장년층에서는 여전히 소수파이지만 젊은 층 사이에서는 다수파다. 프랑스 젊은이들은 글로벌 이슈에 대해 관심이 많고 글로벌 시민

으로서 의무와 책임을 느끼고 있으나 장년층은 여전히 프랑스 중심적 사고를 하고 있다. 물론 세계화가 새로운 환경, 새로운 다이너미즘을 만들고 있기 때문에 한국과 프랑스, 미국에서는 이에 대한 우려와 불안감이 커지는 게 현실이다.

- 세계화에 대한 인식 차가 이념이나 계층 차에서 오지 않고 세대 간의 차이에서 온다고 보는 것은 아주 흥미롭다.
-- 글로벌 시대에 사는 우리는 세계경제가 어떻게 작동하는지를 잘 이해해야 한다. 분명한 것은 세계화가 인도나 중국 등의 수십억 빈곤층의 생활을 훨씬 향상시키면서 빈곤을 추방하는 데 기여하고 있다는 점이다. 물론 한국과 프랑스, 미국의 삶은 점점 경쟁적으로 변하고 있고, 힘들어지고 있는 면이 있지만 그것은 경쟁력 향상으로 해결해야 할 문제이지 세계화에 대한 반대로 해결될 문제가 아니다.

- 그간 저작들에서는 중국의 미래에 대해 비관적인 입장을 견지해왔는데…….
-- 나는 중국의 미래에 대해 비관적인 게 아니라 중국 공산당의 지배가 이어질 것인가에 대해 의구심을 갖고 있다.

- 중국 공산당의 미래는 어떤 점에서 비관적인가?

•• 중국의 경제성장은 중국은 물론 세계에 좋은 기여를 했다. 그런데 중국의 문제는 여전히 수백만 명이 절대빈곤 상태에 살면서 학교도 의료보험도 제공받지 못하고 종교의 자유, 표현의 자유도 없다는 것이다. 억압의 수준이나 빈곤의 정도가 공포스러울 정도다. 또한 중국의 경제성장은 완전히 글로벌 시장에 의존하고 있고, 낮은 임금에 의존하는 것일 뿐 스스로의 혁신 시도나 경쟁력은 거의 없다. 그러니 만약 미국 경제가 나빠지고 글로벌 시장이 경기 후퇴기로 접어들면 중국에 바로 직격탄이 오게 된다. 나는 중국 공산당이 왜 그렇게 자국민에게 가혹한지, 그리고 공산당이 왜 그렇게 부패한지 이해가 안 된다.

• 중국 공산당의 중국 지배는 21세기에도 그대로 지속될 것으로 보는가?

•• 현재 중국은 통합성이 과거보다 강해진 상태다. 언어의 통일성도 확대되고 경제적 단위로도 통합성이 커지고 있다. 만다린어가 필수어가 되면서 중국 대륙의 모든 사람들이 만다린어 교육을 받고 있다. 그러니 중국이 몇 개 지역으로 분할될 가능성은 적어졌다. 다만 공산당 지배에 대해선 누구도 필요성을 느끼지 않는 상황이 점증되고 있어 공산당 아닌 다른 정당으로 대체될 수 있지 않을까 한다.

• 한국에 실용적 보수주의를 표방하는 이명박 대통령 시대가 열렸고 프랑스와 독일도 보수당이 집권당인데 이제 보수주의가 21세기 지배 정신이 된다고 보는가?

•• 21세기는 보수주의와 시장경제주의가 주류를 이루는 시대다. 사회주의는 이미 사라졌고, 전 세계적으로 종식됐다.

• 그렇다면 사회주의에 미래는 없다고 보는가?

•• 사회주의는 이제 끝났다. 북한 외에 사회주의 경제체제를 유지하는 나라는 없다. 중국이나 인도, 브라질에서도 사회주의적 경제는 찾아볼 수 없다. 북한이나 쿠바는 하나의 사회주의 경제체제가 아니라 하나의 박물관으로 규정해야 한다. 그러니 시장경제 외에 대안이 없는 셈이다. 물론 시장경제의 사이클에 등락이 있겠지만 그것은 쇄신과 혁신, 경쟁력 강화로 해결해야지 시장경제의 대안으로 사회주의 체제를 꿈꾸는 것은 더 이상 의미가 없다.

• 사회주의의 종식으로 이념의 시대가 끝났다면 앞으로 진보주의 이념과 진보주의 정당의 역할은 무엇이 될 것으로 보는가?

•• 보수 진보 논쟁은 시장경제 체제 안에서 진행돼야 할 것이다. 우선 국가의 역할에 대한 논쟁이 있는데 누구도 국가에 대해선 부정하지 못하기 때문에 국가의 규제 정도나 역할 등을 둘러싼 논쟁

이 이뤄지지 않을까 한다. 이와 함께 철학적이고 정치 이념적으로는 개인이냐 공동체냐는 논쟁이 중요한데, 보수주의는 개인의 역할, 진보주의는 사회 공동체에 중점을 두고 있다. 미국의 경우를 보면 민주당이 공동체, 사회의 책임을 얘기하고 공화당은 개인의 역할과 책임을 강조한다. 프랑스도 한국도 마찬가지가 될 것이라고 본다.

- 그간 저작에서 미국의 글로벌 역할에 대해 긍정적인 입장을 피력해왔는데 여전히 강력한 힘을 가진 한국의 반미주의에 대해선 어떻게 보는가?
- · 누구도 빅 브라더를 좋아하지 않고, 누구도 초강력 국가를 좋아하지 않는다. 미국에 반대하는 것은 아주 쉽고, 어떤 위험도 없다. 미국에 반대한다고 해서 어떤 대가를 치러야 할 우려가 없는 것이다. 반미, 반제 시위를 한 사람도 이제 편안하게 집으로 돌아가고 맥도널드에도 아무런 거리낌 없이 가는 곳이 한국이다. 그러니 한국의 반미주의는 이제 더 이상 위협적이라고 보기 힘들 것 같다.

- 한국의 반미주의가 미국에 대한 문화적 반발 정도라는 얘기인가?
- · 기본적으로 그렇다. 그런데 한국 사람들이 종종 잊어버리는

것은 미국 없이는 한국도 없고 그는 얘기 중 이 부분을 두 번이나 강조했다. 아시아의 경제 발전도 없었을 것이라는 사실이다. 아시아의 경제 발전은 미국의 군사력이 보호하고 있기 때문에 가능했다. 미 해군이 태평양을 지키지 않는다면, 중동의 오일탱크가 어떻게 한국이나 일본 등 각국에 안전하게 전달되겠는가. 미군은 글로벌 경찰이다. 무역은 글로벌 경찰이 있어야 가능한데 19세기의 글로벌 경찰이 영국이었다면, 20세기와 21세기는 미국이다. 문제는 누구도 글로벌 경찰을 좋아하지 않지만 어느 나라도 글로벌 경찰 없이 살 수 없다는 게 현실이다.

- 이명박 정부에 대해 어떻게 전망하는가?
- - 노무현 정부 때에 비해 이명박 정부는 북한에 대해 좀 더 현실주의적 접근법을 쓸 것으로 보는데 이것은 바람직하다고 생각한다. 나는 개인적으로 북한을 신뢰하지 않는다. 워낙 예측 불가능한 집단이기 때문이다. 중국도 예측 불가능한 나라이기는 마찬가지지만 북한은 더 심각한 상태다.

- 이명박 정부가 고도성장 신화에 집착할 경우 많은 오류가 나타날 것이라는 우려도 있는데…….
- - 이 대통령이 대선 과정에서 제시한 경제성장 공약에 대해선 회의적으로 본다. 요즘 경제는 60~70년대와 달리 신경제 시대

다. 과거처럼 10퍼센트 성장이 어려운 시대다. 이 대통령은 선거 때 7퍼센트 경제성장을 내걸었는데 이것은 실현 가능성이 낮다. 현재 7퍼센트 성장을 하는 나라는 베트남, 브라질뿐이고, 한국의 경제 성과는 나쁜 게 아니다. 이 대통령은 경제성장률에 집착하지 말고 한국에 새로운 기업이 많이 나올 수 있도록 기업가 정신을 북돋워야 한다. 한국의 대표적 기업으로는 삼성, 현대 등이 있는데 이 기업들만으로는 충분하지 않다. 한국의 수많은 기업들은 아직 규모가 너무 작다. 한국 경제가 아주 적은 수의 대기업에 의해 움직여질 때, 창의력과 혁신은 어렵다. 혁신은 새로운 기업에서 나온다.

• 이 대통령과 니콜라 사르코지 프랑스 대통령을 비교하는 경우가 많은데 사르코지 대통령의 리더십을 어떻게 보는가?
•• 사르코지는 새로운 세대라서 역대 프랑스 대통령들과 비교해 볼 때 스타일이 많이 다르다. 그런데 스타일은 본질이 아니다. 우리 프랑스인들은 그가 실제 무엇을 하고 무엇을 이뤄낼 수 있을지에 대해 지켜보고 있는 중이다. 한국 사람들이 혼동하지 말아야 할 것은 사르코지 대통령의 권한은 한국 대통령에 비해 아주 작다는 점이다. 사르코지는 그저 프랑스의 대통령일 뿐이다. 성숙한 민주주의 제도가 운용되는 나라에서 대통령의 권한과 역할은 그리 크지 않다. 대통령이라 해도 그 권력은 제한적이다.

• 한국과 프랑스는 모두 강력한 대통령제 국가라는 점에서 유사성이 많은데…….

•• 한국과 프랑스의 대통령제에 비슷한 점이 많고 대통령의 권한도 견제와 균형이 어려울 정도로 강력한 것은 사실이다. 그러나 한국은 대통령의 리더십대로 움직여질 수 있는 나라이지만 프랑스는 대통령이 어느 방향으로 이끌려 해도 제대로 되지 않는 부분이 많다. 오히려 프랑스인들은 대통령이 이끄는 방향대로 하지 않으려는 경향이 강하다. 제도는 비슷할 수 있어도 그 행태나 정치문화는 아주 다르다. 프랑스에서는 대통령이 뭘 한다고 해도 상관하지 않는 경우가 많다.

• 사르코지 대통령은 사회당 소속 좌파 운동가인 베르나르 쿠슈네르Bernard Kouchner를 외교부 장관으로 임명해 주목을 받았는데…….

•• 그것은 프랑스에서도 완전히 새롭고 혁신적 시도였다. 그런데 생각해보면 외교 분야는 초당파적인 협력이 가능한 분야이기 때문에 그 같은 인사가 가능했다. 외교 문제에 관한 한 사회당과 보수당 사이에 일정한 합의가 있기 때문에 사회당 출신이 외교장관을 맡는다 해도 그렇게 큰 정책 충돌이 없을 수 있다. 그러나 금융이나 재정, 노동 분야는 크게 다르기 때문에 사회당 출신 각료임명은 어려운 게 사실이다. 더구나 쿠슈네르는 사회당원이기 전에 '국경

없는 의사들'을 만든 창립자다. 국제적 인도주의 운동가로서 그의 위상은 사회당원이라는 점보다 훨씬 크다.

• 한국에서는 그런 시도를 상상할 수 없는데 어떻게 가능했다고 보는가?

•• 한국의 민주주의는 아직 성장기에 있고 정치문화 또한 공격적이고 적대적이기 때문에 그런 결정이 어려울 것이다. 특히 한국의 새로운 민주주의는 반독재 투쟁 속에서 성장했기 때문에 정당 간 대결에 대한 기억이 아직 생생하다. 하지만 민주주의가 성숙해지면 정당 간 협력이 가능해지는 문화가 생겨날 것으로 본다.

취재노트

프랑스의 대표적 글로벌리스트인 기 소르망은 대부분의 저서가 국내에 소개되어 있는 아주 친숙한 지식인이다. 그는 프랑스 제일주의를 주창하는 프랑스의 여느 사상가들과 달리 일찍부터 글로벌 세계의 변화에 주목해온 국제주의자다. 그가 인터뷰에서 "나는 여전히 프랑스 내에서는 소수파"라고 했던 것은 그가 프랑스 중심적 세계관을 견지하지 않고, 국제주의적 관점에서 유일 파워로서 미국의 위상과 역할에 주목해온 인물이기 때문이다.

그는 한국에 대한 이해와 애정이 깊은 프랑스 사상가이기도 하다. 1990년대부터 한국을 자주 방문하며 세계가 어디로 가고 있고, 한국은 어떤 개혁을 해야 하는지에 대해 특강을 했고, 한국 정부에도 많은 조언을 해온 지한파 인사다. 그러면서도 늘 보편주의적 입장에서 민주주의와 시장경제의 중요성을 강조했을 뿐 국내 정치 문제에 대해서는 구체적 입장을 밝히지 않았다.

그런데 한국에서 김대중-노무현 정부로 이어진 진보의 시대 10년이 끝나고 보수의 시대가 열리자 이명박 정부에 대해 공개적인 호감을 피력하면서 상당한 기대감을 드러내었다. 또한 국외 논평가의 위치에서 벗어나 프랑스인으로서는 처음으로 이명박 정부의 자문위원까지 맡았다. 대통령 직속 미래기획위원회의 자문위원이 되어 다양한 조언을 하고 있다.

소르망 교수 인터뷰는 2008년 1월 17일 이뤄진 것인데 대선 직후라서 그런지 "글로벌 시대는 보수의 시대로 볼 수 있는데 드디어 한국에도 그런 트렌드와 걸맞은 정부가 들어섰다"면서 이명박 정부 출범에 대한 기대감을 강하게 피력하기도 했다. 그는 2007년 12월 한국 대선에 대해 "한국 민주주의의 역동성을 재확인한 선거였다"고 평하면서도 한나라당 이명박 후보가 민주당 정동영 후보를 상대로 압도적인 표차로 승리한 것에 대해서는 우려를 표명했다. 민주주의는 견제와 균형 속에 성장하고 발전하는데 지나친 쏠림 현상은 민주주의 발전에 바람직하지 않기 때문이라는 게 그의 견해다.

소르망 교수는 프랑스 지식인으로서 프랑스인들과 한국인들이 갖고 있는 미국에 대한 이중성에 대해서도 솔직하게 얘기했다. 그는 인터뷰 중 "한국과 프랑스는 미국의 세계적 역할에 대해 가장 비판적인 나라들이라는 점에서 공통점이 있다"고 지적하면서도 "한국 사람들은 미국이 지난 세기 한국을 위해 한 역할에 대해 과소평가해선 안 된다"고 조언했다.

미국이 20세기에 전 세계, 특히 한국에 베풀었던 축복에 대해 그는 《Made in USA-미국 문명에 대한 새로운 시선》문학세계사, 2004에서 구체적으로 언급한 바 있다. 지난 세기 미국이 한반도에서 어떤 역할을 했느냐에 대한 평가는 정치적 입장에 따라 다르겠지만 소르망 교수가 내리는 평가는 제3자적 시각에서 귀담아 들을 만하다. 소르망 교수는 이 책에서 "1950년에 어떤 한국 전문가도 이 나라가 자유민주주의 국가가 될 수 있으리라고 예견하지 못했으나 미국의 도움으로 남한 사람들은 전통 세계에서 개방사회로 조금씩 이동했다"면서 한국에서 미국의 역할에 대해 다음과 같이 썼다.

"남한은 외견상 민주주의 실현이 어려울 것처럼 여겨졌던 한 문명 속에서 어떻게 자유민주주의가 꽃필 수 있는지 보여줬다. 그러나 만일 미군이 떠나면 두 개의 한국은 서로 싸울 것이고 중국은 이를 수동적으로 지켜보지 않을 것이며 통일된 한국의 군사적 힘을 두려워하는 일본도 전쟁에 개입할 것이다. (…) 미국에 의한 평화가 없다면 아시아와의 무역은 중단될 것이고 한국, 중국과 관계 맺고 있는 모든 서양 경제는 파탄에 빠질 것이다……. 1950년 이래 적과 대치하고 있는 38선 위에 배치된 미 보병 2사단에는 '모두의 선봉에 서서In front of them all'라는 표어가 있다. 아시아의 이 큰 장기판에서 그것을 치우면 세계 질서는 무너질 것이다."

10년 후를
예고하고
20년 후를 대비한
경제학계의 거장
—
MIT 슬로안 경영대학원장
레스터 서로

LESTER G. THUROW

이제 세상은 하나의 경제 시대다. 글로벌 경제라는 하나의 경제 단위가 있을 뿐 한국 경제, 미국 경제, 일본 경제, 독일 경제가 따로 존재하지 않는다. 세계 경제가 하나의 단위로 움직일 뿐 더 이상 국민경제라는 게 존재하지 않는 만큼 위기에 대한 대응도 글로벌 수준에서 해야 한다. 개별 국가가 국민경제적 차원에서 극복을 위한 노력을 한다 해도 제대로 되지 않을 것이다. 미국이 거대 경제인 것은 사실이지만 미국조차도 독자적으로 움직이긴 힘들다.

—

• 질문
•• 대답

레스터 서로 매사추세츠 공과대학MIT 슬로안 경영대학원 교수는 경제학계의 석학으로 불리는 인물이다. 《세계경제전쟁 Head to Head》 등의 저작을 통해 탈냉전 이후 세계 경제의 변화상을 추적해온 미국의 대표적 경제학자다.

서로 교수는 1938년 몬태나 주 리빙스턴에서 태어나 윌리엄스 칼리지에서 정치경제학을 전공했고, 26세 때인 1964년 하버드대 경제학 박사학위를 받은 뒤 1968년 MIT 교수로 부임, 40년째 재직 중이다. 1987년부터 1993년까지는 MIT 슬로안 경영대학원장으로 일했다. 《제로섬 사회》, 《세계경제전쟁》, 《자본주의의 미래》 등 10여 권의 저서를 펴냈고, 〈뉴욕타임스〉, 〈보스턴 글로브〉의 칼럼니스트로도 활동했다.

• 2008년 미국발 서브프라임 모기지 사태가 확대되면서 전 세계 각국의 경제가 날로 어려워지고 있는데 현 상황을 어떻게 보는가?

• • 이제 세상은 하나의 경제 시대다. 글로벌 경제라는 하나의 경제 단위가 있을 뿐 한국 경제, 미국 경제, 독일 경제, 일본 경제가 따로 존재하지 않는다. 전 세계 경제가 하나의 단위로 움직일 뿐, 더 이상 국민경제라는 게 존재하지 않는 만큼 그 대응도 글로벌 수준에서 해야 한다.

• 조지 소로스 소로스펀드 회장은 저서 《금융시장의 새 패러다

임》에서 세계 경제가 슈퍼 버블 상태에 있고 경제 침체의 정도가 1930년 대공황 이래 최대 규모라고 주장했는데…….
•• 현재 상황을 그렇게 볼 수도 있을 것 같다. 경제 상황이 대공황 때만큼이나 심각한 것은 사실이다. 그런데 대공황은 개별 국가가 경제 처방을 할 수 있는 시대에 발생했지만 지금은 세계 경제가 하나의 체제이기 때문에 개별 국가가 국민경제적 차원에서 극복을 위한 노력을 하기 어렵다는 게 큰 차이다. 미국이 여전히 거대 경제인 것은 사실이지만 미국 혼자서 그런 노력을 할 수는 없다.

• 그렇다면 경제 침체를 어떻게 극복해야 한다고 보는가?
•• 묘안은 없다. 당분간 대공황 때와 같은 혼란이 이어질 것이다. 국가적 차원에서 처방을 하기 어려우니만큼 글로벌 기구들, 예컨대 세계은행이나 국제통화기금IMF, 유엔의 역할이 어느 때보다 중요하다. 관례적으로 세계은행 총재는 늘 미국인이 임명되고, IMF 수장에는 늘 유럽인이 임명되어 세계은행은 미국적 정책, IMF는 유럽적 경향성을 강하게 갖는 게 그간의 한계였다. 글로벌 수준의 경제위기에 대처하기 위해선 두 기구가 그런 편향성을 극복하고 문제를 풀려는 자세를 보여야 한다.

• 한국에서는 글로벌 경제에 대한 우려보다도 한국 경제의 침체를 걱정하는 목소리가 더 큰 상황인데…….

•• 한국 경제는 비교적 좋은 상태다. 한국은 선진국을 따라잡기 위해 20세기 후반 큰 노력을 했고, 많은 성과를 거뒀다. 글로벌 경제가 연간 3~4퍼센트 성장하는 한 한국 경제에는 별문제가 없을 것인데, 글로벌 경제성장률이 2퍼센트 정도에 머물고 있어 문제다. 그러나 세계 경제 상황보다 한국 경제가 좋은 상태인 것은 확실하다.

서로 교수는 1991년 발간된 《세계경제전쟁》에서 한국에 대해 "1980년대 성공담 중의 하나인 한국은 1990년대 초 사회적 불안으로 인해 앞으로 100년 후 세계 20대 부국의 대열에 낄 수 있을 것이라고 판단하기 쉽지 않다"고 우울한 진단을 했다.

그는 이어 부국이 되기 위한 조건으로 "연간 3퍼센트 이상의 성장률을 한 세기 동안 지속시킬 수 있는 마라톤 선수 같은 지구력"을 꼽으면서 "19세기 일본은 그런 성과를 거둬 부국이 됐으나 한국이 그런 지구력을 가질지에 대해선 회의적"이라고 전망한 바 있다.

서로 교수는 이날 인터뷰에서는 한국 경제가 '비교적 좋은 상태'라며 《세계경제전쟁》 때의 진단에 비해 호의적인 평가를 했다. 이명박 정부의 과제를 묻는 질문에 대해서도 "이 대통령은 자신의 문제만 해결하면 잘될 것"이라고 뼈 있는 덕담을 했다.

• 한국이 앞으로 선진 부국으로 성장하기 위해 해야 할 일은 무

엇이라고 보는가?

●● 한국은 미국의 교육과 기술력을 따라 배우며 경제성장을 이뤄 왔는데 앞으로도 미국의 교육과 기술력을 따라 배우는 게 중요하다. 보통 동아시아의 네 마리 용을 얘기하며 한국과 대만을 자주 비교하는데 요즘 들어 한국이 대만을 앞서며 글로벌 경제에 적극적으로 대응하는 것은 대기업 덕분이다. 한국에서는 현대와 삼성, 포스코 같은 대기업들이 글로벌 시대의 경제 발전을 견인하고 있는데 대만에는 그런 게 없다. 오늘날 한국이 글로벌 시대에 빠르게 적응하며 경제성장을 지속하고 있는 것은 대기업 덕분이다. 한국의 현대와 삼성 같은 대기업이 한국 경제를 견인하고 기술을 선진화시키고 있는 것을 세계 각국이 부러워하고 있다.

● 2008 베이징 올림픽을 계기로 중국의 경제적 야심이 커지고 있는데 중국 경제에 대해선 어떻게 보는가?

●● 중국은 선진국 경제를 따라잡기 위해 노력하고 있는데 많은 시간이 걸릴 것이다. 아직 기술력의 측면에서 미국이나 일본을 따라가지 못하기 때문이다. 현재 중국은 기술 복제는 잘하고 있지만 원천 기술이 없는 상태다. 그러니 중국이 가야 할 길은 아직도 멀다.

● 미국에서는 중국 위협론이 대두되고 있는데 중국이 미국과 같은 글로벌 파워가 될 것으로 보는가?

•• 중국이 선진 경제를 따라잡으려면 140여 년이 더 필요할 것으로 본다. 중국이 현재 속도로 경제성장을 지속한다고 가정할 경우 중국은 아마 22세기에나 슈퍼파워가 될 것이다.

그는 22세기의 슈퍼파워 중국에 대해 얘기하면서 "그렇지만 우리는 여전히 미국이 지배하는 세상에 살 것이고, 중국이 지배하는 세상은 아마 우리 손자 세대나 경험하게 될 것"이라며 농담스럽게 얘기했다. 그런 그에게 중국의 경제가 선진 단계로 접어들 때 중국의 민주화는 어떻게 될 것으로 보느냐고 물었더니 "중국의 경제발전이 사회를 민주화시킬 것이란 보장이 없다"면서 "한국도 민주주의 없이 경제성장을 했고, 민주화 이후 오히려 경제성장이 뒤처지지 않느냐"고 했다. 그러니 민주주의와 경제성장 사이에는 별 상관성이 없다는 얘기다.

그는 이어 "민주주의를 하는 나라 중에서 경제가 엉망인 나라가 많고 반면 권위주의 상태에서도 경제는 발전한다"면서 "사람들의 교육 수준이 높고 경제가 발전하면 민주적인 사회가 될 수 있지만 그게 꼭 보장되는 것은 아니다"라고 말했다. 싱가포르처럼 민주주의 없는 경제성장이 얼마든지 가능하고, 중국도 그런 상태의 국가가 될 수 있다는 것이다.

• 일본의 경제 상황에 대해선 어떻게 보는가?

∙∙ 일본은 1870년대 이래 100여 년간 지속적인 경제성장을 이뤄 당당하게 부국 대열에 들어선 유일한 나라이고 기술력이 뛰어나다. 이미 20세기 초 러시아와 전쟁을 해서 이겼고, 2차대전 때도 세계 최고로 정교한 전투기를 만들었을 정도다. 그러나 지난 20년간 일본은 글로벌 세계의 흐름에 뒤처져 있었고, 그 결과 지난 20년을 잃어버린 시대로 부를 수밖에 없다. 그렇지만 장기적으로 볼 때 일본은 기술력이 뛰어나고 경제적 잠재력이 크기 때문에 낙관적이다. 일본 국민들의 교육 수준은 아주 뛰어나고 열심히 일하는 게 특징인데 그러한 특징이 일본의 미래를 좌우할 것이다.

서로 교수는 《세계경제전쟁》에서 "지구상의 어떤 나라보다 일본은 급성장하고 있고 미래의 성장을 위한 투자도 많이 한다"면서 "라스베이거스 도박판에서 21세기를 주도할 경제 대국을 알아맞히는 내기를 한다면 일본을 찍는 사람들이 가장 많을 것"이라고 후한 전망을 했다. 그렇지만 이날 인터뷰에서는 일본이 글로벌 흐름에 뒤처지고 있다고 경고하면서 "21세기가 일본의 세기가 되기 어려울 것"이라는 전망을 내렸다.

∙ 중국과 더불어 주목받는 인도에 대한 전망은?
∙∙ 인도에 대한 평가는 아주 과장되어 있는 게 현실이다. 인도는 극단적인 불평등 국가이고, 문맹률이 매우 높다. 그런 나라가 경제

를 장기적으로 발전시키기는 어렵다.

- 프랑스 사상가 기 소르망은 권위주의 국가인 중국보다 자유민주 국가인 인도의 성장 가능성이 더 크다고 전망하고 있는데……

•• 인도가 민주주의 시장경제 체제를 유지하고 있는 게 장점인 것은 사실이다. 그렇다고 민주주의와 시장경제가 경제를 발전시키는 힘이라고는 보지 않는다. 나는 과거 인도와 유사한 파키스탄을 오래 연구한 적이 있는데 인도나 파키스탄처럼 극도로 불평등한 사회는 선진 경제를 따라 배우기 어렵다. 인도에 대해선 별로 낙관적으로 보지 않는다.

- 탈냉전 이후 본격화한 글로벌리제이션의 부작용이 세계 곳곳에서 두드러지고 있는데 해결책은 어떻게 마련돼야 한다고 보는가?

•• 부작용을 줄이기 위한 노력은 해야겠지만 우리가 기본적으로 세계화의 흐름을 중단시킬 수 없고 거기에서 벗어날 수도 없다는 사실을 잘 알아야 한다. 미국과 같은 슈퍼파워 국가도 세계화의 흐름에서 자유로울 수 없는 만큼 최대한 유연하게 적응하며 살아가는 방법을 터득해야 한다.

• 빌 게이츠 마이크로소프트 회장은 2008년 1월 다보스 포럼에서 세계화의 역기능인 극단적인 빈부 격차 해소를 위해 창조적 자본주의, 친절한 자본주의가 필요하다고 제안했는데…….
•• 자본주의는 친절하지 않다. 시스템이 어떻게 친절할 수 있겠는가.

• '인간의 얼굴을 한 사회주의'란 말처럼 '인간의 얼굴을 한 자본주의'를 지향하자는 제안이 아닐까?
•• 우리는 그런 것을 만들 수 없다. 게이츠 회장 자신은 마이크로소프트 제품을 전 세계 시장에서 독점적으로 판매해 논란이 됐고 제소도 됐다. 친절한 자본주의를 제안한 사람이 시장에서는 독점적인 행위를 했다.

• 그렇다면 자본주의의 역기능을 해소하고 새롭게 개선할 수 있는 방안은 없는가?
•• 소련, 동유럽권의 대붕괴 이후 대안은 없어졌다. 자본주의의 대안은 있을 수 없다. 기업에서 근로자가 해고되고, 실업자가 늘어난다는 것이 자본주의의 역기능은 아니다. 사회주의에서도 해고는 이뤄지고 실업자도 있기 때문이다. 다만 해고된 근로자들이 재고용될 수 있도록 재교육 시스템을 갖추는 등 사회적으로 낙오자를 위한 시스템을 마련하는 게 필요하다.

• 글로벌 시대의 전망에 대한 책을 10여 권 펴낸 대표적 글로벌 리스트로서 글로벌 시대의 생존법을 말한다면?

• • 우선 글로벌 언어인 영어를 자유롭게 구사해야 한다. 그리고 해외에서 공부하고 일하면서 세상의 변화를 체득해야 한다. 독일의 폭스바겐에서 일하다가 현대자동차에서 일하게 된다면 글로벌 체험을 기업 비즈니스와 연결해볼 수 있는 안목이 생길 것이다.

• 2005년 서울 방문 이후 3년 만인데 느껴지는 변화가 있다면?

• • 자동차와 고층 건물이 많아졌고, 서울 거리에 외국인들이 훨씬 많아진 듯하다. 한국이 점점 더 세계 경제의 중심으로 다가가고 있다는 인상을 받았다.

• 한국의 기업인들에게 조언을 한다면?

• • 글로벌 세계 속에서 한국의 경제를 발전시키기 위한 전략을 찾아야 한다. 그러기 위해선 한국 밖에서 경험을 더 많이 쌓아야 한다.

• 한국에 대해선 조심스런 낙관론을 펴셨는데 북한 문제에 대해선 어떻게 보는가?

• • 북한은 대한항공기를 폭파한 적이 있고 일본의 선량한 시민들을 납치한 전력이 있는데 이에 대해 해결할 자세를 보이지 않고 있는 게 문제다. 더구나 경제적으로 볼 때, 북한 체제는 점점 악화되

고 있어 미래가 없다. 글로벌 시대에 공산주의는 더 이상 가능하지 않다. 소련도 그래서 붕괴됐고 북한도 마찬가지이다.

취재노트

　　레스터 서로 교수 인터뷰는 그가 2008년 6월 24일 방한, 아산정책연구원 주최로 서울 프라자 호텔에서 강연회를 한 뒤 이뤄졌다. 서로 교수는 2005년 방한 때에 비해 건강이 나빠진 탓인지 발음이 불분명한 부분이 많았다. 아산정책연구원 주최 특강엔 경제 전문가들이 여럿 참석했지만, 강연 내용을 제대로 이해하기 힘들다는 반응을 보인 이들이 많았다. 이 때문에 인터뷰는 초긴장 상태에서 진행됐지만 세계화 시대의 주요 흐름에 대한 명쾌한 단답식 분석에선 대가의 위엄이 느껴졌다.

　　서로 교수는 이번 인터뷰에서 선진국의 조건으로 경제의 지구력을 최우선 조건으로 꼽았다. 《세계경제전쟁》에서도 그는 선진국 진입의 조건으로 경제의 지구력과 낮은 인구 증가율을 들면서 다음과 같이 주장한 바 있다.

　　"연간 3퍼센트 이상의 성장률을 한 세기 동안 지속시킬 수 있는 마라톤 선수의 자질이 필요하다. 21세기 초 아무리 성공적으로 보인 나라라 해도 21세기 말에 부국의 리스트에 오를 가능성은 그리 높지 않다. 세계 부국의 역사에서 경제성장의 철칙이 드러난다. 한 세기 동안 경제 성과가 좋고 인구 증가율이 낮아야 부자 나라가 될 수 있다. 현재 많은 빈국들은 인구 증가율이 3~4퍼센트인데 일본과 독일, 미국이 그 정도로 인구 증가를 했더라면 현재 그들 국가의 생활 수준은 100년 전보다 결코 나아지지 않았을 것이다." 이근창 역, 《세계경제전쟁Head to Head》, pp.239~241

특히 서로 교수는 한국에 대해선 1990년대 《세계경제전쟁》에서 보였던 회의론보다는 좀 더 적극적인 입장을 보였지만, 한국 지식인들이 강조하는 '경제 발전-민주화-선진국 진입'이라는 3단계 논법에 대해선 여전히 회의적이었다. 경제 발전과 민주주의의 상관성에 대한 서로 교수의 주장은 논란을 불러일으킬 만하다. 경제 발전과 민주주의 사이에는 별 관계가 없다는 그의 주장은 경제성장을 위해선 권위주의가 더 낫다는 논리를 합리화시킬 수도 있기 때문이다. 서로 교수의 이 같은 주장은 이미 학계에서 뜨거운 논쟁이 되고 있는 주제다. 기 소르망은 최근의 저작 《경제는 거짓말을 하지 않는다》에서 "경제 발전과 민주주의의 상관관계는 분명하지 않지만, 적어도 경제위기를 극복하는 과정에서는 민주주의가 핵심적 역할을 한다"며 민주주의 쪽에 손을 들어줬다.

"데니 로드릭 하버드대 케네디스쿨 교수는 민주주의와 경제 발전의 상호 관계를 입증하기는 어렵다고 말한다. 칠레는 피노체트 독재시대 때 빠른 경제성장을 기록했고, 일본과 한국에서도 전제주의적 제도 속에서 비약적으로 발전했다. 반면 북한과 콩고 같은 독재국가들은 국민들을 극도의 빈곤 상태에 빠뜨리고 있다. (…) 그렇다면 민주주의는 경제에 아무런 영향을 주지 못한다고 결론 내릴 수 있을까? 로드릭 교수는 민주주의가 빚어낸 아주 이례적인 성과로 재분

배를 꼽는다. 한국과 남아프리카공화국에서는 민주주의를 통해 다른 비민주적인 나라들보다 더 평등하게 성장의 결과를 재분배할 수 있었지만 중국은 성장에서만 본보기였을 뿐 재분배에는 그렇게 하지 못했다. (…) 또한 민주주의는 경제위기를 이겨낼 수 있게 만든다. 1998년 아시아의 금융위기 때 한국이나 대만은 빠르게 벗어났지만 인도네시아 같은 독재국가는 혁명으로 무너지기 전까지 경제적 패닉 상태를 겪었다. (…) 따라서 민주주의는 경제위기를 잘 극복하지만 독재정치는 제대로 극복하는 경우가 드물다. 이렇게 볼 때 민주주의에 대해선 하나의 논리가 성립한다고 보면 된다. 즉 민주주의가 경제성장 과정에 있어서는 불필요할지 몰라도 그것을 한 단계 도약하게 해준다는 것이다. 다시 말해 민주주의는 경제의 불확실성을 감소시켜주는 역할을 한다." 기 소르망,《경제는 거짓말을 하지 않는다》, 문학세계사, 2008, pp.53~55

서로 교수는 이번 인터뷰에서 경제학 이외의 얘기도 많이 했다. 미래 세대를 이끌 젊은이들에게 들려주고 싶은 메시지에 대해 물었더니 "나는 20세기 경제학의 시대에 태어나 경제학자가 됐고, 내 선택에 전혀 후회가 없지만 이제 다시 전공을 택하라면 생물학을 하고 싶다"고 얘기했다. "20세기가 물리학의 시대였다면 21세기는 생물학의 시대가 될 것이기 때문"이라는 게 그 이유다. 그는 히말라야를 등정한 산악인으로도 유명한데 요즘에 등산은 못 하고 스쿠버다이빙과 자전거 타기 등으로 건강을 관리하고 있다고 귀띔했다.

아메리칸 드림은 여전히 유효하다

컬럼비아대 역사학과 교수
찰스 암스트롱

버락 오바마 세대는 1970년대 후반 포스트 베트남전 시대의 자유주의적 환경에서 청소년 시절을 보냈고, 1980년대 레이건 시대의 보수적 환경에서 대학 생활을 했다. 그런 이중적 시대 체험 속에서 우리는 적응을 하든 반항을 하든 선택을 해야 했다. 당시 우리에게 중요했던 것은 좌우 이념이 아니었다. 사회적으로 자유롭고, 정치적으로는 보수적이며, 글로벌 세계에 대해 개방적인 것이 오바마 세대의 특징이다.

CHARLES ARMSTRONG

• 질문
•• 대답

찰스 암스트롱 미 컬럼비아대 역사학과 교수 겸 한국학센터 소장은 버락 오바마 미국 대통령과 동년배의 역사학자다. 1962년 한국인 어머니와 미국인 아버지 사이에서 태어나 하와이에서 유년 시절을 보냈다. 예일대 동아시아학과를 졸업한 뒤 1994년 시카고대에서 역사학 박사학위를 받은 후 컬럼비아대에서 역사학을 가르치고 있는 그는 1961년생인 오바마 대통령과 나이가 불과 4개월밖에 차이 나지 않는 데다가 성장 및 수학, 활동 무대가 유사해 오바마 대통령과 가장 공통점이 많은 중견 학자라는 평가를 받고 있다. 암스트롱 교수와의 대화는 역사상 첫 글로벌 세대 대통령으로 꼽히는 오바마의 시대 인식과 마인드를 주제로 이뤄졌다.

- 역사학자로서 버락 오바마 시대의 개막이 갖는 의미를 평가한다면…….

•• 미국 역사상의 대사건이다. 100여 년간 이어진 노예제, 투표권이 없던 시대와 1960년대 흑인 민권운동을 거쳐 흑백 평등을 이룬 지 40여 년이 지났다. 오바마는 흑인이 아니라 흑백 혼혈이다. 따라서 오바마의 당선은 흑백인종 시대를 넘어 탈인종 시대 개막을 알리는 상징적 사건이다. 아프리카 유학생의 혼혈 아들이 미국 대통령에 당선된 것은 미국이 아직도 아메리칸 드림을 실현할 수 있는 사회인 것을 보여주었다는 점에서 지구촌의 많은 이들에게 희망을 주었을 것으로 생각한다.

- 미국 사회에 엄존하는 인종의 벽이 2008 대선으로 무너졌다는 뜻인가?
- - 미국의 30, 40대는 인종 문제에 관용적이다. 요즘 대학가 젊은이들도 인종 간 결혼에 대해 아무런 편견이 없다. 오바마는 백인 유권자의 지지를 가장 많이 받은 민주당 출신 대통령으로 기록될 것이다. 사람들은 브래들리 효과1982년 미국 캘리포니아 주지사에 출마했던 흑인 브래들리 후보가 여론조사에서 높은 지지율을 기록했지만, 실제 선거에서는 낙선한 데서 유래를 우려했지만 현재 미국은 브래들리가 출마했던 1982년과 완전히 다른 다인종 사회가 됐다.

- 오바마 당선이 상징하는 의미는 무엇이라고 보는가?
- - 미국은 그간 지역적으로나 인종적으로 분열되어 있었고, 빈부 격차와 인종 격차가 심했지만, 오바마는 그것을 치유하겠다고 나섰고, 그런 혼혈 인종적 배경을 갖고 당선됐다. 그런 만큼 미국은 더 이상 백인이 우월적 지위를 갖는 사회가 아니라 여러 인종이 평등하게 살아가는 나라가 됐음을 오바마가 입증한 것이다. 앞으로 미국은 아프리카나 아시아, 중동과의 관계에 있어 훨씬 유리한 위치에서 통합과 협력을 얘기할 수 있게 됐다.

- 오바마의 성공 요인은 무엇으로 꼽을 수 있는가?
- - 오바마가 말하는 방식은 사람들을 연결시키고 사람들로 하

여금 미래지향적 변화의 필요성을 느끼게 한다. 반면 존 매케인 상원의원은 지난 대선 캠페인 과정에서 늘 과거지향적 방식으로 얘기해왔다. 금융위기 이후 경제 상황이 어려워지면서 미국인들은 근본적 변화를 갖고 올 지도자를 열망했고, 부시 시대와의 단절을 희구했다. 오바마는 그런 열망을 잘 알고 있기 때문에 단지 좋은 대통령이 되는 것에서 한발 더 나아가 위대한 대통령이 될 것이다.

- 오바마 세대 역사학자로서 오바마 세대의 특징을 설명한다면?
- - 그는 1961년에 태어나 1979년 대학에 입학했다. 한국식으로 말하면 79학번이고, 미국식으로 말하면 83클래스 한국에서는 대학 입학년도를 기준으로 분류하지만, 미국에서는 졸업년도를 기준으로 나눈다. 이 경우 83년 졸업생이라는 뜻이다. 반면 나는 62년에 태어나 80년 예일대에 입학한 80학번이다. 오바마는 나보다 4개월 먼저 태어났는데 우리는 유년 시절을 하와이에서 보냈다는 공통점을 갖고 있다. 하와이는 원래 다양한 인종이 섞여 살아가는 다인종 사회다. 오바마 부모가 그랬듯이 하와이에서 인종 간 결혼은 아주 보편적이다. 하와이는 그런 점에서 미래 세계가 어떻게 될지를 보여주는 아주 희망적인 장소라고 할 수 있다. 오바마는 흑인에 대한 차별 극복에 머물지 않고 여러 인종들의 권리를 한층 전진시키는 역할을 할 것이다. 말하자면 오

바마 시대의 개막은 미국이 다인종 사회로 진입했음을 보여주는 상징이다. 아마 앞으로 30, 40년 후에 백인은 소수가 될 수도 있을 것이다. 이렇게 변화하는 세계에 오늘 우리가 살고 있다.

• 오바마 세대는 60년대 베트남전 세대의 자녀 세대라고 볼 수 있는데 귀하의 세대는 부모 세대와 어떤 차별성을 갖고 있다고 생각하는가?

•• 오바마 시대의 개막은 클린턴으로 상징되던 60년대 베트남전 세대의 퇴장을 의미한다. 오바마 세대는 70년대 후반 지미 카터 시대에 고등학교를 다녔고 80년대 초 로널드 레이건 시대에 대학에 들어갔다. 포스트 베트남전—레이건 혁명 이전 시대의 자유주의적 환경에서 청소년 시절을 보낸 뒤 80년대 보수화하는 환경 속에서 대학 생활을 했다. 그런 이중적인 시대 속에 적응을 하든 반항을 하든 무언가를 선택해야 했다. 당시 우리에게 중요했던 것은 좌우 이념이 아니었다. 자유와 보수의 갈등은 60년대엔 아주 강력했지만 우리 세대에게는 낯선 풍경이었다. 베트남전 이후 세대인 우리는 낙태나 동성 결혼 등 사회적인 이슈에 대해서는 자유로웠지만 정치적으로는 보수 성향을 갖고 있다. 자유주의 시장경제는 필수적이며 정부의 규제는 적을수록 좋다는 생각을 갖고 있다. 오바마도 그런 포스트 이념탈이념 세대다. 오바마 시대엔 미국의 정치 추가 보수에서 자유주의로 이동하게 되겠지만 이

념 문제가 두드러지게 될 것으로는 보지 않는다.

- 이명박 시대에 접어들어 한국에서는 보수 기조가 강화되는데 오바마 시대 미국에서는 진보주의를 강화할 것으로 보여 한미 간의 부조응이 커질 것으로 보이는데…….
- • 오바마의 진보주의는 어디까지나 미국 사회 내부적인 것이고, 외교정책은 중도적이 될 것이다. 오바마는 민주당 보수파의 중도 성향 외교 라인을 지킬 것이다. 조 바이든 부통령의 대북정책은 강성이다. 오바마 행정부의 한반도 관련 정책에서는 한미 자유무역협정FTA과 북핵 문제가 핵심이 될 것인데 북핵 협상과 관련해 부시 행정부는 이미 임기 말에 접어들면서 많이 변화했고 6자회담에서 많은 성과가 있었다. 오바마는 대북 직접협상을 통해 김정일 국방위원장과 담판을 짓겠다는 얘기를 했는데 그것은 어디까지나 한국 정부와의 협의하에 진행되는 것이라는 전제가 있다. 한미 FTA에 대해 최근 오바마의 정책자문가는 당선 후 바로 이를 의회에 상정해 통과시키려 할 것이라고 말했다. 오바마는 의회를 설득해 한미 FTA 의회 인준을 받을 것이다.

- 부시 시대를 지배한 네오콘신보수주의자의 운명은 어떻게 될 것으로 보는가?
- • 이라크전이 2005년 어려워지기 시작하면서 네오콘 운동은 설

득력을 잃었다. 앞으로 미국 보수파들은 이 변화된 글로벌 세상에 어떻게 이념을 적용해야 할지에 대해 생각해야 할 것이다. 민주당 다수 시대에 공화당은 어떻게 자기 혁신을 해야 하고 어떻게 대중을 설득할지에 대해 고민해야 한다. 공화당이 부통령 후보였던 사라 페일린Sarah Palin 알래스카 주지사 같은 이를 차기 지도자로 선택한다면 공화당의 기반은 점점 줄어들고 지식인들의 보수주의 운동은 설득력을 잃을 것이다.

· 오바마 시대의 개막이 북한에 주는 의미는?
· · 변화되는 것은 거의 없을 것이다. 미국이 북한에 호의적인 태도를 보일 것으로 보지 않는다. 북한은 조지 W. 부시보다 오바마를 선호할 것으로 보이지만 그게 향후 북미 협상이 수월하게 풀려나갈 것을 의미하지는 않는다.

· 오바마 시대 개막이 한국 사회에 던지는 메시지는 무엇이라고 보는가?
· · 그는 시카고 지역에서 풀뿌리 유권자운동을 하면서 이념대결 지향적인 60년대 스타일을 취하지 않았다. 그의 목표는 사람들을 빈곤에서 구해내고, 삶의 질을 향상시키는 것이었다. 그는 늘 그것을 어떻게 확보하고, 그것을 위해 무엇을 해야 하는가를 생각했다. 이 과정에서 그는 이념적인 접근법을 쓰는 대신 상호 포용적

정책을 썼다. 과거 노무현 정부는 매우 이념적이었고 적대적 방식으로 문제를 해결하려 해서 갈등이 커졌다. 그런 면에서 부시 대통령과 노 대통령은 닮은꼴이다. 다만 부시 대통령이 우파적이라면 노 대통령은 좌파적이었다는 게 차이다. 이명박 정부는 어느 한쪽에 치우치지 않아야 성공한다. 오바마 정부는 탈이념적 정책을 취할 것이고, 그것과 조응하려면 이명박 정부도 그런 노력을 해야 한다.

취재노트

찰스 암스트롱 교수는 미국 학계에서는 흔치 않은 진보 성향의 중견 역사학자다.《한국전쟁의 기원》을 펴낸 진보 성향의 역사학자인 브루스 커밍스 시카고대 교수의 제자이며, 최장집 고려대 명예교수와도 친분이 깊고 80년대부터 고려대 등에서 연구 활동을 해 한국에도 지인이 많다. 필자가 그를 만난 것은 뉴욕 연수 시절인 1999년 여름 컬럼비아대에서다. 그는 당시 컬럼비아대에서 북한학을 강의했는데, 공공정책대학원 건물 내에 위치한 동아시아연구소에 있는 그의 연구실 문 앞에는 북한의 포스터가 붙어 있어 북한 현대사에 많은 관심을 가진 학자라는 것을 한눈에 눈치챌 수 있었다. 그는 미국에서 북한 문제에 관심을 갖고 있는 학자 및 정책 전문가들의 모임인 전미북한위원회NCNK의 일에도 적극적으로 참여하고 있다.

그런 그를 2008년 10월 서울에서 다시 만났다. 그는 안식년을 받아 서울대 국제대학원 교환교수로 와 있었다. 우리는 미국 대선을 전후해 여러 얘기를 나눴고 특히 대선이 끝난 뒤엔 오바마 시대의 개막 문제를 놓고 흥미로운 토론을 했다. 그런데 대화를 나누면서 놀라운 점을 발견했다. 그는 오바마와 나이나 경력과 이력 면에서 아주 공통점이 많았다. 그는 오바마와 동년배인데 굳이 따지자면 오바마가 그보다 4개월 위다.

한 인간이 주변 환경에서 완전히 자유로울 수 없고, 살았던 곳, 만났던 사람들에 의해 생각의 많은 부분을 영향받는다는 점을 감안해 볼 때 그는 오바마와 근사치의 경험을 갖는다. 우선 두 사람 다 혼혈이다. 그는 한국 여성과 미국인 남성 사이에 태어났고, 오바마는 미국인 여성과 케냐인 남성 사이에 태어났다.

특히 암스트롱 교수의 말대로 '혼혈이 자연스러운 땅' 하와이에서 유년 시절을 보낸 것도 큰 공통점이다. 암스트롱 교수는 동부 명문대인 예일대를 졸업한 뒤 시카고 대학에서 박사학위를 받았고 뉴욕에 있는 컬럼비아대에서 교수 생활을 하고 있다. 반면 오바마는 컬럼비아대를 졸업한 뒤 시카고로 갔다. 그곳에서 지역 커뮤니티 운동을 하다 하버드대 법과대학원을 졸업한 뒤 다시 시카고로 복귀, 시카고대 법률대학원에서 헌법을 가르치면서 정계에 입문했다. 암스트롱 교수와 오바마는 하와이와 뉴욕, 시카고에서의 성장 및 수학, 사회 활동을 한 동시대 지성이라는 공통점을 갖고 있는 셈이다.

미국 대선 직후인 2008년 11월 5일 서울 시내의 한 커피숍에서 그를 만났을 때 그는 조금 상기된 표정이었다. 훈련받은 역사학자로서 냉정함을 잃지 않으려 했지만 백인들만의 리그로 여겨졌던 미국 최고의 선출직에 흑백 혼혈 출신 인사가 당선됐기 때문일까. 그는 "오바마 덕분에 코리안 아메리칸으로서 자긍심을 새삼 생각하게 됐다"고 했다. 그는 특히 "이번 대선은 내 생애 가장 중요한 선거이자 기억에 남는 선거"라면서 오바마 세대가 보는 오바마 혁명에 대해 술술 얘기를 시작했다. 그는 조지 소로스 소로스펀드 회장이 2006년 방한에 앞서 그를 특별초빙해 자문을 구할 정도로 대표적인 한반도 전문가로 통한다. 저서로 《북조선 탄생》, 《더 코리아스The Koreas》가 있다.

세계의 역사는 이제 새로운 세기에 돌입했다. 서구 지배의 시대가 끝나고 아시아 시대로 바뀌었다. 19세기와 20세기가 서구 지배의 시대였다면 21세기는 아시아의 시대다. 우리는 그간 서구적 관점에서 사물을 보도록 교육받아왔지만, 이제는 그 틀에서 벗어나 아시아적 시각에서 문제를 보고 생각해야 한다.

헬로 아시아, 굿바이 웨스트

싱가포르국립대 리콴유공공정책대학원장
키쇼어 마흐부바니

KISHORE MAHBUBANI

- 질문
- • 대답

키쇼어 마흐부바니는 21세기가 아시아의 세기라고 주장하는 싱가포르 외교관 출신 사상가다. 그는 《아시아인은 생각할 줄 아는가?Can Asians think?》라는 논쟁적 저작을 펴내며 아시아인들이 가진 서구 중심적 사고에 전환의 필요성을 제기, 주목을 받아왔다. 그는 2005년 영국의 〈프로스펙트〉 잡지에 의해 '아시아를 대표하는 세계 100대 글로벌 지식인'으로 선정됐다.

힌두 인도계인 그는 1948년 싱가포르에서 태어나 싱가포르국립대에서 철학을 전공한 뒤 외교관이 된 인물로 1971년부터 2004년까지 33년간 외교관으로 활동하면서 유엔 주재 싱가포르 대사, 유엔 안보리 의장2001~2002을 지냈다. 그는 외교관으로서는 특이하게 명예철학박사 학위를 갖고 있으며 여느 학자들보다 적극적으로 글을 쓰고 책을 펴내 '싱가포르를 대표하는 사상가'로 꼽힌다.

- 《아시아인은 생각할 줄 아는가?》 이후 10년 만에 《헬로 아시아》를 출간했는데 새 책의 어젠다는 무엇인가?

•• 세계의 역사는 이제 새로운 세기에 돌입했다. 그것은 서구 지배 시대의 종언을 의미한다. 물론 이것이 서구 시대의 종말을 의미하는 것은 아니다. 서구는 아직도 단일 문명으로 가장 강력하다. 그런데 새로운 시대라는 것은 아주 새로운 게 아니라 원래 상태의 복원을 의미한다. 서기 1년부터 1820년까지 세계를 지배해온 두 개의 거대 문화는 인도와 중국이다. 그러나 1820년 이후 200년 가까이 인도와 중국은 쇠퇴했고 영국 등 유럽과 미국이 부흥했다. 그래서 지난 2세기는 서구 지배 시대라고 할 수 있다. 그런데 21세기

는 아시아의 시대다. 골드만 삭스는 2050년 세계의 4개 거대 경제국 예상 보고서에서 경제력의 순서가 중국, 미국, 인도, 일본 순이 될 것이라고 내다봤다. 이 가운데 3개국이 아시아에 있다. 최근 골드만 삭스는 새 보고서에서 인도가 미국을 따라잡을 것이라고까지 얘기한다. 이것은 세계 역사의 거대한 변화다. 우리는 이런 놀라운 시대에 살고 있다.

- 21세기가 아시아의 세기가 된다면 어떤 나라가 세계를 이끌 것으로 보는가?
- • 우리 아시아는 수많은 성공 스토리를 갖고 있다. 그중 중국과 인도는 아시아에서 가장 큰 양대 국가지만 두 나라는 똑같이 문제도 많이 있다. 중국의 경제 발전은 50년도 안 됐다. 중국 동부 해안지대의 상하이 등은 발전했지만 내륙지역과의 격차는 점점 벌어지고 있다. 인도도 마찬가지다. 《헬로 아시아》를 쓴 이유는 새로운 아시아의 세기를 맞아 아시아 사람들이 함께 진지하게 고민하며 연대해야 한다는 것을 밝히고 싶었기 때문이다.

- 귀하의 예측대로라면 중국은 2050년 경제적인 측면에서 최강국이 되는데 그때 중국의 정치체제는 어떻게 될 것으로 예상하는가?
- • 최종적으로 모든 국가는 민주체제를 지향할 것이고 중국도 예

외는 아닐 것이다. 그러나 단기적으로 중국에 그런 변화가 나타날 것으로 생각지는 않는다. 그것은 장기적인 과제일 뿐이다. 2050년까지 중국이 그렇게 변할지는 미지수다. 중국은 아편전쟁 등을 통해 1세기 이상 영국 등으로부터 굴욕을 당해왔고 이어 일본의 침략을 당했다. 중국이 평화로운 상태에서 안정적인 경제성장을 이룬 것은 오직 지난 50년 전부터일 뿐이다. 어떤 중국인도 그런 역사를 잊지 않고 있다. 그들은 사회경제적으로 안정적인 기반을 만들면서 점진적으로 민주체제를 만들어갈 것이다.

그런데 중국이 정치적으로 민주화가 되지 않는다 해도 중국은 여러 면에서 점점 개방하고 있다는 점을 주목해야 한다. 중국인들은 매년 수백만 명이 해외여행을 하는데 여지없이 중국으로 돌아간다. 만약 중국인들이 자유롭지 못하다면 아마 귀국하지 않을 것이다. 인도의 경제학자 프라탑 바누 메타는 중국과 인도의 차이를 설명하면서 "인도는 닫힌 마음을 가진 열린 사회, 중국은 열린 마음을 가진 닫힌 사회"라고 얘기했는데, 역설적이지만 잘 맞는 얘기다. 중국은 폐쇄적인 사회지만 중국인들의 마음은 점점 개방적으로 변하고 있다.

- 중국 지배 시대가 될 때 세계정세는 어떻게 변화될 것으로 전망하는가?
-- 그것은 중국의 부상이 어떤 과정을 통해 이루어지느냐에 달려

있다. 중국은 소련의 붕괴에서 큰 교훈을 얻고 있다. 중국은 소련의 붕괴가 경제 대신 군사력 쪽에 무게를 두었기 때문이라고 보면서 강력한 경제 건설에 초점을 맞추고 있다. 그런데 중국의 경제성장은 평화적 세계 질서 속에서만 가능하기 때문에 현재와 같은 안정과 평화는 지속될 것으로 전망한다.

- 기 소르망 같은 프랑스 문명비평가는 중국의 부패, 정치 불안 등을 들며 그 미래를 비관적으로 전망하고 있는데…….
- 서구 지식인들의 아시아 관련 책에는 서구인 특유의 깊은 심리적 불안감이 배어 있기 때문에 조심해서 읽어야 한다. 그들은 200년간 세계를 지배해온 서구 파워가 동양에서 밀리는 것을 보면서 불안감을 느끼고 있다. 내 경우 싱가포르에서 어렸을 적부터 당연하게 봐왔던 것이 미국의 자동차다. 그러니 미국 자동차가 최고라는 생각을 은연중에 하게 된다. 그런데 요즘엔 한국의 현대자동차나 일본의 도요타 등이 미국은 물론 싱가포르에서도 잘 팔리고 있다. 내게도 이런 현상은 아주 놀라운 것인데 서구 사람들에겐 어떻겠느냐? 서구 사람들은 아시아의 부상이 부담스럽고 공포스러울 수밖에 없다. 우리는 이런 것을 특히 주목해서 봐야 한다.

- 중국과 인도의 미래에 대해선 아주 낙관적인데, 그럼 일본에 대해선 어떻게 보는가?

••• 일본은 경제적인 측면에서 꾸준히 좋은 성과를 내고 있다. 지난 1993년 발표한《일본의 표류》라는 에세이에서도 얘기했지만, 일본의 문제는 대개 일본인 스스로의 문제다. 일본인들은 아시아의 부상에 대해 스스로 화해를 하지 못하고 있다. 1860년대 메이지 유신 이후 일본은 아시아에서 가장 먼저 서구화 버스에 편승했는데 이제 서구 지배 시대가 끝나가고 있다. 세기는 아시아 세기로 바뀌고 있고, 일본은 이제 버스를 바꿔 타야 하는 상황이다. 그런데 일본은 아직 '아시아 버스'로 옮겨 타길 꺼리고 있다. 일본은 심리적으로 이런 분위기에 저항하고 있다. 일본은 여전히 경제협력개발기구OECD, 주요 8개국 모임G8 등에 속해 있기를 원할 뿐이다.

그런데 중요한 것은 이것이 모두 해가 지는 것처럼 쇠락하는 기구라는 점이다. 반면 동아시아 정상회의East Asia Summit 등은 이제 해가 뜨듯이 부상하는 기구라고 할 수 있다. 일본은 늘 웨스턴 그룹에 끼길 원할 뿐 아시안 그룹에 끼는 것에 대해서는 신중하다. 나는 아베 신조 관방장관 시절 '쿨 아시아' 모델로 함께 활동하면서 '여름엔 넥타이와 재킷을 벗고 아시안 바틱을 입자' 라는 캠페인을 벌인 적이 있다. 그때 나는 일본 측에 "더운 여름에는 간편 복장을 하는 게 좋은데 왜 일본은 서구 정장만 고집하느냐"고 얘기한 적이 있다. 나는 여름에 아시안 바틱을 즐겨 입는다. 우리는 아시아 사람으로서 아시안적 사고를 해야 한다. 한국도 마찬가지다.

• 2007년 12월 싱가포르에서 개최된 아세안동남아국가연합＋3정상회의는 아시아의 미래와 관련, 어떤 의미를 지닌 것으로 봐야 하는가?

•• 아세안은 이제 창립 40년이 됐는데 이것은 아주 중요한 기구다. 아세안 연례 정상회의가 열릴 때 한·중·일 정상이 참석해 아세안＋3정상회의를 개최하는데 왜 동아시아연합이나 동북아시아연합은 없는지 묻고 싶다.

• 한·중·일이 과거사에 대한 갈등이 깊고, 아직도 미해결 상태이기 때문이 아닐까?

•• 아세안은 역사와 인종이 아주 다르고 종교도 힌두교, 이슬람교, 기독교, 불교 등 수없이 많다. 그런데도 아세안을 만들고 발전시켜오고 있다. 그러나 동북아 국가들은 역사적으로나 문화적으로나 종교적으로 동질성이 강한데 지역기구 하나 만들지 못하는 것 같아 아쉽다.

• 아세안은 40년이 됐지만 아직 아세안 차원의 협력이랄까, 아세안 차원의 정체성 마련은 부족한 감이 없지 않은데······.

•• 아세안의 정체성은 아세안＋3정상회의를 통해 매년 점진적으로 나아지고 있다. 아세안이 좀 더 긴밀하게 만나면 아시안으로서의 정체성과 센스를 찾을 수 있을 것이라고 본다. 유럽연합EU도 오

늘날처럼 발전되기까지 수십 년간 유럽적 관점과 공동 의식을 개발해왔다. EU는 그럼에도 불구하고 경제적인 측면에서는 슈퍼파워이지만, 외교적으로는 여전히 미니파워에 불과하다.

- EU는 미국에 이어 세계 2위의 글로벌 외교 파워라고 생각하는데……

- - EU는 제2위의 경제 파워일 뿐 외교 파워는 그렇지 못하다. EU가 관여한 외교 협상 중 성공한 게 어디 있느냐? 유럽은 북아프리카와 좋은 외교적 관계를 만드는 데 실패했고 아프리카 분쟁 개입에도 실패했고 발칸 분쟁, 중동 분쟁의 중재에도 실패했다. EU는 내부적으로는 힘이 있지만 밖으로는 힘이 없고 지정학적 파워 또한 무력하다.

- 그렇다면 아시아가 유럽보다 지정학적 파워나 외교력 측면에서 더 능력이 있다는 얘기인가?

- - 역사적으로 볼 때 새로운 파워가 부상하면 지역이 불안정해진다. 그런데 중국과 인도의 부상은 아시아와 전 세계에 새로운 불안을 불러오고 있지 않다. 그것은 아세안이라는 프레임 워크를 만들어뒀기 때문이라고 생각한다. 모든 나라들이 함께 노력하고 협력할 수 있도록 기반을 만들었기 때문이다. 따라서 아세안은 전 세계적 안정에 큰 기여를 하고 있는 셈이다.

• 하지만 아세안의 외교적 파워는 EU의 그것보다 크다고 보기 어려운 게 현실인데…….
• • 외교 파워는 경제 파워와 같지 않다. EU의 경제 파워는 아세안보다 크지만 지정학적 외교 능력은 아세안보다 작다.

• 그렇지만 아세안은 어떤 지역 문제에도 관여하지 않고 있지 않은가?
• • 세계 인구를 보면 65억 인구 중에서 30억이 아시아에 살고 있다. 아세안이 스스로 회원국을 보호하고 평화와 안정을 유지한다면 세계 절반의 평화와 안정에 기여하는 것이다. 중국과 일본, 한국, 인도 총리들이 모여서 평화와 안정 유지를 위해 노력한다면 그게 세계 안정에 기여하는 길이다.

• 완전히 새로운 접근법인 듯하다.
• • 그것이 바로 《헬로 아시아》에서 제기한 아시아적 관점 확립이다. 그간 서구적 관점에서 사물을 보도록 교육받아왔지만 이제는 그 틀에서 벗어나 아시아적 시각에서 문제를 보고, 생각을 해야 한다는 게 내 논지다.

• 싱가포르가 1965년 독립 반세기 만에 아시아 선진국가로 발전한 비결은 무엇이라고 보는가?

•• 나는 더 이상 외교관이 아니니 비외교적으로 진실을 말할 수 있을 것 같다. 아태 국가들이 성공을 하려면 아시아 스스로 과거의 미덕을 재발견해야 할 필요성도 있지만 서구와 아시아의 가장 좋은 제도나 전통을 함께 수용하려는 개방적 자세가 필요하다. 내가 볼 때 싱가포르는 서구와 아시아의 좋은 것을 수용해 만든 세계 최고의 도시다. 싱가포르는 75퍼센트의 중국계, 15퍼센트의 말레이계, 6~8퍼센트의 인디아계로 구성되어 있어 인종적으로나 종교적으로 아주 다양하다. 나는 인도 출신인데 인도계 중에서도 아주 소수 인종에 속한다. 그런데 싱가포르에서 태어나고 살면서 한 번도 인종차별을 느껴본 적이 없다. 동서양 문화와 관습 중 최고의 것을 수용하려 한 자세와 관용적이고 개방적인 문화가 싱가포르 발전의 비결이라고 생각한다.

• 한국에 대해선 어떻게 보는가?

•• 한국을 볼 때마다 경이롭다는 생각을 한다. 나는 한국 예찬론자다. 이건 외교적 발언이 아니라 진심이 담긴 솔직한 얘기다. 한국은 아시아뿐 아니라 전 세계적으로 엄청난 성공 스토리다. 1950~60년대 한국의 1인당 국민총생산GNP은 아프리카 국가들보다 낮았다. 예컨대 1960년대 한국의 GNP는 필리핀의 15퍼센트에 불과했는데 요즘 한국의 GNP는 필리핀의 10배가 넘는다. 한국 경제가 지난 40여 년간 50배 넘게 성장한 것이다. 이것은 놀라운 성

공 스토리다. 1860년대 일본이 메이지유신을 통해 급성장하면서 아시아 각국에 영향을 주었는데 요즘 한국이 그런 역할을 하고 있다. 한국은 아시아 많은 나라에 영감을 주며 따라 배우고 싶은 대상이 되고 있다. 아프리카 친구들은 만날 때마다 내게 "아시아인들은 복이 많다"고 한다. 일본과 한국, 싱가포르, 중국 등 모범이 될 만한 수많은 성공 스토리를 갖고 있기 때문에 부럽다는 얘기다.

• 아시아적 관점에서 볼 때 북한 문제에 대한 해법은 무엇인가?
•• 북한과 버마는 아시아의 골칫거리인데 개입정책 외에는 대안이 없다. 그런 면에서 조지 W. 부시 미국 대통령이 북한을 악의 축에 넣으며 압박정책을 구사한 것은 큰 실수다. 외교는 3천 년 전부터 인류가 고안한 것이다. 친구뿐 아니라 적과도 대화를 하는 게 바로 외교다. 그러니 북한이 적이라 해도 미국은 반드시 대화를 통해 문제를 풀어야 한다.

• 아시아의 세기로 불리는 21세기에 아시아에서 미국의 역할은 어떻게 될 것으로 보는가?
•• 미국은 모든 나라들이 동등한 권한을 갖고 유엔에서 1국 1표를 행사하도록 1945년 세계 질서를 만든 나라다. 최강국이라고 해서 압도적인 영향력을 행사하고 강제하기보다 자유선거와 시장경제를 통해 각국이 경제성장을 하도록 지원해줬다. 특히 전후 아시

아에서 미국은 아주 중요한 역할을 해왔다. 21세기에 들어서도 아시아에서 여전히 중요한 역할을 할 것으로 기대한다.

취재노트

키쇼어 마흐부바니 학장과의 만남은 아세안+3정상회의 취재차 2007년 11월 싱가포르를 방문했을 때 이루어졌다. 워낙 손바닥만 한 도시국가라서 그런지 싱가포르 시내에서 리콴유공공정책대학원까지 택시비가 싱가포르 달러로 10달러가 넘지 않았다. 아세안+3정상회의 덕분에 싱가포르에 외국 귀빈과 언론이 몰려든 탓인지 이날 인터뷰에 앞서 미국, 독일 언론과의 인터뷰가 이뤄졌다고 비서가 귀띔했다. 일정에 쫓겨 피곤한 인상을 지을 만도 한데 그는 진지하고 적극적인 표정으로 인터뷰에 응했다.

인도계 특유의 검은 눈썹과 분명한 이목구비만큼이나 그의 생각과 시각은 똑부러져 '에스프레소형' 인간 같았다. 그와의 인터뷰는 묻고 답하는 대화형이 아니라 하나의 질문을 하면 사상가처럼 전체를 설명하는 방식으로 진행됐다. 30억 아시아인들이 아시아적 정서와 가치관, 세계관으로 똘똘 뭉쳐 21세기를 이끌어가야 한다는 그의 답은 사상가의 연설과도 같았다. 질문 하나하나에 대해 단답식으로 명쾌하게 답하는 그를 보면서 아시아에 대한 확신과 신념이 이렇게 강한 아시아인이 또 어디 있을까 하는 생각이 들었다.

그는 인터뷰에 앞서 싱가포르가 얼마나 관용적인 나라인가를 설명하면서 자신의 어려웠던 유년 시절 경험을 들려주었다. 중국계, 말레이계, 인도계로 이뤄진 싱가포르에서 자신은 인도계 중에서도 아주 마이너리티에 속하는 사람이지만, 싱가포르에서 태어나고 자라고 일하는 과정에서 아무런 인종차별을 느끼지 못했다는 것이다. 그의 이 같은 싱가포르 예찬은 어디까지나 사회 최고 엘리트 자리까지 올라간 이의 시각이기 때문에 얼마나 객관화할 수 있을지는 의문이다. 싱가포르는 겉보기에 그의 주장처럼 차별이 없는 국가지만, 이면을 들여다보면 '싱가포르인'과 '비 싱가포르인'의 권리가 하늘과 땅처럼 다르고, 인권 역시 오직 싱가포르인들에게만 주어지는 철저한 '차별' 국가이기 때문이다.

그는 1948년 싱가포르에서 태어났다. 그의 아버지는 인도 소수계 출신인데 도박빚으로 인해 감옥을 드나들던 인물이었다. 힌두계인 어머니는 가난에서 헤어나기 위해선 인도를 떠나야 한다고 판단, 남편을 설득해 싱가포르로 이주했다. 이 부부는 이곳에서 마흐부바니 등 네 자녀를 낳아 키웠다. 그는 어린 시절 몹시 가난했다고 하는데 초등학교 입학 때엔 몸무게가 또래 수준에 비해 한참 적어 '영양실조' 판정을 받은 뒤 특별 영양공급 조치까지 받았다는 사실을 기억하고 있었다. 당시 싱가포르엔 인종 폭동이 잦았는데 마흐부바니는 빈곤 속에서 보낸 불안스런 유년 시절의 체험을 아직도 간직하고 있다고 털어놓았다.

그는 인터뷰 중 "어린 시절 어려움을 겪은 이들은 어려운 사람과 세상에 대해 더 깊이 이해할 수 있게 된다"는 얘기를 했는데 그는 〈역사와의 대화〉 인터뷰에서 헤리 크라이슬러, UC버클리 국제연구소, 2005

유년 시절의 빈곤 체험에 대해 이렇게 털어놓은 바 있다.

"중산층 가정에서 자란 사람은 가난이 만들어내는 절망의 깊이를 이해하지 못한다. 절망감은 인간을 피폐하게 할 뿐만 아니라 영혼에 치명적 해를 끼치고 때로는 영혼을 부패시킨다. 내가 어렸을 때처럼 지구상엔 아직도 10억 인구가 극단적인 빈곤 상태에서 살고 있다."

그는 원래 철학도였으나 가난 때문에 인생 진로를 수정했다. 정부 장학금을 받기 위해 잠정적으로 싱가포르 정부에 들어가 5년간 외교부에서 일했는데 그것이 인연이 되어 직업 외교관이 됐다는 것이다. 그런 탓인지 외교철학이 남달랐다.

그는 외교관이 된 뒤에도 오랫동안 외교에 대해 매력을 느끼지 못했으나 유명한 영국 외교관 해럴드 니컬슨Harold Nicholson이 쓴《외교Diplomacy》를 읽고 외교에 대해 다시 생각하게 됐다고 말한다. 그는 외교관을 그저 '사악한 관리' 정도로 생각하거나 '조국을 위해 거짓말을 하도록 외국에 보내진 사람'으로 인식했으나 이 책을 읽은 뒤 외교의 중요성을 깨닫고 외교관으로서 자신감을 얻었다는 것이다. 니컬슨은 "성공적인 외교관은 가능한 한 진실되게 말하는 사람이다. 가능한 한 진실되게 말함으로써 상대의 신뢰를 얻게 된다"라고 썼다.

마흐부바니는 외교관이 된 뒤 니컬슨의 조언을 잊지 않았다. 어떤 자리에서도 가능한 한 상대의 신뢰와 확신을 얻기 위해 노력하는 게 외교의 가장 중요한 요소라는 것을 실천하려 노력했다. 또한 상대를 만나 어떤 것을 애기할 때, 적어도 거짓말은 절대로 하지 말아야 한다는 것이 그의 지론이다. 단기적인 이익을 위해 거짓말을 할 수는 있지만 그 효과는 일회성에 그치기 때문에 장기적으로 볼 때 잃는 게 더 많다는 것이다.

마흐부바니는 또 싱가포르처럼 작은 나라의 외교관은 이 같은 외교 원론에 머물지 말고 더욱더 노력해야 한다면서 외교의 3대 무기를 강조했다. 싱가포르처럼 작은 나라가 거대국과 상대해 국익을 설명하고 유엔 등에서 자국의 이해관계를 설득력 있게 설명하기 위해선 분명한 논리logic와 합당한 이유reason, 그리고 매력charm을 갖춰야 한다는 것이다. 그리고 국제회의에서는 분명하게 얘기하는 게 좋기 때문에, 첫째, 둘째, 셋째 등으로 나눠 가능한 한 도식적이고 간결하게 논리적으로 말하라고 조언했다.

그 덕분인지 마흐부바니는 유엔 주재 싱가포르 대사를 두 번이나 역임했고 안보리 의장도 지냈다. 또한 2006년엔 유엔 사무총장 후보로까지 거론됐다. 하지만 그는 "반기문 사무총장이 워낙 뛰어난 데다 선거운동도 잘해 감히 나설 엄두가 나지 않아 포기했다"며 웃었다.

21세기 혁명적 계층 네오 파워를 주목하라

글로벌 트렌드 연구가
로스 허니윌

ROSS HONEYWILL

글로벌 정보통신 시대가 열리면서 세계 각국에 디지털 세상에서 창의적으로 활동하는 네오 파워가 형성되기 시작했다. 인터넷 온라인을 이용하며 글로벌 변화에 민감한 이들이 각국의 중심 세력으로 부상하면서 사회·정치적 변화를 이끌고 있다. 네오 파워는 글로벌 시대의 새로운 소비자이자 유권자이고 노동자라는 점에서 사회·정치적 변화를 이끄는 핵심 세력이 될 것이다.

• 질문
•• 대답

로스 허니윌은 글로벌 시대를 이끄는 새 계층을 '네오'로 명명하면서 유명해진 호주의 소비자 행태 연구가다. 1949년 호주 브린즈번에서 태어나 퀸즐랜드대에서 심리학과 사회학을 공부했고, 아델라이데 대학에서 경영학 석사학위를 받았다. 호주의 소비자연구 싱크탱크인 소비자전략연구소 등에서 일하며 호주 및 미주 지역의 소비자 행태 분석가로 활동해왔다.

그가 동료학자 베러티 바이스Verity Byth와 함께 쓴 《네오 파워Neo Power》는 2006년 발간 뒤 글로벌 트렌드 연구자들의 필독서가 됐다. 그는 이 책에서 글로벌 시대로 접어들면서 각국에 새롭게 형성된 고학력, 고소득, 고소비층을 네오NEO, New Economic Order, 신경제질서층로 명명한 뒤 호주 및 미국, 영국 등 세계 각국의 네오 파워가 이끄는 정치·경제적 변화를 조사해 주목받고 있다. 네오 파워가 큰 성공을 거두자 그는 아예 글로벌 트렌드 분석회사인 네오NEO 그룹을 창립, 사무국장으로 활동하면서 홍콩, 뉴욕 등지의 글로벌 포럼 연사로 활약하고 있다.

• 네오 파워란 개념은 아직 한국에 생소한데, 구체적으로 소개를 한다면?

•• 그간 소비자 행태 분석에 집중하면서 기업 마케팅 전략에 관련된 일을 해왔는데, 90년대 초반부터 호주 및 미국, 영국, 뉴질랜드 등에서 교육 수준이 높고 고소득인 사람들이 전혀 다른 행태의 소비 측면을 보이고 있다는 점이 포착됐다. 우리는 이 같은 점에 집중해 소비자 행태 분석을 했는데 같은 고소득, 고학력층이라고 해도 의사, 변호사, 정치인, 정부 고위 관리 등 각국의 전통적 엘리트들은 소비에 상대적으로 소극적이지만, 글로벌 변화에 민감한 직종의 사람들은 적극적인 소비 행위를 하고 있었다. 네오 파워는

호주에 400만 명인구 2천만 명, 미국에 5,900만 명인구 3억 명, 영국에 1,200만 명인구 6천만 명 등이다.

• 네오는 구체적으로 어떤 사람들을 지칭하는가?
•• 이들은 기본적으로 1991년 정보통신 시대가 개막되면서 형성되기 시작했는데, 네오 파워의 99퍼센트는 인터넷 온라인 이용자들이고, 디지털 세상에서 활동하는 아주 창의적인 사람들이다. 21세기로 들어서면서 이들이 각국에서 핵심적인 세력으로 활동하면서 사회·정치적 변화의 전면에 서기 시작했다. 호주에서는 네오 파워의 영향력이 두드러지고 있다. 이들이 점점 각 사회의 중추가 되면서 사회·정치적 변화를 이끌기 시작할 것이다. 가히 혁명적이라 할 수 있다.

• 어떤 의미에서 혁명적이라는 얘기인가?
•• 이들은 사회 정치적 구조를 바꾸는 사람들이다. 변화의 전면에 서 있는 사람들이다. 이들이 부상하면서 아주 강력한 사회·정치·경제적 세력으로 등장했고, 정보기술 시대를 만들어냈고, 이들은 온라인 디지털 세계의 설계자들이다. 창의적이고, 99퍼센트가 온라인을 자주 사용하며 일터에서도 새로운 세력으로 형성되고 있다. 소비자이자 유권자이고 일터의 노동자들인 이들이 새로운 시대의 추동 집단으로 부상하고 있는 것이다.

• 네오의 형성 시점은 구소련, 동유럽의 붕괴에 따른 냉전 시대의 종말 시점과 일치하는데…….

•• 그렇다. 네오의 부상은 탈냉전 시대의 개막과 일치한다. 네오 파워는 사회적 측면에서 정보통신기술이 발전하면서 개인주의가 확산되고, 제도적인 측면에서는 정치적 시스템의 변화와 연결된다. 소련, 동유럽 붕괴에도 불구하고 북한은 유감스럽게 아직도 냉전의 제도를 유지하고 있어 네오 파워가 형성될 여지가 없지만 한국은 안정적이고 개방적인 민주주의 제도 덕분에 네오 파워가 왕성하게 형성되는 국가가 됐다.

• 네오는 새로운 경제 세력일 뿐만 아니라 정치적 계급이기도 하다는 말인가?

•• 네오NEO의 'E'는 경제Economy뿐 아니라 환경Environment, 진화Evolution를 의미하기도 한다. 네오는 글로벌 시대 새롭게 가치를 갖는 개념을 총합한 상징어다.

• 리처드 플로리다Richard Florida 교수의 '창조적 계급'이나 〈뉴욕타임스〉 칼럼니스트 데이비드 브룩스David Brooks의 '보보스'와도 유사한 개념인 듯한데…….

•• 플로리다 교수의 창조적 계급 개념과 네오 파워는 아주 유사하다. 플로리다 교수는 미국에 5천만 명의 창조적 계급이 있다고

했는데, 나는 미국에 네오층이 5,900만 명 있다고 본다. 기본적으로 비슷한 규모다. 그러나 개념에는 큰 차이가 있다. 플로리다 교수는 사회학적 기반 위에서 창조적 계급의 실태를 설명하는 데 치중했다면, 나는 정치·경제적 측면에서 네오 파워의 부상에 주목하고 우리 사회가 왜 이렇게 변화했고, 그 파장은 무엇인가를 분석했다는 데 차이가 있다.

• 보보스 개념과는 어떤 차이가 있는가?
•• 보헤미안 부르주아지라는 개념은 아주 흥미롭긴 하지만, 도시에 살고 있는 고소득, 자유 성향, 중산층이라는 이미지가 강하다. 그런데 네오 파워는 보보스에 비해 나이와 직업, 소득 정도가 다르다.

• 보보스는 기본적으로 자유주의적 성향이 강한데 네오 그룹은 정치적으로 어떤 성향을 보이고 있나?
•• 호주에서 네오 파워는 11년 전 총선 때 노동당보다 보수당 쪽으로 기울어졌다. 그런데 존 하워드 총리는 전통적인 정치인이었기 때문에 호주의 네오 파워들을 만족시키지 못했다. 그 결과 2007년 11월 총선에서 네오 파워는 아마 노동당 쪽으로 기울 것으로 예상한다. 그의 예측은 2007년 11월 24일 총선에서 그대로 적중해 보수당은 노동당에 정권을 내줬고 케빈 러드 노동당 당수가 새 총리로 취임했다. 미국 민주당과 공화당을 기준으로 한다면, 네오 파워는 공화당적이기도 하고 민

주당적이기도 하다. 이들은 진보적 사회정책과 보수적 경제정책을 지향하기 때문에 기본적으로 스윙swing 투표자들어느 한편에 고정되지 않고 유동적이어서 선거에서 결정적 영향력을 행사하는 집단이다.

• 네오 그룹의 정치적 영향력은 어느 수준이 될 것으로 보는가?
• • 그들은 다른 계층을 선도하는 오피니언 리더들이다. 따라서 다른 계층을 설득시킬 가능성이 높은데 정치적으로 어느 한편을 지지하지 않고 경제 상황의 변화에 따라 입장을 자주 바꾸는 리더 그룹이다. 그래서 이 집단을 무시할 경우 정치적으로 위험한 상황이 될 수도 있다.

• 이들이 각 나라에서 정치적 계급을 형성할 수 있다고 보는가?
• • 그들은 현재 정당의 미래가 될 수 있다. 이들은 녹색당처럼 특별한 이해관계를 지닌 정당을 형성할 수 있고, 기존 정당을 혁명적으로 변화시키는 역할을 할 수도 있다.

• 네오 그룹도 부르주아 계급처럼 하나의 새로운 계급이 될 수 있을까?
• • 네오는 계급에 가깝기는 하지만 그런 계급적 속성보다는 심리적 측면이 강한 층이다. 계급적 속성보다는 꿈과 열망이 강한 복합적 성향의 집단이다. 그들은 그저 부르주아 계급이나 중산층으로

보기에는 매우 다른 사회적 성향을 갖고 있다. 네오 파워 부자와 전통 부자가 나뉘는데 둘은 그리 대립적이지 않다.

- 네오가, 좋으냐 나쁘냐 혹은 옳으냐 그르냐를 지칭하거나 판단하는 개념은 아니지 않은가?
- • 그렇다. 좋다 나쁘다거나 선악의 개념이 아니라 얼마나 영향이 있느냐 없느냐의 문제가 핵심이다.

- 네오가 될 수 있는 조건은 어떤 것인가?
- • 해외유학파는 국내파보다 4~6배 이상 네오가 될 가능성이 높고, 대학 졸업자는 고졸자보다 네오가 될 가능성이 훨씬 높다. 그렇지만 블루칼라 중에서도 네오는 존재한다.

- 네오가 선호하는 매체는 무엇인가?
- • 〈뉴욕타임스〉와 〈월스트리트 저널〉, 〈이코노미스트〉 온라인…… 그리고 온라인 면에 많이 투자하는 매체들이다. 네오 파워들은 온라인 관련 활동이 많은 매체를 선호한다.

- 한국의 네오 파워에 대한 조사가 있는가?
- • 한국의 5천만 인구 중 2천만 명 정도는 전통 집단이고 인구의 25퍼센트인 1천만 명 정도가 네오일 것이라고 생각한다.

- 한국 네오의 특성이 호주나 미국의 네오 파워 특성과 유사하다고 보는가?
- - 한국에 가본 적은 없지만, 한국은 미국이나 호주처럼 서구화된 나라라고 생각한다. 한국은 이미 선진국이기 때문에 네오 파워의 성향도 거의 유사할 것으로 예측한다. 반면 인도네시아 등 개발도상국가에는 아직 네오 파워가 미미하다. 중국의 경우 전반적으로 네오 파워 형성이 미약하지만 상하이의 경우는 선진국형으로 네오 파워가 형성되고 있어 주목하고 있다.

- 한국에서는 최근 소득 최상층 5퍼센트 인구의 하이엔드고소득층 성향 조사가 실시됐는데 네오 파워와 비교한다면?
- - 하이엔드는 기본적으로 최상류층을 의미하는데, 이들은 돈을 많이 버는 사람이긴 하지만, 소비 행태 면에서는 전통 그룹이냐 네오 그룹이냐에 따라 다를 것이라고 생각한다. 또한 영향력에서도 차이가 있을 것이다. 네오 파워의 25퍼센트는 톱 10퍼센트의 소득을 올리는 사람들로 본다. 그런데 네오는 전통적인 그룹보다 더 벌고 더 많이 쓰는 사람들이다.

- 네오 파워가 점점 강력해지는 글로벌 시대에 언론과 신문들은 어떻게 대응해 나가야 한다고 보는가?
- - 네오 파워들은 인터넷을 기본으로 생활하지만 신문이나 잡지,

책을 많이 보는 것으로 조사됐다. 그런데 취향 면에서는 전통층이 부수가 많은 대중지를 선호한다면 네오는 부수는 적어도 특색이 있는 매체를 선호한다. 모든 사람들을 만족시키려는 대중지보다는 테크놀로지나 자동차 등 네오 파워가 좋아하는 분야를 집중적으로 다루는 매체를 선호한다. 네오들은 상업적으로나 광고적으로 아주 강력한 사회집단이기 때문에 이들을 위한 접근이 필요하다.

- 호주 총선2007. 11과 한국 대선2007. 12에서 양국의 네오는 어떤 선택을 하게 될까?
- - 한국의 네오는 보수파에 투표할 것이고, 호주의 네오는 진보 정당에게 투표할 가능성이 높다. 네오는 정치적으로 충성도가 있다기보다 상황에 따라 변할 가능성이 높은 집단이다. 호주의 네오들은 하워드 총리의 정책 성과에 불만을 갖고 있어 노동당 쪽으로 기울 것이지만, 한국의 경우 노무현 정부가 지향한 진보 성향 정책에 대한 불만이 많아지고 있어 보수적인 정당 쪽에 표를 던질 가능성이 높다. 그의 예측대로 2007년 11월 호주 총선에서는 노동당이 승리해 정권이 교체됐고, 12월 한국 대선에서는 한나라당이 승리, 10년 만에 정권이 교체됐다.

- 당신을 소개한다면?
- - 나는 심리학적 배경을 바탕으로 호주와 미국에서 마케팅과 판매업 일을 하며 글로벌 브랜드 일을 했고, 소비자 행태에 대해 연

구했고, 나의 백그라운드는 심리학과 조사, 그리고 최근에는 소매업과 미디어 산업에 대해 관심을 갖고 있다. 그리고 호주 정치에 대해 컨설팅을 하고 있다.

• 네오 그룹은 당신이 만든 것인가?
•• 네오 그룹의 창립자로서 사무국장 일을 하고 있다. 그리고 글로벌 차원의 소비자 행태와 조사사업을 하고 있다. 멜버른, 뉴욕, 런던에 지사가 있다. 한국에는 가본 적이 없지만, 한국에 가서 한국 친구들과 함께 일할 수 있는 기회가 생기길 바란다.

취재노트

국내에 전혀 알려지지 않은 호주의 소비자 행태 연구가 로스 허니월을 발견한 것은 2006년 12월 뉴질랜드 웰링턴의 한 서점에서다. 당시 노무현 대통령은 호주, 뉴질랜드를 공식 방문 중이었는데 청와대를 출입하던 필자는 노 대통령을 수행 취재하던 중이었다.

웰링턴 시내에 있는 보더스 서점에서 만난 허니월의 《네오 파워》는 책 제목에서부터 범상치 않은 인상을 주었다. 글로벌 시대 네오 그룹을 상징하는 한 청년이 거대한 산맥 위의 바위에 앉아 무선 컴퓨터로 인터넷을 하고 있는 모습을 부각시킨 이 책의 표지는 글로벌 시대를 선도하는 새로운 계층의 출현을 단적으로 표현해주고 있었다.

책이 소설보다 재미있어 뉴질랜드에서 서울로 돌아오는 기내에서 11시간 동안 꼬박 읽었다. 허니월은 인터뷰에서 글로벌 시대에 형성된 네오 그룹을 '혁명적 계층'이라고 규정했는데 이 책은 80년대 이념 서적처럼 몰입하게 만드는 묘한 마력을 갖고 있었다.

책에서 허니월은 "1994년 이후 우리가 살고 있는 세상은 근본적으로 달라졌고 이제 글로벌 시대 개막 10년을 넘기면서 주도 계층이 뚜렷하게 등장하고 있다"고 주장한다. 책은 어떤 정치적 이념을 전제하고 쓰여진 게 아니라, 그야말로 글로벌 시대 개막 이후 호주 사회에서 나타나기 시작한 구체적 변화를 추적하면서 그 결과를 분석한 책이다. 비록 호주 사회의 구체적 상황에 대해선 낯설지만, 그 변화의 징후는 한국 사회에서 나타나는 그것과 크게 다르지 않아 쉽게 읽혔고, 메시지도 강했다.

이후 연말 연초 바쁜 일과에 묻혀 허니월의 《네오 파워》에 대한 기억은 저편으로 멀어져 갔다. 그런데 2007년 9월 다시 호주를 방문할 기회가 생겼다. 노무현 대통령이 아태경제협력체APEC 정상회의 차 시드니를 방문하면서 또다시 취재를 가게 됐기 때문이다.

주한 호주 대사관의 박영숙 공보관에게 연락처를 수소문해 접촉을 했더니 반나절 만에 허니월의 답신이 왔다. 언제든지 만나서 얘기를 나누고 싶다는 내용이었다. 9월 6일 호주로 이동, 허니월과 접촉을 해보니, 그는 멜버른에 있었다. 시드니에서 멜버른은 서울과 부산 거리지만, 나는 한미 정상회담 등이 예정되어 있어 시드니를 비우기 힘들었고 그는 멜버른에 일이 있어 떠날 수 없는 처지였다. 그래서 인터뷰는 이틀 후인 9월 8일 어렵게 전화로 진행됐다. 시드니와 멜버른을 연결하는 유선전화를 통해 인터뷰가 이뤄진 것이다.

허니월은 2006년 10월 이 책을 발간했는데, 두 달 만에 한국의 저널리스트의 눈에 띈 것은 놀라운 일이라며 흔쾌히 대화에 응했다. 허니월은 인터뷰에서 "한국의 저널리스트로부터 이처럼 주목을 받은 것은 의외"라면서 "기회가 닿으면 한국의 네오 파워를 분석해보고 싶다"는 희망을 피력했다.

허니월은 교육 수준이나 소득이 비슷한 사람들이 소비 면에서는 전혀 다른 행태를 보이는 원인을 분석하는 과정에서 네오라는 개념을 고안했다. 돈이 많은 사람들 중에서도 소비에 소극적인 층이 있고, 적극적인 층이 있는데 그들의 소비 성향을 가르는 원인은 바로 변화된 세계에 대한 관점에 있다는 게 저자의 결론이다. 저자는 호주의 소비자 50만 명의 소비 행태 등을 경험적으로 조사한 결과 이 책을 썼는데 네오라는 개념은 전통적 엘리트층보다 개인주의적이며, 더 많이 교육받고, 더 많이 읽고, 인터넷을 많이 사용하고, 진보적 사회정책에 투표하고, 서구적 생활문화를 즐기는 사람들……. 나이나 세대로 나누는 게 아니라 글로벌리즘에 대한 태도와 수용도에 따라 달라지는 계층적 특성을 지니고 있다. 글로벌 파워 계층, 글로벌 뉴리더, 글로벌 시대 뉴파워라고 부를 수 있으며 미국의 리처드 플로리다 교수가 개념화한 '문화적 창조 계급Cultural Creative Class'과도 유사하다.

저자에 따르면 네오층은 글로벌 차원의 새로운 경제 질서가 생기기 시작한 1991년부터 형성됐으며 전통적 파워엘리트들과 다른 삶을 추구하고 있다. 이들은 제도적인 관습이나 권위보다 개인의 취향과 특성을 존중하고 이를 추구한다. 또한 중앙정부를 신뢰하기보다 지역공동체적 민주주의와 자치를 존중한다. 허니월은 이들을 '세계적 수준의 일과 업무를 로컬한 기반에서 하는 사람들Global citizen is a person who works on the world stage from a local base'이라고 규정하면서 네오층의 10가지 특징을 다음과 같이 정리했다.

1. 네오층은 지적이고 교육을 많이 받고 책과 신문을 많이 읽는 층이다. 첨단 전자기기에 밝고 인터넷 네트워킹에 능한 집단. 지적 직업에 종사한다.
2. 네오층은 의사, 변호사, 관료 등 전통 엘리트들과 달리 글로벌 시대 흐름을 타는 직종에 종사하고 자유로운 직업관을 견지하고 있으며 개인주의적 성향이 강하다.
3. 네오층은 상상력과 미학, 디자인 취향을 중시하나 전통 엘리트들은 부와 지위를 드러내주는 상징을 중시한다.
4. 네오층은 자유직이나 유연성이 높은 일을 선호하고 삶을 즐기나 전통 엘리트는 직장 중심적 사고를 하는 워커 홀릭들이 대부분이다.
5. 네오층은 정치적으로 진보 성향의 노동당보다는 보수주의 성향의 보수당을 선호한다.
6. 네오층은 운수와 운명을 중시하는 전통 엘리트층에 비해 삶을 개척해 나가는 성향이 강하다.
7. 네오층은 정가 소량 구매를 선호하며 판매자와의 인적 네트워크를 중시하나 전통 엘리트층은 저가 구매, 대량 소비를 선호

한다.
8. 네오층엔 나이 제한이 없다. 네오층은 지력과 체력과 지식이 받쳐주는 한 활동하며 은퇴가 없다.
9. 네오층은 새로운 디자인이나 라이프스타일에 관심이 많다. 네오층의 남성들도 전통 엘리트층에 비해 소비 스타일에 대한 관심이 많다.
10. 네오층은 모든 매체의 핫뉴스에 관심이 있다. 특히 글로벌 뉴스에 관심이 많아서 BBC, ABC, NPR, CNN의 헤드라인 뉴스가 뭔지 알고 싶어 한다.

김치 속에 빅맥의 원리가 숨어 있다

시카고대 경영대학원 교수
마빈 조니스

MARVIN JONIS

글로벌 시대는 소수의 승자와 다수의 패자를 낳는 시대라고 비판하지만, 국가 경제 전반을 놓고 볼 때 글로벌 체제의 마이너스 측면보다는 플러스적 측면이 강하다. 미국인들은 물론 한국인들, 나아가 중국인들까지도 글로벌 체제 덕분에 더 잘살게 됐다. 이 혜택을 못 보는 나라는 북한이나 시리아, 이란 등인데 모두 글로벌 체제 밖에 있는 나라라는 점에서 공통점이 있다.

• 질문
•• 대답

마빈 조니스는 글로벌 시대 각국의 대응논리를 다룬 《빅맥이냐 김치냐Kimchi Matters》로 널리 알려진 글로벌 정치·경제 전문가다. 《빅맥이냐 김치냐》는 2004년 미국에서 발간, 전 세계적 화제를 모은 책인데, 빅맥으로 대표되는 글로벌주의가 각 지역에서 접맥되기 위해선 김치로 상징되는 지역의 정치적 역동성을 이해해야 한다는 게 저자의 핵심 주장이다.

조니스 교수는 1936년에 태어난 루마니아계 미국인으로 예일대 졸업 후 하버드대 경영대학원을 거쳐 MIT에서 정치학 박사학위를 받았다. 그는 1960년대 이란 및 이라크의 정치 변동을 연구하면서 1979년 이란의 이슬람 혁명을 직접 현장에서 체험한 후 각국의 정치 역동성이 국제사회에 미치는 파장에 관심을 갖게 됐다. 이후 시카고대 경영대학원 교수로 재직하며 1989년 '마빈 조니스 국제컨설팅회사'를 창설, 개발도상국의 정치적 위험에 대비하는 컨설팅을 하고 있다. 그는 《빅맥이냐 김치냐》를 댄 레프코비츠와 함께 썼는데 당시 레프코비츠는 마빈 조니스 국제컨설팅회사 국가분석부장으로 일했고 후에 시카고 소재 모닝스타 펀드로 옮겨 애널리스트로 활동 중이다. 조니스 교수 인터뷰 때 레프코비츠가 동석해 얘기를 함께 나눴다.

저서 《빅맥이냐 김치냐》를 들고 이야기를 나누는 마빈 조니스와 댄 레프코비츠.

• 한국이 거듭되는 내부의 정치·사회적 갈등으로 인해 경제가 정체되고 있다는 위기감이 많이 제기되고 있다. 세계 각국을 비교·연구해온 글로벌 정치·경제 전문가로서 현재 한국의 문제를 지적한다면?

•• (조니스) 한국 사람들은 세계 어느 민족보다도 열심히 일하고 노력하는 사람들이다. 그런 민족적 근면성과 총명함이 오늘의 기적을 낳았다. 그러나 한국이 현재의 경제적 성과를 유지하면서 한 단계 도약하기 위해선 세 가지 도전을 슬기롭게 해결해야 한다. 첫째, 소수 거대 기업들이 새로운 봉건주의적 시스템을 형성하고 있는데 이것을 극복해야 한다. 둘째, 교육에 대한 창의적 접근법이 어느 때보다 요청된다는 점이다. 일본의 경우 교육 자체를 너무 비창의적으로 진행하고 있기 때문에 나는 일본의 미래에 대해 비관적인데 한국은 그러지 않았으면 한다. 셋째, 한국의 과도한 민족주의적 경향은 글로벌 시대 조류와 배치되기 때문에 이를 극복하기 위한 처방이 필요하다.

•• (레프코비츠) 한국은 식민지 시대와 전쟁을 겪으며 힘겹게 근대화를 시작했지만 성장 속도는 놀라운 수준이었다. 우리는 그간 한국이 어떻게 40년 만에 근대화를 완수하고 글로벌 첨단국가가 됐는지 많은 토론과 논쟁을 했는데 지금까지의 한국은 성공의 모델이라는 게 결론이었다. 문제는 지금부터다. 조니스 교수가 지적한

도전들을 어떻게 극복할 것이냐가 새로운 도약의 관건이다.

• 그 같은 지적들은 모두 의미가 있는데, 지적하신 문제가 유독 한국의 현 단계에서 문제가 된다는 것인가?

• • (조니스) 그렇지 않다. 한국은 현재 수준에서 볼 때 다른 나라보다 유리한 조건이다. 문제는 한국이 현재 소득 1만 8천 달러에 만족하지 않고 좀 더 앞으로 나가기 위해 그 같은 문제를 해결해야 한다는 것이다. 이러한 문제에 대한 처방 없이 한국이 소득 2만 달러 사회로 진입하기는 어렵다.

• 한국의 과도한 민족주의 의식에 대한 처방법은 무엇인가?

• • (조니스) 글로벌 시대는 상호 이해를 바탕으로 상호 협력하는 사회다. 한국 사람들이 자기 것에 대해 애착을 갖고 있는 것만큼 타민족에 대해 이해를 하고 관심을 가지려는 태도가 필요하다. 한국 사람들이 배타적 정서를 견지한다면 누가 한국에서 좋은 아이디어를 찾으려 하고 투자를 하겠는가.

• 일본의 미래에 대해 비판적으로 보는 다른 이유가 있는가?

• • (조니스) 일본은 창의성이 존중되지 않는 교육을 해오고 있는데 이것이 아마 장기적으로 일본의 발목을 잡게 될 것이다.

• • (레프코비츠) 일본 관료들의 경제 개입은 아직도 심각한 수준이

고, 은행들의 기업 대출은 여전히 정부 입김과 연줄에 의해 이뤄지고 있다. 그런 일본 체제는 재난에 가깝다.

- 글로벌 체제에 대한 한국의 적응도를 높이기 위해 정부 역할을 강조하고 있는데, 좀 더 강력한 정부를 주문하는 것인가?

• • (조니스) 소수 거대 기업의 과도한 역할 확장을 견제하고 일반 기업인들의 기업가 정신을 북돋기 위해선 정부가 좀 더 강력한 역할을 해야 한다. 한국 정부의 부패는 선진국 기준에서 볼 때 아직 과도한 수준이다. 정부가 좀 더 청렴하고 투명해져야 강력한 개혁을 추진할 정당성을 얻게 된다.

• • (레프코비츠) 인도 정부의 무능력함을 비꼬기 위해 일부 사람들은 "인도가 글로벌 수준에서 가진 경쟁력은 테크놀로지와 아름다운 여성밖에 없다"고 희화화하기도 한다. 인도 정부는 경제·사회 전반에 개입했으나 늘 부작용만 낳았기 때문이다. 인도처럼 실패가 예견되는 정책을 강제하는 무능한 정부가 아니라 시장경제를 원활히 작동하게 하는 유능한 정부가 필요하다.

- 한국에서는 중국과 인도를 뜻하는 친디아라는 용어가 광범위하게 사용되면서 인도와 중국의 새로운 부상에 주목하는 사람들이 많은데…….

• • (조니스) 인도에 대해서는 낙관적이지만 중국에 대해선 유보적

이다. 인도의 경우 정부의 경제 통제가 느슨해지면서 시장경제가 활성화하고 있다. 그러나 중국의 경우 과거에 비해 눈에 띄게 사회적 소요가 급증하고 있는 점이 우려된다.

- 중국의 정치적 위험도가 커진다는 얘기인가?
- - (조니스) 장기적으로 볼 때 중국이 공산당 독재를 어떻게 극복할지가 관건이다. 한국이나 태국 같은 경우 군사독재의 시기를 잘 넘겼는데, 중국의 경우 만약 공산당 집권이 파국적으로 종결될 때 큰 혼란이 올 수 있다는 점에서 깊이 우려한다.
- - (레프코비츠) 중국의 정치적 위험도는 어느 나라보다도 큰 상태다. 중국의 잠재적 기회가 워낙 크기 때문에 대부분의 글로벌 기업들이 이 같은 위험 요소를 과소평가하고 있다. 중국의 경제성장률은 그간 연간 8~9퍼센트에 달했지만 급격한 경제 후퇴가 발생할 경우 사회적 불안정이 야기될 수 있다. 우리는 이것을 'J곡선 효과'라고 부르는데, 경제의 급성장 후 경제 후퇴가 발생할 경우 대중적 불만이 쌓여 대중 소요로 발전할 수 있다는 이론이다. J곡선 효과는 이미 인도네시아 수하르토 체제 붕괴 때 경험적으로 입증된 바 있다.

- 한국 기업들이 글로벌 시대에 좀 더 잘 적응하기 위해 필요한 것은 무엇이라고 보는가?

•• (조니스) 문어발 식으로 이것저것 다 하면서 초일류 기업이 된 사례는 국제적으로 많지 않다. 아마 제너럴 일렉트릭GE이 유일한 예외일 수 있다. 글로벌 초일류 기업들은 대부분 한 분야에 집중했다. 한국 기업들도 이 같은 흐름을 인지해야 할 것이다. 또한 글로벌 초일류 기업들은 대부분 패밀리 경영에서 벗어난 상태인데 한국은 아직도 가족 경영 중심이다. 글로벌 기준에 맞는 초일류 기업으로 성장시키기 위해 창업자 가족이 아닌 전문 경영인, 나아가 세계 각국의 전문 인재를 과감하게 최고 경영자로 발탁하는 노력이 필요하다.

• 한국 사람들이 글로벌 시대에 적응하기 위해 어떤 노력이 선행돼야 한다고 보는가?

•• (조니스) 정부 관리들과 지식인 그룹이 글로벌 시대 세계의 흐름, 그리고 글로벌리즘의 혜택에 대해 정확하게 알릴 필요가 있다. 글로벌 체제에 적극 참여하는 나라들은 분명 많은 혜택을 보고 있다. 글로벌 체제에 따라 무역이 자유화하고 제조업의 제3세계 이전 현상이 일어나면서 소수의 블루칼라 집단은 피해를 보지만 사회 전체를 보면 긍정적 효과가 크다. 이것을 제대로 알려야 한다.

• 그러나 글로벌 체제에선 국제적으로나 국가적으로나 소수의 승자와 다수의 패자가 발생하는 것은 사실 아닌가?

• • (조니스) 임금 불균등이 커진다는 측면에는 타당한 논리지만 국가 경제 전반을 놓고 볼 때엔 글로벌 체제의 마이너스 측면보다는 플러스적 측면이 강하다. 미국인들은 물론 한국인들, 나아가 중국인들까지도 글로벌 체제 덕분에 더 잘살게 된 것이다. 이 혜택을 못 보는 나라는 북한이나 시리아, 이란 등인데 모두 글로벌 체제 밖에 있는 나라들이라는 점에서 공통점이 있다.

• • (레프코비츠) 글로벌 세상이 되면서 직업의 안정성이 떨어진 게 사실이다. 미국의 보통 근로자들의 경우 평생 7번의 직업 교체가 이뤄질 것이라는 예측이 나와 있다. 이 때문에 근로자들에게 새로운 기술과 지식을 가르치는 노력이 어느 때보다 요구된다. 새로운 것을 배우지 않는 사람들은 글로벌 체제에서 낙오되고 도태되지만 열심히 배우는 사람들에겐 새로운 길이 열린다.

• 북한을 글로벌 체제 혜택을 못 보는 대표적 나라라고 규정했는데, 북한 문제에 대해선 어떻게 보는가?

• • (조니스) 한국이 궁극적으로 통일돼야 한다는 데 한미 간에 이견이 없겠지만, 현재 상태로 통합할 경우 한국 경제는 재난에 빠지고, 경제적 극심한 혼란에 빠질 것이다. 한국이 2천만 명이 넘는 북한 인구를 먹여 살리면서 현재 상태의 경제를 유지할 수는 없을 것이다. 일단 북핵 6자회담에 참여하는 나라들이 북한에 대한 식량 및 경제적 지원을 통해 북한 체제를 장기적으로 개혁하면서 한

국과 통합을 이루도록 유도하는 게 최선의 현실적 방안일 것이다.

취재노트

마빈 조니스 시카고대 경영대학원 교수와 댄 레프코비츠 모닝스타 펀드 애널리스트를 만난 것은 2005년 12월이다. 두 사람이 함께 쓴 《빅맥이냐 김치냐》는 2004년 미국에서 발간, 워싱턴 등지에서 떠들썩한 출판기념 강연회가 펼쳐졌는데 이들이 워싱턴에 왔을 때엔 다른 세미나 일정과 겹쳐 참석하지 못했다.

'김치 매터스Kimchi Matters'라는 제목만으로도 미국에서 활동하고 있는 한국인들의 시선을 단번에 끌었던 이 책의 저자들과의 만남은 2005년 시카고의 혹독한 겨울 추위가 시작된 즈음이었다. 〈문화일보〉 2006년 신년 인터뷰 준비차 조니스 교수에게 이메일을 보냈더니 곧바로 연락이 왔다. 한국의 김치를 글로벌 시대 '지역 정치'를 대표하는 경영학 개념으로 차용한 이유를 듣고 싶다고 했더니 "why not물론"이라는 답변이 왔다.

이튿날 황급히 워싱턴에서 시카고행 왕복항공권을 사 들고 시카고의 중심 번화가 행콕 빌딩을 찾았다. 추석 연휴 때 시카고로 가을여행을 와서 시카고의 '엠파이어 스테이트 빌딩'이라 할 수 있는 행콕 빌딩의 첨단 시설을 두루 살펴본 적이 있는데 조니스 교수의 컨설팅센터가 이곳에 있을 줄은 상상하지 못했다. 조니스 교수를 찾아 시카고행 비행기에 오른 날은 수은주가 곤두박질친 날이었다. 아마

영하 10도 이하쯤으로 기억되는데 어찌나 추운지 스타벅스의 '오늘의 커피' 톨 사이즈를 단숨에 들이켜고 거리에 나왔는데도 심장이 얼어붙는 듯했다.

마침 이날은 조니스 교수가 행콕 빌딩에 소재한 '마빈 조니스 국제컨설팅 회사'를 철수하는 날이어서 어수선한 분위기에서 얘기가 시작됐지만, 한 시간 남짓 대화를 하면서 사무실의 어수선함도, 온 세상이 얼어붙을 것 같은 한겨울의 추위도 이내 잊혀져버렸다.

조니스 교수는 《빅맥이냐 김치냐》에서 김치를 사용한 이유에 대해 "민족주의적 특성이 강한 한국이 어떻게 글로벌 시대의 리더 국가가 됐는지를 탐구하기 위해 한국을 상징하는 개념으로 쓴 것"이라면서 "한국이 현재 수준에서 새롭게 도약하기 위해선 정부와 기업, 시민 개개인이 보다 철저하게 글로벌 원칙을 받아들여야 한다"고 충고했다.

그는 아버지의 조국 '루마니아'에 대해 "가난하고 비극적인 나라"라면서 "김정일 북한 국방위원장이 제2의 차우세스쿠가 되지 않기 위해선 한국이 북한을 적극적인 개방과 개혁으로 이끄는 수밖에 없다"는 조언도 했다.

2장

1%의 리더들이 세계를 보는 방법

전 세계인이 열광하는 최고 리더들은 어떻게 일을 하고 시대의 변화를 읽고 있는가? 글로벌 이슈를 선점하고 세계화의 최전선에서 오늘과 내일을 만드는 리더들의 생각 속에서 건져 올린 글로벌 성공 법칙!

좌파 휴머니스트가 말하는 인생에서 가장 소중한 것

역사학자 하워드 진

HOWARD ZINN

세계 역사의 흐름을 정확하게 보고 자신의 생각을 정립해야 한다. 이것이 내가 평생 젊은이들에게 역사를 가르쳐온 이유이고 미국의 부끄러운 과거사에 대해 책을 써온 이유다. 미국은 세계 최고 부국답게 국민들에게 좋은 삶의 조건을 제공해야 하고 국제적으로 그런 역할을 해야 한다. 미국의 수많은 사람들이 미국을 그렇게 변화시키기 위해 노력하고 있다. 한국의 반미 정서를 이해하고 공감하지만, 한국의 젊은이들에게 말하고 싶다. 반미 시위를 하는 대신 북한 민주화와 인권 개선을 위해 싸우라고.

• 질문
•• 대답

미국의 대표적 반전운동가로 꼽히는 하워드 진 보스턴대 명예교수는 민중사관에 입각해 미국사를 해석해온 사학자다. 그가 1980년에 펴낸 《미국민중사》는 '미국사 기술의 관점을 바꿔놓은 저작'으로 불리며 베스트셀러가 됐다. 이 책은 2003년 100만 부를 돌파했고, 이후에도 매년 전 세계적으로 10만 부 이상이 팔리고 있다. 노엄 촘스키 MIT 명예교수와 함께 '가장 반미적인 미국인'으로 불리며 팔순을 넘긴 요즘도 미국 전역을 돌며 반전평화론을 설파하고 있다.

1922년 뉴욕 브루클린에서 가난한 유대인 노동자의 아들로 태어난 그는 선박노동자 생활을 하다 군에 입대, 공군 전투기 조종사로 2차대전에 참전했다. 이후 컬럼비아대에서 역사학 박사학위를 받았고, 스펠먼 칼리지 교수1956~63에 이어 1963년부터 보스턴대 정치학과 교수로 있으면서 반전운동가이자 진보적 역사학자, 극작가로 다양한 활동을 해오고 있다. 1960년대 베트남전 반대운동을 펼쳐 반전평화운동의 상징 인물로 부상했고, 흑인민권운동의 선두에 서서 흑백차별철폐운동을 벌여 미국 민중사학의 아버지라는 말도 듣고 있다.

미 역사학계에서는 진 교수가 "미국사에 대한 또 다른 시각을 제공했다"는 점에 대해선 평가를 하면서도 역사관이 지나치게 계급갈등적이고 파워엘리트들을 불순한 음모론자로 규정하고 있다는 점에서 보편적이지 못하다는 비판을 제기하고 있다. 그러나 진 교수는 학문적 명성이나 학계의 평가에 아랑곳하지 않고, 여전히 가난한 이들 편에 서서 정의로운 세상 건설을 주창하는 거리의 역사학자로 활동하고 있다.

몇 차례의 이메일 끝에 보스턴대 강의실 앞에서 만난 진 교수는 청바지에 청 셔츠, 운동화 차림이어서 팔순 노인이라는 느낌이 전혀 들지 않았다. 말문을 열기에 앞서 "한국에서 청바지, 청 셔츠는 대개 젊은이들이 입는다"고 했더니 "내가 아직 젊지 않느냐"며 이내 농담으로 말을 받았다. 믿기지 않을 만큼 정정해서, 말이 나온 김에 그의 건강 비결부터 물었다.

- 2차대전에서 이라크전에 이르기까지 미국이 관여한 반세기 간의 전쟁을 모두 체험하며 어려운 시대를 살아왔는데, 팔순

이 넘도록 지적인 긴장도와 신체적 건강을 유지하는 비결이 뭔가?

•• 글쎄, 비결이라…… 질문에 조금 당황했는지 잠시 말을 골랐다. 나는 기본적으로 기분 좋게 살아왔다. 많이 웃고, 인생을 즐겼다.

• 당신이 그간 써온 글과 책은 하나같이 진지하고 무거운 것들인데, 인생을 즐겁게 살았다니 믿기지 않는다.

•• 내가 인생을 진지하게 살지 않았다는 뜻이 아니다. 인생은 원래 진지한 것이다. 그렇기 때문에 즐겨야 한다. 친구와 세계 문제에 대해 이야기를 나누고, 많이 웃고, 젊은이들의 생각을 접하고 함께 생활하는 것, 이것이 내가 말하는 인생의 즐거움이다.

• 건강 유지를 위해 특별히 선호하는 음식이나 운동이 있는가?

•• 토마토와 바나나 등 과일을 많이 먹고 굴, 새우, 조개, 오징어 같은 해산물 그리고 파스타를 아주 좋아한다. 테니스를 오랫동안 해왔는데, 요즘엔 산책으로 바꿨다.

그는 음식 얘기를 하다가 빼먹은 게 있다는 듯이 "참!" 하면서 "정말 중요한 것은 좋은 파트너가 있어야 한다는 점"이라면서 부인 로즐린과 60년 이상 함께 살아왔기에 오늘의 자신이 있을 수 있었다고 부인 자랑을 했다.

- 한국의 사회운동가들이나 지식인들은 지나치게 무겁게 삶에 접근하는데…….
- - 물론 정의를 위한 싸움은 진지하게 해야 하지만, 그런 와중에서도 늘 인생을 즐겨야 한다. 만약 삶의 즐거움을 도외시한 채 사회운동만 하려 든다면 그런 인생은 너무 무미건조하다. 또한 그렇게 할 경우 젊은이들을 새롭게 사회운동에 끌어들일 수 없다.

- 진지함과 즐거움을 어느 정도로 조화시켜야 하나?
- - 누구나 100퍼센트 진지하게 살 수는 없다. 굳이 수량화하라면, 9 대 1 정도로 진지함과 즐거움을 배합해야 하지 않을까?

- 당신의 반전평화론은 미국에서보다 미국 바깥에서 더 유명한데 그 이유가 무엇이라고 생각하는가?
- - 그것은 사실이 아니다. 내 책 중 《미국민중사》는 100만 부 이상이 팔렸고, 지금도 꾸준히 나간다. 그런데 나와 노엄 촘스키가 미국에서 별로 유명하지 않게 보이는 이유는 미국의 주류 언론들이 우리를 의도적으로 배제하기 때문이다.

- 미국의 주류 언론이 당신을 배제하는 이유가 무엇이라고 생각하는가?
- - NBC, ABC 방송은 물론이고, 〈뉴욕타임스〉조차도 나를 너무

급진적이라고 본다.

• 어떤 면을 급진적으로 본다고 생각하는가?
•• 나는 미국식 자본주의 제도, 빈부 격차가 조장되는 이런 사회를 좋아하지 않는다. 미국은 세계에서 가장 잘사는 나라임에도 불구하고, 전 국민에 대한 기본적인 의료보험도 실시되지 않는 야만적인 나라다. 또한 세계에서 가장 군사비 지출이 많은 나라인데, 이것을 평화 비용으로 돌리면 엄청난 일을 할 수 있다. 이런 주장을 하니 주류 언론이 불편한 것이다.

그는 "국가가 가난한 이들을 계속 배제하는 형태로 운영되어선 그 사회의 건강성이 유지되지 않는다"면서 자신이 강연과 저술 활동을 통해 그런 점을 비판하니 미국의 주류 언론들이 자신을 배제하는 것 같다고 설명했다. 가난한 이들에 대한 배려를 강조하는 그의 이 같은 태도는 어린 시절 겪은 체험에서 나오는 것이기도 하다. 그의 부모는 뉴욕 브루클린에 정착한 유대계 이민자들인데 이른 아침부터 밤늦도록 의류 공장 노동에서 음식점의 웨이터 일을 하며 네 아들을 키웠다. 진 교수는 어린 시절 혹독한 가난을 체험하면서 "노동자들이 뼈 빠지게 일해도 가난에서 벗어날 수 없다면 그것은 그 사회의 경제 시스템이 어딘가 잘못됐기 때문이라는 결론을 얻었다"고 한다.

- 당신은 그간 미국의 추악함, 야만성을 일관되게 비판해왔는데…….
- - 내가 미국을 비판하는 것은 미국을 부정하고 반대하기 위한 게 아니라, 미국을 보다 부드러운 나라, 약자를 배려하는 복지국가로 변화시키기 위함이다. 또한 나는 그간 외국인들이 미국에 대해 어떻게 인식하고 있는지 객관적으로 전달하기 위해 노력했다. 남이 자신을 어떻게 보는지를 잘 파악해야 겸허함을 가질 수 있다. 이런 내 생각이 주류 기득권 언론에겐 불편한 것일 수 있다. 그러나 각 주의 소규모 진보 언론들, 미국의 글로벌 역할에 대해 진지하게 생각하는 사람들은 늘 우리의 주장에 귀를 기울인다. 이것만 해도 큰 성과다.

- 그렇다면 미국을 사랑하기 때문에 가혹하게 비판한다는 뜻인가?
- - 그렇다. 미국은 세계 최고 부국답게 국민들에게 좋은 삶의 조건을 제공해야 하고, 국제적으로도 그런 역할을 해야 한다는 것, 이것이 내가 평생 주장해온 핵심 어젠다다. 미국의 모든 사람들이 조지 W. 부시 대통령 식 군사주의를 지지하는 게 아니라는 사실을 세계의 친구들에게 알려주고 싶었다.

- 당신의 이념적 성향을 얘기한다면?

●● 젊은 시절엔 마르크스 초기 저작을 읽으며 그의 휴머니즘에 감동했다. 나는 사회주의자, 보다 구체적으로 말하라면 사회민주주의자라고 생각한다. 스웨덴 같은 복지국가를 바람직한 모델로 생각하는 사람이다.

● 그렇지만 미국의 길은 스웨덴 식 복지국가와는 점점 멀어지고 있지 않은가?

●● 물론 현재로는 그렇다. 부시 대통령은 역대 최악의 대통령이고, 그의 집권기는 미국 역사상 최악의 시대로 기록될 것이다. 그렇지만 미국사를 전체적으로 보면, 미국은 큰 도약을 하고 있다. 50~60년대만 해도 인종차별이 심각했고, 흑인을 인간 취급하지 않으려 했지만, 이젠 흑백평등이 이뤄지지 않았는가. 게이, 레즈비언 문제도 '입에 담지도 못했던' 수준이었지만 이젠 평등을 얘기할 수 있는 수준이 됐다.

● 미국의 미래에 대해 낙관하는가?

●● 물론이다. 사람들은 부시 시대를 살면서 다시 이런 시대를 반복해선 안 된다는 사실을 체험적으로 깨달았다. 역사의 진전이란 아주 더디고, 때로는 굴곡이 있고, 후퇴도 있지만, 넓은 시각에서 보면 역사는 진전하고 있는 셈이다.

• 뉴욕 브루클린의 빈민가에서 태어나 컬럼비아대에서 박사학위를 받고 평생 교수로, 사회운동가로 살아온 팔십 평생을 평가한다면?

•• 나는 아주 특별한 행운아다. 가난한 가정에서 태어났지만 좋은 교육을 받을 수 있었다. 그리고 좋은 사람들과 더불어 평생 동안 가치 있는 일을 하며 살았다. 내가 미국을 바꾸기 위해 힘쓰는 것은 가난한 가정에서 태어난 이들이 점점 더 이런 행운을 누리기 어려운 사회가 되고 있기 때문이다.

진 교수의 회상에 따르면 그의 아버지는 문자를 겨우 깨쳤고 어머니도 글을 가까스로 읽는 수준이었지만 아들 하워드가 어렸을 적부터 책 읽기를 좋아한다는 것에 큰 자부심을 느껴 아들을 위해 찰스 디킨스의 책을 구해다 줄 정도로 자식 사랑이 깊은 이들이었다. 그 덕분에 진 교수는 유년 시절 디킨스의 책들을 읽었는데, 빈민층의 참상에 대한 디킨스의 소설들은 진 교수에게 계급주의적 관점을 불어넣어주는 촉매제가 됐다. 진 교수는 디킨스 소설에 그려진 19세기 미국 빈민들의 참상과 사회적 부정의를 보면서 미국사에 대한 민중적 관점을 키웠다. 그는 또 업턴 싱클레어의 《정글 The Jungle》 등이 유년 시절의 사고 형성에 깊은 영향을 미쳤다고 말했다.

- 미국사에 대한 민중사적 시각을 견지해온 사학자로서 앞으로 당신의 역사관, 즉 진이즘Zinn-ism을 이어받을 후학양성에 대해선 어떻게 보는가?

•• 일부 인사들은 민중사적 관점의 역사 해석을 이어받을 후학양성에 대해 얘기하지만 나는 그것을 굳이 진이즘이라고 이름 붙일 필요는 없다고 생각한다. 그저 내 책을 읽고 공감하는 많은 독자로 만족한다. 많은 사람들이 내 책을 읽고 공감하고 그 내용에 대해 토론하고 행동한다면 그것으로 족하다. 많은 이들이 내게 편지를 보내오는데, "당신의 책이 내 인생을 바꿔놓았다"고 말하는 이들이 많다. 그런 편지를 읽을 때마다 '내 인생이 참 괜찮았구나' 생각하게 된다. 그것으로 만족한다.

- 미국의 진보주의 역사가로서, 한국의 반미 정서를 어떻게 보는가?

•• 한국 젊은이들의 반미 감정에 대해 정서적으로 공감한다. 그런데 알아둬야 할 것은 미국 정부에 대한 비판과 미국 사람 일반에 대한 비판을 혼동해선 안 된다는 것이다. 미국의 많은 사람들이 미국 정부를 변화시키기 위해 싸우고 있다. 반미 정서를 가진 한국 젊은이들이 이런 건강한 미국인들과 연대해 함께 싸웠으면 좋겠다.

• 한국에서는 당신의 책들이 반미주의 교과서로 읽히는데……．
•• 한국 젊은이들에게 내 책이 반미주의 도구로 쓰이는 것을 원치 않는다. 그렇다면 내 생각을 잘못 읽은 것이다. 나는 미국을 좀 더 살기 좋은 나라로 바꾸기 위해 싸우는 사람이지 미국 자체를 부정하는 사람이 아니다.

• 한국에서는 반미주의와 친북적 사고의 친화력이 아주 강한 편이다.
•• 한국의 반미 정서는 이해하지만 그렇다고 북한을 우호적으로 생각한다는 것은 납득이 되지 않는다. 북한은 사회주의와 아무 상관이 없는 부패한 이념의 관료독재국가일 뿐이다. 국민들의 인권을 무시하고 여행의 자유를 보장하지 않는 나라가 어떻게 사회주의 국가인가. 나는 북한의 세습 독재와 인권유린에 대해 분노한다.

• 한국의 젊은이들에게 하고 싶은 충고는?
•• 세계 역사의 흐름을 정확하게 보고 자신의 생각을 정립해야 한다. 이것이 내가 평생 젊은이들에게 역사를 가르쳐온 이유이고, 미국의 부끄러운 과거사에 대해 책을 써온 이유다. 한국의 젊은이들에게 정말 말하고 싶다. 반미 시위를 하는 대신 북한 민주화와 인권 개선을 위해 싸워라.

취재노트

하워드 진 교수는 가슴이 무척 따듯한 분이었다. 그의 이메일을 추적하다 몇 번 실패 끝에 겨우 연락이 되었을 때 그는 "스팸 메일이 워낙 많이 들어와 메일을 여러 번 바꿨는데 이렇게 연결이 됐으니 언제든 만나자"며 곧바로 답신을 보내왔다.

그렇게 몇 차례 이메일을 주고받은 뒤 직접 만난 것은 지난 2005년 11월 3일 보스턴대 연구실에서였다. 그는 인터뷰를 시작하기에 앞서 "한국 언론과 인터뷰를 하고 싶었다"면서 한국에 대해 깊은 연대감을 드러내 감동을 줬다. 같은 반전운동가인 노엄 촘스키 MIT대 교수와는 상당히 느낌이 달랐다. 촘스키 교수는 이지적이지만 차가운 지식인이었지만 진 교수는 정감 있는 휴머니스트였다.

촘스키 교수는 2004년 워싱턴 인근의 아메리칸 대학에 특강을 왔었는데 그 강연장은 마치 좌파 부흥회 같은 느낌을 줬다. 그의 모든 글과 강연, 활동 기록은 거대한 '좌파 컴퍼니'를 연상시킬 정도로 체계적으로 정리되고 조직적으로 배포되고 있었지만 접근은 철저히 차단됐다. 그에게 어렵사리 인터뷰 신청을 했을 때 "전 세계적으로 너무 많은 제안을 받고 있어 당분간 힘들다"고 잘라 말했다. "그럼 얼마나 기다려야 하겠느냐"고 했더니 "몇 년 내엔 어려울 것"이라며 사실상 거절했다.

이에 비해 진 교수는 훨씬 비권위적이고, 대중적이다. 스스로 '진이즘'을 만들려 하지도 않고, 진의 사도들을 키우려 하지도 않는 듯한 인상을 받았다. 사람은 누구나 평등하며, 누구나 열린 상태로 교류하고 소통해야 한다는 게 그의 신념인 듯했다. 그는 평생 교수 생활을 했음에도 불구하고 교수나 박사라는 호칭을 여전히 불편하게 생각한다. 그는 인터뷰에서 "교수라는 호칭에 담긴 권위주의가 싫다"면서 "나는 저술가writer로 불릴 때 가장 기분이 좋다"고 말했다. 교수보다 저술가라는 호칭을 선호하는 그의 마음에선 위계적인 호칭은 열린 인간관계를 만드는 데 저해된다는 배려가 읽혀진다.

그는 인터뷰 중 "한국 언론과 첫 만남이기 때문에 묻고 싶은 게 너무 많다"며 "한국에 아직도 정치범이 있느냐", "남북 간에는 자유 왕래가 가능하냐"는 등의 질문을 수도 없이 던졌다. 그가 한국에 대해 각별한 애정을 갖는 것은 1966년 일본 전역을 돌며 강연할 때 겪은 재일 조선인 차별에 대한 기억 때문이라고 소개했다.

진 교수는 일본을 아시아에서 가장 선진적인 민주주의 국가로 생각해왔는데, 재일 조선인들이 미국의 흑인처럼 차별을 받는 것을 보고 경악했다고 한다. 그에게 한국에서 번역된 그의 저작 《오만한 제국》, 《전쟁에 반대한다》 등을 꺼내 보였더니 "한국 번역서를 처음 본다"면서 "한국에 가본 적은 없지만 꼭 가보고 싶다"며 말을 이었다. 밑줄 그으며 읽었던 그의 한국어판 책을 그 자리에서 선물했고 다시 만나기로 약속한 뒤 헤어졌다.

그리고 2년이 흘렀다. 원고를 정리하며 진 교수 관련 자료를 다시 찾다 부인 로즐린이 2008년 5월 14일 자택에서 영면했다는 사실을 알게 됐다. "인생의 정말 중요한 것은 좋은 파트너가 있어야 한다는 점"이라고 자랑했던 진 교수의 로즐린이 세상을 떠난 것이다. 진 교수는 22세였던 지난 1944년 결혼했는데, 당시 로즐린은 21세였다.

아티스트였던 로즐린은 지난 64년간 진 교수의 모든 글과 책을 편집하고 다듬은 이로 유명하다. 두 사람 슬하엔 남매가 있는데 딸 밀라와 아들 제프다.

진보 이념이란 결국 인간이 인간답게 살 수 있도록 경제적으로 빈곤 상태를 벗어나고 정치적으로 전체주의를 탈피하는 것으로 요약된다. 한국은 한 세대 만에 인권과 탈빈곤, 탈전체주의를 이뤄낸 나라다. 60년대 좌파가 이루려던 꿈을 대부분 성취한 나라다. 놀랄 만한 사회혁명이 한국에서 일어난 것이다. 그런 만큼 한국의 좌파들은 이제 한국의 성공담을 글로벌 세계에 전파하는 휴머니즘의 전사가 돼야 한다.

- 질문
- • 대답

밥 딜런을 들으며 거리로 나선 68 이상주의자

68세대 저널리스트
폴 버먼

PAUL BERMAN

1960년대 말 서구를 뒤흔들었던 68혁명 세대는 이제 50대 중후반의 장년층이 됐다. 이들 세대는 하나 둘 현역에서 은퇴하기 시작했지만 아직도 눈빛은 반짝반짝한 '만년 청년들'이다. 20대 전후반 강렬한 이념의 세례를 받았기 때문인지, 나이는 먹되 늙지 않는 '영원한 저항 세대'다. 아직도 밥 딜런의 음악을 들으며 변혁을 꿈꾸고, 분쟁과 인권유린이 있는 곳엔 어디든 발 벗고 달려간다.

뉴욕대에서 저널리즘을 가르치는 폴 버먼 교수도 그랬다. 성글어진 회색빛 머리는 50대 후반의 나이를 짐작케 했지만 68을 얘기하는 그의 목소리와 눈매엔 청년의 기백이 여전했다.

1949년 뉴욕에서 태어난 버먼 교수는 미국의 대표적 68세대 인사다. 컬럼비아대 2학년 때에 68시위를 경험하면서 '기존의 권위와 체제를 전복하기 위한 투사'가 됐고, 대학 졸업 후엔 뉴욕의 대안 언론인 〈빌리지 보이스Village Voice〉의 기자로 14년간 활동했다. 이후 독립 저널리스트로 일하며 니카라과 혁명, 체코 벨벳혁명 등을 〈뉴요커〉 등에 기고해왔다. 요즘엔 뉴욕대에서 저널리즘을 가르치고 있다.

진보주의를 견지하면서도 현실 변화에 따른 진보 진영의 혁신을 강조해 현실 안주적 진보 진영을 불편하게 하는 인사로 꼽힌다. 그는 특히 1980년대 니카라과 산디니스타 좌파 정권의 인권유린을 고발하는 르포를 발표해 다큐멘터리 감독 마이클 무어와 논쟁을 벌이기도 했다. 버먼 교수는 좌파 정권이라도 인권유린을 했을 때엔 비판받아야 한다는 입장을 견지한 반면, 당시 무어는 "그런 글을 써봤자 레이건 행정부의 입장만 홍보하는 꼴"이라며 반대했다. 그는 2003년 이라크전에 대해서도 "조지 W. 부시 대통령의 전쟁 행태에 대해선 동의할 수 없지만 사담 후세인 정권을 전복해야 한다는 원칙에는 동의한다"고 밝혀 반부시적 입장에서 반이라크전을 주장하던 미국 좌파 진영을 당혹스럽게 했다. 이런 이유로 버먼 교수는 일부 좌파 인사들 사이에서 '자유주의적 매파의 핵심이론가'로 불리기도 한다. 68세대의 궤적을 분석한 《권력과 이상주의자들Power and Idealists》, 《2개의 유토피아 이야기A Tale of Two Utopias》는 명저로 꼽힌다.

• 68운동은 20세기 서구 지성사에 큰 역할을 했는데 60년대 말

당시 미국 학생운동의 이념은 무엇이었나?

•• 나는 67년 가을학기에 컬럼비아대에 입학해 2학년 때 68혁명을 겪었다. 우리는 반권위주의, 노동조합주의를 내세웠다. 컬럼비아대 인근의 흑인집단거주지 할렘에서 거리 투쟁을 하며 인종차별 철폐를 요구하기도 했다.

• 당시 운동권에서 읽었던 책은?

•• 레닌, 체 게바라, 피델 카스트로, 말콤 엑스, 마오쩌뚱, 헤르베르트 마르쿠제, 앨런 긴즈버그의 책이다.

이렇게 설명하는 그에게 "1970, 80년대 한국의 운동권 학생들도 비슷한 목록을 필독서로 읽었다"고 얘기했더니 "한국이나 유럽이나 미국이나 학생운동 때의 문제의식은 비슷하기 때문이 아니겠느냐"며 웃었다. 다만 미국에서는 유럽이나 한국에서는 찾아보기 힘든 사회적 특수성, 예컨대 흑인 문제나 사회적 소수파 문제를 해결해야 하는 문제가 있어 때때로 이것이 전면에 나선 적이 많았다는 게 그의 설명이다.

• 미국의 체제를 전복하겠다는 꿈을 꾸지는 않았는가?

•• 우리는 기존 권력을 전복하기 위해 우선 대학의 권위를 뒤엎으려고 했다. 68년 당시 컬럼비아대에서 시위를 준비할 때 서울에

서도 학생시위가 일어났다는 뉴스를 접했던 기억이 생생하다. 당시는 글로벌 시대가 아니었음에도 불구하고 한국의 학생운동이 우리에게 큰 자극을 주었다. 우리는 한국과 독일, 프랑스에서 동시다발적으로 발생한 학생시위가 결국 반제, 반식민, 반권위주의 운동으로 모아질 것이라고 낙관했다.

- 68운동의 전통은 이후 미국에서 어떻게 연결됐나?
- - 베트남전 반대 시위가 미국 전역으로 확산되는 와중에 그해 봄 로버트 케네디 민주당 대통령 후보가 암살됐고, 시카고 민주당 전당대회는 시위장으로 변해버렸다. 그러나 대통령 선거에서는 역설적이게도 리처드 닉슨이 당선되는 바람에 미국은 68운동의 꽃이 피지도 못하고 닉슨 시대로 이행했다.

- 68운동 분위기가 닉슨 체제의 출범으로 인해 반전됐다는 말인가?
- - 우리는 혁명을 기대했으나 이 꿈은 닉슨 체제의 출범과 함께 사라졌고, 68세대는 좌절에 빠졌다.

그에게 대학 졸업 후의 이력을 물어보니 "택시 운전을 하다가 대학원에 진학했지만 권위주의적 문화가 싫어서 몇 달 만에 그만두고 대안 언론인 〈빌리지 보이스〉에서 일하기 시작했다"면서 그

때 학생운동 동료들도 대개 사회복지사나 교사, 민권활동가가 되어 현장으로 갔다고 소개했다. 그러나 여학생들은 남학생들보다 야심이 커서 국무장관이 된 힐러리 클린턴처럼 법대 등으로 진학했다는 게 그의 설명이다.

• 미국의 68세대들이 정치 쪽보다 사회문화 현장 쪽으로 가게 된 이유는 무엇인가?

•• 미국의 60년대 문제는 흑인 문제와 반전이었다. 흑인 민권 확장이 사회 진보를 앞당기는 것이라고 판단한 운동가들이 사회활동가로 많이 투입됐고, 반전문화의 영향 속에 문화, 예술, 언론 쪽으로 가서 인종주의 극복, 성차별 극복, 동성연애자 인권 등을 위해 노력했다.

• 유럽의 68세대들은 미국에서와 달리 정치 쪽으로 많이 투입됐는데…….

•• 독일이나 프랑스는 좌파 정당의 역사가 깊기 때문에 좌파 학생운동가들이 현실정치 쪽에 흡수될 수 있었지만 미국에서는 좌파 정당이 없기 때문에 좌파들이 정치에 뿌리내리기가 어렵다. 미국에서는 우파가 워낙 강해서 좌파 경력이 있으면 정치적으로 살아남기 어렵다. 따라서 미국 좌파들은 자연스레 문화 쪽으로 많이 가게 된 것이다. 빌 클린턴은 68운동의 선봉에 선 사람이 아님에도

불구하고 우파들은 늘 그를 리버럴로 규정지으려고 하는 게 대표적인 예다.

• 70년대를 전후해 미국의 많은 진보 인사들이 진보에서 보수로 돌아섰는데 그 원인을 무엇이라고 보는가?

•• 60년대 말 반전운동이 닉슨 시대의 출범과 함께 급랭하게 됐고 정치적 보수주의가 70년대에 만개됐다. 그런 사회적 변화 속에서 사람들의 의식도 변화를 겪게 된 것이다. 그렇지만 전향한 사람보다는 자기 이념을 고수한 사람이 훨씬 많다.

• 당신의 경우는 어떠한가?

•• 나는 지금도 좌파다. 내 생각의 핵심은 바뀌지 않았다. 다만 변화하는 현실을 해석하려 노력했고 이에 따라 내 생각을 진화시켜왔다. 그래서 나는 좌파, 우파 모두에게서 인기가 없다.

• 인기가 없는 이유가 무엇 때문이라고 보는가?

•• 보수파는 보수파의 생각을 지키려 하고, 진보파는 진보파의 생각을 지키려 할 뿐 세상의 흐름에 따라 그 생각을 진화시키고 적응시키려 노력하지 않는다. 그렇게 되면 반역자가 되기 때문이다. 나는 도식적 사고를 하며 기존 생각을 고수하려는 좌파나 우파 진영 사람들을 모두 보수주의자라고 비판했다. 그러니 양편 모두 나

를 싫어하는 것이다.

• 미국의 68운동가로서 한국의 학생운동에 대해 얘기한다면?
•• 내가 학생운동에 뛰어들 때부터 한국의 학생운동 얘기를 들었는데, 한 세대가 지난 지금 평가해보면 한국의 학생운동은 정말 많은 것을 이뤄냈다. 한국은 50년대 공산주의의 위협을 이겨냈고 60년대 저개발국 상태에서 벗어나 이제는 핸드폰에서 자동차까지 놀라운 상품을 만들어내는 첨단공업국가가 됐고, 정치적으로 민주주의도 이뤄냈다. 60년대 좌파가 이루려던 꿈을 대부분 성취한 나라다. 이것은 대단한 성과다. 이것을 잊지 말아야 한다. 대단한 사회혁명이 한국에서 일어난 것이다. 이런 혁명을 가능하게 한 한국 사람들의 저력을 정말 존경한다.

• 한국 운동권에서는 북한에 대한 관점을 둘러싸고 뚜렷한 입장차가 있고 더러는 북한의 주체사상을 신봉하는 이도 있다.
•• 거듭 얘기하지만 한국은 성공 스토리이고 북한은 실패 스토리다. 한국의 좌파들이 이런 것을 무시하면 안 된다. 한국 사람들이 근면 성실하게 일해 부를 축적한 것이고, 현대와 삼성 등의 창의적 기업가 정신이 오늘의 한국 기적을 만든 것이다.

• 미국의 운동권 출신 교수로서 한국의 좌파 운동가들에게 조

언을 한다면?

•• 보수적으로 사고하는 것을 당장 중단하고, 급진적으로 사고하라는 말을 하고 싶다. 주체사상은 이미 낡은 시대에 만들어진 체계이고, 현재의 관점에서 보면 극단적으로 보수적인 사상이다. 낡은 스타일의 사상을 고수하는 것은 쉬운 일이지만 현실 사회를 더욱 더 왜곡시킨다. 시대적 도전에 응전하지 않는 이념은 보수적인 것이고 화석화한 것이다.

• 글로벌 시대 좌파의 역할은 무엇이라고 보는가?

•• 진보 이념이란 결국 인간이 인간답게 살 수 있도록 경제적으로 빈곤 상태를 벗어나고 정치적으로 전체주의를 탈피하는 것으로 요약될 수 있다. 한국은 한 세대 만에 인권과 탈빈곤, 탈전체주의를 이뤄냈지만 아프리카와 아시아의 많은 나라는 아직도 빈곤과 전체주의 상태에 빠져 있다. 한국의 좌파들은 한국의 성공담을 글로벌 세계에 전파하는 휴머니즘의 전사가 돼야 한다.

취재노트

미국의 대표적 68세대 저널리스트 폴 버먼과의 만남은 그의 저서 《권력과 이상주의자들》 덕분이었다. 2005년 가을 워싱턴의 반즈 앤 노블 서점 신간 코너에서 이 책을 발견해 추석 때 워싱턴발 서울행 비행기에 올라 13시간 동안 꼬박 읽었다. 유럽 68세대들의 고민과 30여 년에 걸친 지적 논쟁을 너무도 잘 분석한 책이었다. 추석 휴가를 서울에서 보내고 다시 워싱턴으로 돌아온 뒤 버먼 교수를 찾아 나섰다. 뉴욕대 측과 몇 번의 전화 통화 끝에 버먼 교수의 전화번호와 메일을 받았고, 우리는 뉴욕의 가을이 깊어지던 2005년 10월 23일 브루클린의 주니어 레스토랑에서 만나 3시간가량 얘기를 나눴다. 그는 미국에서도 한물간 68운동에 대해 한국의 저널리스트가 관심을 갖고 있다는 사실에 더 흥미를 느낀 듯 열정적으로 얘기를 했다. 인터뷰라기보다는 '특강' 같았다.

버먼 교수는 《권력과 이상주의자들》에서 유럽의 68운동 리더들이 이후 어떻게 현실정치에 관여하게 됐고, 이들은 1990년대 보스니아 내전과 코소보전, 그리고 2003년 이라크전에 대해 어떤 입장을 갖고 논쟁해왔는가를 독일 녹색당 당수였던 요슈카 피셔Joschka Fischer 독일 외무장관과 베르나르 쿠슈네르 프랑스 외무장관 '국경 없는 의사회' 공동 창립자 등을 통해 분석했다. 유럽 68세대의 논쟁에 대한 그의 열정적 분석엔 '꿈을 상실한 미국 68세대의 회한'이 투영되어 있다는 것을 후에 그를 만나고 나서야 느낄 수 있었다.

특히 유럽의 68운동 리더들이 조지 W. 부시 미국 대통령의 사담 후세인 축출작전을 전후해 어떤 논쟁을 벌였고, 이라크전은 이들 68세대를 어떻게 재편시켰는가를 분석한 부분은 압권이다.

68운동 이후 30여 년간 이어졌던 68세대의 연대는 이라크전을 어떤 입장에서 보느냐에 따라 편이 갈렸다. 프랑스의 68운동 지도자인 베르나르 쿠슈네르는 사담 후세인의 쿠르드족에 대한 집단학살을

목격한 뒤 이라크 체제 교체를 주창하는 인사가 됐고 이 결과 미국의 개입에 의한 후세인 체제 교체, 즉 이라크전을 지지했다.

반면 독일의 68세대 리더인 요슈카 피셔는 부시의 전쟁이 에너지 자원 확보를 위한 부도덕한 전쟁이라는 측면에서 반전 입장을 견지했다. 2003년 이라크전 개전에 앞서 유엔에서 열린 주요국 외무장관 회의 때 피셔 당시 외무장관은 어떤 이유로도 전쟁은 합리화될 수 없다며 영어로 "미안하지만, 나는 도저히 납득할 수 없다Excuse me, I am not convinced"고 외치고 반전론을 고수했다. 피셔의 'Excuse me' 선언은 독일 언론들에 의해 대서특필되며 이라크전 반전 무드를 고조시켰다.

이라크전에 대한 두 리더의 이 같은 입장 차는 결국 68세대의 분열로 이어졌다. 그 후 쿠슈네르는 보수 정권인 니콜라 사르코지 정부의 외무장관이 됐고. 피셔는 사회당 연정의 총선 참패 후 정계를 은퇴했다. 이라크 전쟁은 68세대를 균열시키는 촉매제가 됐을 뿐 아니라 프랑스와 독일 68지도자의 명암을 갈라놓은 것이다. 이라크전의 비극이 단지 이라크에서만 발생한 게 아니라 유럽 좌파의 분열이라는 부수 효과까지 초래했다는 게 버먼 교수의 결론이다.

2003년 봄 이라크전 전후의 우리나라 지식인 진영은 이 같은 국제적 논쟁과 유리되어 있었다. 보수 진영은 부시 대통령의 개전 움직임을 관망했고 진보 진영에서는 반미, 반부시적 입장에서의 반전론이 주류를 이뤘을 뿐이다. 이라크전을 어떻게 봐야 하는지, 지지한다면 어떤 논리로, 반대한다면 어떤 입장에서 해야 할지에 대한 고민과 논쟁은 생략됐다.

국내 진보 진영에서 이라크전 반대론을 펴고 있을 때 유럽의 진보파들은 과연 미국의 압도적 군사력에 의지해 이라크 후세인의 학정을 종식시키는 게 시대의 선인가 악인가를 두고 치열한 논쟁을 벌였다. 이라크전에 대한 유럽 진보 진영의 논쟁은 현재진행형이다. 쿠슈네르가 옳았는지 피셔가 옳았는지는 역사가 판정해줄 것이다.

오늘의 문제에 대해 치열하게 고민하는 유럽 68운동 지도자들의 행보는 김정일 체제하 북한의 심각한 기아와 인권유린을 고민하는 우리나라 지식인 진영에도 많은 시사점을 준다. 유럽의 68지도자들은 우리에게 대북 진보적 입장이냐, 보수적 입장이냐의 이분법적 도식을 넘어서 북한 인권의 획기적 개선을 위해 쿠슈네르적 선택을 할 것인지, 피셔적 선택을 할 것인지에 대해 묻고 있는지도 모른다.

보수에 도전장을 내미는 네오콘

〈위클리 스탠더드〉 발행인
빌 크리스톨

BILL KRISTOL

고정관념에 늘 도전해야 한다. 나는 보수주의 입장에서 세상을 보고 진실을 말하지만 보수주의에 대해서도 늘 의문을 갖고 도전하려 한다. 그래야 보수가 새로워질 수 있기 때문이다. 미국처럼 힘이 강한 나라는 세계 각국의 비인권적, 독재적 형태에 대해 과감히 개입해 문제를 해결해야 한다. 그것이 보수주의자로서 내가 견지하는 입장이다.

• 질문
• • 대답

빌 크리스톨은 미국 조지 W. 부시 시대를 풍미한 네오콘Neo-Conservative의 머릿글자를 따서 만든 신조어로 신보수주의자를 지칭함의 대표적 지식인이다. 크리스톨은 네오콘 기관지 〈위클리 스탠더드Weekly Standard〉를 빌 클린턴 식 자유주의가 팽배하던 1994년 9월 창간, 보수의 시대를 준비해왔다. 잡지 창간 이후 공화당은 90년대 후반 상하원을 장악한 데 이어 2001년 백악관마저 장악, 명실상부한 보수의 전성 시대를 구가해왔다. 주간 〈위클리 스탠더드〉는 부시 대통령 시대의 이념적 좌표를 제시해온 잡지로 불리며 미국 내외에 '부시 행정부를 이해하기 위한 필독 주간지'로 명성을 날렸다.

크리스톨은 1953년 뉴욕에서 태어나 하버드대를 졸업한 뒤 이 대학에서 정치학 박사학위를 받았고 이어 1979년부터 6년간 하버드대 케네디스쿨에서 미국정부론을 강의하며 교수 생활을 했다. 이어 윌리엄 베넷William Bennett 교육부 장관의 비서실장 1985~88과 댄 퀘일 부통령 비서실장1989~92을 지내며 미국 공화당의 핵심 인사로 성장했고, 1997년 미국 보수파의 애국심 고취를 위한 기구라 할 수 있는 '새로운 미국의 세기를 위한 프로젝트' 회장으로 부임하면서 네오콘 이론가로 활동하기 시작했다. 이 무렵부터 크리스톨은 미국이 막강한 군사력을 활용해 전 세계의 학정을 종식시켜야 한다고 주장하며 후세인 체제 전복을 주창해왔고 부시 행정부의 이라크전을 적극 지지했다. 그는 미국의 각 TV 매체에 출연, 부시 행정부의 정책을 평가하고 때로는 칼럼으로, 때로는 강연으로 미국의 나아갈 길을 제시하는 부시 행정부의 '장외 대변인'이자 멘토 역할을 했다.

- 빌 클린턴 행정부 때 〈위클리 스탠더드〉를 창간한 동기는?
- • 1994년 의회 선거에서 공화당이 40년 만에 다수당이 됐다. 그때 우리는 공화당 우위를 어떻게 하면 공고화할 수 있을까 궁리 끝에 1995년 9월 이 잡지를 창간하게 됐다.

- 그럼 공화당 정책 기관지를 겨냥하며 창간한 것인가?

•• 보수적 관점에서 사회현상을 해석해 공화당에 분명한 정책 라인을 제공하자는 게 당시의 구상이었다. 창간 3개월 만에 클린턴 대통령이 보스니아 내전에 개입했는데, 우리는 이것을 적극 지지했다. 이 때문에 독자들로부터 많은 비판을 받았다. 우리는 보수주의 입장에서 세상을 보고, 진실을 말하기 때문에 공화당이 여기에서 벗어날 때 가차 없이 비판하지만 민주당이 이에 부합하는 정책을 펼 때 지지한다. 그저 당의 기본 노선을 따라가는 것은 아니다.

• 클린턴 대통령과 대척점에 서 있으면서도 그의 보스니아 내전 개입정책을 지지한 것은 그 정책이 보수주의자들의 입장과 같기 때문이라는 얘기인가?

•• 그렇다. 우리는 그때나 지금이나 해외 개입주의를 지지한다. 미국처럼 힘이 강한 나라는 세계 각국의 비인권적, 독재적 행태에 대해 과감하게 개입해 문제를 해결해야 한다.

• 네오콘이 언제부터 부시 행정부의 주류가 됐다고 보는가?

•• 우리는 9·11테러 이전엔 소수 세력이었다. 테러 이후 상황이 변화하면서 메인 스트림이 된 것이다.

• 부시 2기 행정부에서도 주류 역할을 했다고 보는가?

•• 상대적으로 볼 때 그렇다. 전술적인 면에서 우리는 부시 행정

부 정책을 비판하지만, 주요 정책은 우리 구상대로 가고 있다.

- 지난 10년간 가장 힘들었던 점은?
- 구체적인 경험 없이 무모하게 잡지 창간에 나섰다. 매주 시의 적절한 기획안을 만들고 원고를 청탁하는 일이 쉽지 않았다. 하지만 주변에 좋은 필자들이 많았고, 문화나 서적, 예술 분야에 대해 정말 좋은 글이 많이 들어와 힘들지 않았다.

- 네오콘 세력이 점점 확장되고 있다고 생각하나?
- 물론이다. 올드콘구보수주의자들은 점점 인기를 잃고 있고, 리버럴자유주의자도 마찬가지다. 〈위클리 스탠더드〉가 10년간 활동하면서 네오콘적 인식은 미국의 주류적 사고가 됐다.

그는 보수주의를 올드콘과 네오콘으로 구분하며 이미 올드콘은 과거의 문법이고 네오콘이 요즘 세계의 시류를 반영한 새로운 이념이라고 주장했다. 그에게 올드콘과 네오콘의 차이를 물었더니 "올드콘은 공화당 전통주의적 시각을 견지하며 고립주의 외교정책을 신봉하는 집단이지만 네오콘은 개입주의 외교정책과 강력한 민주주의를 주창하는 레이건주의자들"이라고 설명했다.

크리스톨은 네오콘의 원조로 불리는 어빙 크리스톨2009.9.18 별세의 장남이다. 그는 열두 살이었던 1965년 뉴욕 시 의장 선거 때 민주당의 대니얼 패트릭 모니핸 선거 캠페인 자원봉사자로 활동할 만큼 리버럴 성향의 조숙한 소년이었으나 20대 때 공화당으로 '전향'한 뒤 네오콘이 됐다. 그에게 전향의 동기를 물었더니 "뉴 레프트 운동의 지향점에 대해 공감하기 어려웠고 70년대 민주당의 고립주의 외교정책과 무력한 평화주의에 실망했기 때문"이라고 답했다.

- 대학 강사, 네오콘 이론가, 정치평론가, 잡지 발행인 등 직함이 수없이 많은데 어떤 직함으로 불리길 원하는가?
- · 내 본업은 어디까지나 잡지 편집인이다. 잡지 편집은 아주 도전적이고 흥미진진한 일이다.

그가 이렇게 자부심을 갖는 〈위클리 스탠더드〉는 아이러니컬하게도 호주 출신 언론재벌 루버트 머독의 글로벌 언론제국 '뉴스 코퍼레이션' 소속이다. 세계에서 가장 부자 나라인 미국의 보수주의를 강화하기 위해 호주 재벌의 돈을 끌어들여 10년째 사업을 이어가고 있는 셈이다. 크리스톨은 머독이 아무런 조건 없이 재정지원만 하고 있다면서 편집권은 전적으로 자신에게 있다고 말했다. 잡지 발행 부수는 초기 6만 부에서 요즘 8만 부로 늘었지만 창간 이래 적자를 면한 적이 없다. 늘 밑지는 장사지만 '보수'를 위해 '투자'하는 것이다. 그런데 〈로스앤젤레스 타임스〉는 〈위클리 스탠

더드〉가 억만장자 필립 앤슈츠에게 매각될 것이라고 보도2009.6.10
해 주목을 끈다. 경제 잡지 〈포브스〉에 따르면 앤슈츠는 80억 달러
재산을 소유한 거부로 보수주의 운동 지지자로 알려져 있다.

● 아버지 어빙 크리스톨로부터 받은 영향을 말씀하신다면?
●● 아버지는 늘 "고정관념에 도전하라"는 말을 했다. 보수주의에
대해서도 의문을 갖고 도전해야 보수가 새로워질 수 있다는 것이
다. 그런 점에서 나는 아버지의 사상을 그대로 따르지 않았고, 내
세대의 통념에 대해서 도전했다. 그게 오늘의 나를 만들었다.

그에게 "네오콘의 대표 지식인인 당신에게 필적할 만한 리버럴
진영의 지식인은 누구냐"고 물었더니 "모르겠다"며 답변을 하지
않았다. "〈뉴욕타임스〉 칼럼니스트 폴 크루그먼이냐"라고 재차 물
었더니 "그런 의견에 동의하지 않는다"고 짤막하게 답했다. 네오
콘 이외에 대해선 전혀 언급하고 싶어 하지 않는 눈치여서 "한국
에서는 하워드 진과 노엄 촘스키가 유명하다"고 슬쩍 말을 꺼냈더
니 조금 격앙된 목소리로 "그 사람들은 정말 미치광이"라며 얘기
를 시작했다.

● 왜 그들을 미치광이로 보는가?
●● 그들은 음모론에 바탕해서 미국을 비판한다. 그들은 철저하게

반미적인 시각에서 문제를 분석하는데 그것은 맞지도 않고 옳지도 않다. 그들의 글은 정말 수치스럽고, 불건전하다. 왜 한국을 비롯한 세계 각국에서 그들이 인기를 얻고 있는지 모르겠다. 미국은 세계 강국으로서 역할을 해야 하는데 이들은 미국의 그런 역할 자체를 부정하고 있다.

보수의 본색을 드러낸 것일까? 크리스톨은 내내 부드럽게 웃으며 대화를 하다가 그만 촘스키 문제에서 균형을 잃고 말았다. 그의 흥분도 가라앉힐 겸 비정치적인 문제로 화제를 돌리기 위해 "취미가 뭐냐"고 물었더니 의외로 "오페라, 특히 모차르트 오페라를 좋아한다"면서 조수미 씨가 부른 〈마술피리〉의 '밤의 여왕' 아리아는 너무나 인상적이라고 말했다. 조수미 씨의 체구는 아담하지만 정말 대단한 성악가라는 게 그의 설명이다.

"바쁘다"면서 시계를 보는 그에게 북한 문제에 대해 어떻게 보느냐는 질문을 마지막으로 던졌더니 "나는 한반도 전문가는 아니지만"이란 전제를 단 뒤 다음과 같이 말했다.

"한·미 양국이 중국 및 북한을 압박, 인권 개선에 나서도록 해야 한다. 한국에서는 급격한 북한 체제 변화보다는 점진적 변화가 바람직하다는 의견이 많다는 것을 알고 있다. 물론 한국의 입장을 이해한다. 그렇지만 북한은 위험한 나라이고, 탈북 난민을 가혹하게 다루고 있다. 양심적인 사람이라면 과연 북한 체제 문제를 그대로 둔 채 지원만 하는 게 옳은 것인지, 그리고 절박한 상황에 처한 북한 사람들을 그대로 방치하는 게 옳은 일인지 자문해봐야 한다."

취재노트

빌 크리스톨은 네오콘 인사 중 이성적이고 합리적인 인물이라는 평가를 받는다. 그와의 만남은 2005년 9월 23일 워싱턴 시내 미국기업연구소AEI 건물 5층에 위치한 〈위클리 스탠더드〉 사무실에서 이뤄졌다. 그를 실제 만나보니 글이나 TV에서 보던 이미지에 비해 훨씬 부드러웠다. 크리스톨은 네오콘의 대북 강경파들과 함께 국내에 소개되긴 했지만 북한 문제를 어떻게 해결할 것이냐의 방법론을 둘러싸고는 분명한 차이를 보였다.

대표적 네오콘 인사로 분류되는 리처드 펄 전 국방정책자문위원장은 북핵 시설에 대한 선제적 제한 폭격론, 닉 에버슈타트Nick Eberstadt 미국기업연구소 연구원은 북한 체제 교체론을 주장해 노무현 정부와 부시 행정부 간 갈등의 뿌리가 됐지만 크리스톨은 그런 주장과는 일정한 거리를 둔 채 "윤리적 관점에서 북한 사람들의 인권 개선 문제에 관심을 가져야 한다"고 촉구해온 온건파 네오콘이다. 그렇지만 그는 김대중, 노무현 식의 대북 포용정책에 대해선 "한국이 북한 체제의 행태에 대해 그저 눈감고 있는 게 아닌가 한다"면서 비판적 입장을 분명히 했다.

크리스톨과 나머지 네오콘들과의 차이는 아마도 네오콘의 사상적 뿌리에 대한 이해 차에서 오는 것인지도 모른다. 펄의 경우 미국의 국방정책, 에버슈타트의 경우 대북정책을 연구해온 인물이지만 크리스톨은 네오콘을 사상적 측면에서 접근해온 학자 출신 잡지 편집인이다. 더구나 그의 부모는 모두 네오콘의 선구적 이론가로 불리는 이들이다. 그의 아버지 어빙 크리스톨은 네오콘의 원조로 불리는 인물이고, 어머니 게르트루드 힘멜파브도 미국의 자유주의 지식인 계보에 뚜렷한 위상을 갖고 있는 인물이다. 1999년 뉴욕 연수 때 존 스튜어트 밀의 《자유에 관하여》 문고본을 고서점에서 구입했는데, 1960년대 발간된 이 책을 편집하고 직접 장문의 서문을 쓴 사람이 바로 힘멜파브다. 힘멜파브는 또한 리처드 포스너 미연방 판사가 미국 지식인들의 문제를 다룬 《퍼블릭 지식인》을 쓰도록 동기를 제공한 인물이기도 하다.

크리스톨의 아버지는 좌파였으나 좌파들의 무력한 평화주의에 환멸을 느껴 네오콘 운동을 시작한 인물이며, 크리스톨 또한 민주당 지지자였으나 70년대 뉴 레프트 운동의 공허함에 실망, 네오콘으로 돌아섰다. 크리스톨은 아버지의 영향에 대해 "아버지는 늘 '고정관념에 도전하라'면서 보수주의에 대해서도 의문을 갖고 도전해야 보수가 새로워질 수 있다는 얘기를 했는데 그런 가르침이 오늘의 나를 만들었다"고 말했다. 보수도 시대에 맞게 새로워져야 하듯이 자신도 아버지 시대의 20세기적 문제의식에서 벗어나 21세기 세계를 압제와 폭정에서 구하는 이념으로서 네오콘 이념을 재구성했다는 게 그의 설명이었다.

그가 제시한 논점에 대해 몇 시간에 걸쳐서라도 토론을 할 수 있겠지만, 이날 약속은 논쟁을 위한 게 아니라 인터뷰였기 때문에 그가 갖고 있는 생각의 대략적 설계도를 엿보는 선에서 마무리를 지어야 했다.

크리스톨을 만난 시점은 그가 프랑스의 좌파 철학자 베르나르 앙리 레비와 면담을 한 뒤였다. 당시 레비는 〈월간 애틀랜틱Monthly Atlantic〉에 '토크빌의 여정을 따라서'를 연재 중이었는데 이 잡지 2005년 10월호에는 크리스톨을 비롯해 리처드 펄 등 이른바 네오콘의 지식인들을 두루 만난 결과가 게재됐다. 레비와의 대화에 대해 물었더니 "별 의미 없는 얘기들을 했을 뿐"이라고 일축하면서 "레비는 완전히 몽상적 이상주의자"라고 말했다. 미국 네오콘의 눈에 프랑스 좌파는 그저 '비현실적인 사람들' 정도로밖에 보이지 않은 모양이다.

그런데 흥미로운 것은 레비 또한 크리스톨과의 면담을 기대 이하였다고 기록했다는 점이다. 그는 크리스톨에 대해 《아메리칸 버티고》에서 "지식인이라기보다 말쑥하게 차려입고 우호적인 쇼맨십을 보이는 기업 경영주 같았다"고 비꼬았다. 레비가 기록한 크리스톨과의 면담록을 보면 프랑스 좌파 인사와 미국의 우파 인사의 만남이 얼마나 엇나갔는지를 엿볼 수 있다.

"빌 크리스톨은 나의 얘기에 귀를 기울였다. 하지만 내가 그를 설복시키지 못하고 있다는 것을 나는 느꼈다. 그리고 나는 적어도 지금으로서는 우리를 서로 분리시키고 있는 것의 그 고갱이가 바로 여기에 있음을 느꼈다.

신보수주의자? 아니다. 그는 이데아를 잃어버린 플라톤주의자다.

초연함도 유보적인 태도도 모르는, 군주들의 고문이다. 스스로 자신을 반전체주의자라 칭하지만 사실은 레오 스트라우스와 한나 아렌트와 쥘리앙 방다를 제대로 읽지 않은, 그 결과 유럽에서는 지식인이라는 신분 자체가 함의하는 그 필수적인 자유를 박탈당한 반전체주의자다." 베르나르 앙리 레비, 《아메리칸 버티고》, 황금부엉이, 324p

쿠바에서 사회주의란 말은 불행과 가난의 동의어로 쓰인다. 쿠바의 일상은 코미디 같다. 웃지 않고는 배기지 못할 정도로 유머가 넘치는 사회다. 그런데 웃고 나면 눈물이 나는 서글픈 유머다. 쿠바는 거대한 연극판 같다. 쿠바에서는 급진적 변화가 점진적으로 일어나야 한다. 급진적 변화가 급격하게 일어나면 사람들이 적응을 하지 못할 것이다.

아바나에서는 누구도 체 게바라를 말하지 않는다

쿠바 반체제 시인
라울 리베로

RAUL RIVERO

• 질문
•• 대답

라울 리베로는 쿠바의 카스트로 체제를 우회적으로 풍자하며 사회 변화를 추구해온 쿠바의 대표적 반체제 시인이자 독립 저널리스트다.

그는 1945년 아바나에서 태어나 아바나대 언론학과를 졸업한 뒤 1970년 시집 《대지의 시》로 쿠바 내셔널 문학상을 수상했다. 이어 쿠바 관영 매체의 모스크바 특파원1973~79으로 일한 뒤 1980년대 작가동맹 대외관계 국장으로 활동하며 북한을 방문하기도 했다. 작가동맹 국장으로 세계 각국을 방문하며 카스트로 체제의 실체를 파악하게 된 그는 1995년 〈쿠바 프레스〉 대표로 활동하며 독립 저널리스트로 활동했다. 그는 2003년 4월 국가 반역 및 미국 찬양죄로 20년형을 선고받고 투옥됐다. 그러나 프랑스 배우 카트린느 드뇌브, 노벨문학상 수상작가 가브리엘 가르시아 마르케스 등 명사들의 탄원 덕분에 1년 8개월 만에 극적으로 가석방된 뒤 2005년 4월 스페인으로 망명했다. 그는 이후 마드리드에 정착, 스페인 일간지 〈엘 문도〉의 칼럼니스트로 활동하고 있다. 그간 펴낸 책으로는 《공중의 시》 등 15권의 시집과 《인간의 역할》 등 6권의 저서가 있다.

- 언론인이 20년형을 받았는데, 어떤 글이 문제가 됐는가?
- • 나는 훈련된 언론인이다. 쿠바에 대한 글은 늘 상황을 묘사하는 식으로 써왔다. 내 글 어디에서도 피델 카스트로를 직접 거론하거나 암시하거나 비판한 적이 없다. 그러나 비밀경찰은 내게 국가 반역죄, 미국 찬양죄를 씌웠고 그 결과 20년형을 선고 받았다.

- 20년 선고를 받았을 때 느낌이 어땠는가?
- • 내 나이 57세 때였는데 이젠 감옥에서 죽겠구나 생각했다. 20년의 세월을 견뎌낼 자신이 없었다.

그는 옥중 생활을 얘기하다 갑자기 몸을 일으켜 걸음을 떼며, "내가 감옥에 있을 때 독방 크기는 이렇게 여섯 발자국 정도였다"면서 손을 양쪽으로 쭉 폈다. 창문도 없는 컴컴한 시멘트 방, 대각선으로 양손을 쭉 뻗으면 벽에 닿을 정도의 좁은 공간에서 살았다는 것이다.

• 어떻게 1년 8개월 만에 석방됐는가?
•• 나를 잘 아는 마르케스와 드뇌브, 독일 작가 귄터 그라스가 카스트로에게 항의편지를 보내고 청원을 했다. 카스트로는 이들의 압박을 이기지 못해 나를 풀어준 것이다.

이들뿐만이 아니다. 멕시코의 전직 대통령들, 코스타리카의 정치인들도 나서서 카스트로를 압박했다. 그러나 카스트로는 "라울처럼 위험한 사람은 평생 감옥에 가둬야 한다"며 거부했는데 유럽 쪽에서 쿠바에 대한 인도적 지원을 거부하려 하자 곧바로 손을 들었다.

• 2004년 11월 석방된 후 스페인으로 망명했는데, 그곳 생활은 어떤가?
•• 내가 원하는 모든 말을 아무런 제약 없이 할 수 있다는 게 때때로 믿어지지 않는다. 그러나 쿠바에서 글을 쓰던 시절이 정말 그

립다. 하루빨리 쿠바로 가고 싶다. 쿠바는 카스트로의 것이 아니라 쿠바 사람들 모두의 나라이기 때문이다.

• 90년대부터 독립 저널리스트 그룹을 만들어 활동했다고 하는데 쿠바에서 그런 활동이 가능한가?

•• 쿠바 전역을 돌아다니며 사람들을 만나 그들의 얘기를 썼다. 정치 비판 외에 모든 기사를 쓸 수 있다. 예컨대 어느 마을의 알코올중독자 얘기는 써도 되는데, 그렇다고 쿠바에 알코올중독자가 얼마나 되는지를 쓰면 안 된다. 체제 비판이 되기 때문이다. 글을 쓴 뒤 전화를 통해 글을 부른다. 이메일도, 팩스도 쓸 수 없기 때문이다. 그간 타자기로 글을 썼는데 2003년 수감될 때 그것마저 압수당해 고통스러웠다.

• 19세기적으로 글을 쓰고 보냈다는 얘기인가?

•• 그렇다. 쿠바에서는 일반인의 인터넷 접근이 금지된 상태이며, 팩스도 자유로이 쓰기 어렵다. 나도 두 번이나 팩스 기기를 빼앗긴 뒤 국제전화로 기사를 부르는 식으로 외국 언론에 기고했다. 국제전화는 늘 자유롭게 할 수 있다.

• 쿠바 관영 미디어의 모스크바 특파원까지 지낸 사람이 체제에 비판적인 독립 언론의 길을 걷게 된 동기는?

●● 70년대 말부터 '이건 아니다'라는 생각을 해오다가 동유럽 붕괴 후부터 본격적인 고민을 시작했다. 그래서 동료 언론인들 다섯 명과 함께 1995년 독립 저널리스트 회사인 〈쿠바 프레스〉를 만들게 된 것이다.

● 〈쿠바 프레스〉의 활동을 소개하면?
●● 외국 언론사가 의뢰하는 글을 취재해서 보내주고, 우리가 글을 써서 외국 신문에 게재하기도 한다. 나는 〈시카코 트리뷴〉 등에 기고해왔다. 이와 함께 저널리즘 원론, 취재 기법에 대해 강의하며 새로운 저널리스트들을 키우는 일도 했다.

● 독립 언론인으로 활동하면서 어려웠던 점은?
●● 글 때문에 늘 교도소를 들락거렸다. 어떤 때는 2일, 어떤 때는 3일, 그러다 20년형을 받았다. 늘 정부의 감시를 생각해야 하고, 충돌을 피하기 위해 신경을 써야 한다. 또 물자가 아주 귀해서, 취재할 때 사람들에게 볼펜을 줄 수 있냐는 말을 입버릇처럼 했다.

그는 인터뷰 내내 줄담배를 피웠다. 그의 치아와 손가락은 담배 때문인지 누렇게 변색됐다. "왜 그렇게 담배를 많이 피우냐"고 했더니 "긴장" 때문이라며 또 성냥을 그었다. 긴장이란 말에 가슴이 저렸다. 그에게 담배는 체제의 압박감을 잠시나마 잊게 해주는 일종의 해방구였던 것이다. 그는 "담배든 알코올이든 무엇에든 중독되지 않으면 살기 어려운 사회가 바로 쿠바"라고 말했다.

- 열네 살 때 혁명을 겪고 평생 카스트로 체제에서 살았는데, 그간의 일상생활을 얘기한다면?
- • 쿠바에서는 아이들에게 어렸을 때부터 공포를 주입시키고, 굶주림을 느끼게 한다. 이것이 쿠바의 가장 큰 비극이다. 쿠바에서 사회주의란 말은 불행과 가난의 동의어로 쓰인다. 쿠바의 일상은 코미디 같다. 웃지 않고는 배기지 못할 정도로 유머가 넘치는 사회다. 그런데 웃고 나면 눈물이 나는 서글픈 유머다. 쿠바는 거대한 연극판 같다.

- 거대한 연극판 같다는 말이 무슨 뜻인가?
- • 쿠바가 아주 위선적 사회라는 말이다. 누구도 진실을 말하려 하지 않고 자기가 맡은 배역만을 충실히 할 뿐이다. 카스트로 또한 마찬가지다. 그 또한 자기가 맡은 역을 수행하는 배우인지 모른다. 누구도 거리에서는 얘기하지 않으려 한다. 집에 들어와 가족과는 얘기하지만 감시가 무서워 밖에서는 하지 않는다.

- 세상은 이미 글로벌 시대로 접어들었는데 쿠바는 앞으로 어떤 길을 가야 한다고 보는가?

•• 카스트로는 이제 아이디어가 고갈되어 어떤 시도도 하기 힘들다고 생각하지만 쿠바는 결국 중국이나 베트남처럼 개혁을 해야 한다. 급진적 변화가 점진적으로 일어나야 한다. 급진적 변화가 급격하게 일어나면 사람들이 적응하지 못할 것이다.

• 카스트로 이후 쿠바에 대한 전망은?
•• 카스트로가 세상을 떠나면 70대 중반의 동생 라울이 지도자가 되겠지만 변화는 막지 못할 것이다. 카스트로 생존 여부와 상관없이 2~3년 내에 변화가 시작될 것이다.

• 체 게바라에 대한 동경이 전 세계적으로 강한 것에 대해 어떻게 생각하는가?
•• 쿠바에서도 공식적으로는 체 게바라는 존경받는다. 그러나 아무도 그의 얘기를 하지 않는다. 그는 쿠바에 정치범 수용소를 만들고 2~3천 명을 거기서 죽게 한 사람이다. 나는 그를 혐오한다.

• 한국에 대해선 어떤 이미지를 갖고 있는가?
•• 공산주의 때문에 한국 사람들이 이산가족의 아픔을 겪고 있듯이 쿠바도 카스트로 체제 때문에 수많은 가족이 흩어져 살고 있다. 나는 가족과 스페인으로 망명했지만 전처가 낳은 딸은 여전히 아바나에 남아 있다. 한국과 쿠바는 한을 품은 이산가족이 많다는 공

통점이 있다.

- 쿠바와 북한이 자주 비교되는데, 북한에 대해서 어떻게 보는가?

•• 작가동맹에서 일할 때, 1979년 북한을 방문했는데 체제는 쿠바에 비해 훨씬 강하지만 보통 사람들의 삶은 훨씬 어렵다는 느낌을 받았다. 북한은 쿠바보다 억압적이며, 가난하고 더 어두운 나라였다. 쿠바는 북한에 비해 훨씬 느슨하고 자유롭다. 쿠바에서는 해외망명자라 해도 자유롭게 쿠바에 살고 있는 가족들에게 전화하고 돈을 보내고 방문도 할 수 있다. 북한에서는 이 모든 게 금지되고 있지 않은가. 북한은 세상에서 가장 혹독한 체제다.

- 마드리드에서의 생활을 소개한다면?

•• 나는 글을 쓰고 시를 쓸 때 제일 행복하다. 마드리드에서도 글을 쓰고 산다. 부양해야 할 가족이 있기 때문에 열심히 쓴다. 최근 《말과 빵》, 《호의Favor》라는 제목의 사회비평서를 출간했다. '옥중 체험'도 쓰고 있는데 정치범이 감옥에서 겪는 정신적, 육체적 고통에 대해 기록하고 있다.

취재노트

 라울 리베로를 만나게 된 것은 그가 뉴욕대 강연차 미국 땅을 처음 밟은 지난 2005년 11월이다. 리베로는 동유럽 체제 전환 때 체코의 반체제 극작가로 활동했던 바츨라프 하벨을 연상케 하지만, 인상은 황지우 시인을 닮았다. '뚱뚱한 가죽 부대' 속에 담긴 그의 늘어진 몸집 때문이 아니라 안경 너머로 보이는 날카로운 눈매와 억압 사회에서 단련된 문체가 비슷하다. 다만 긴장된 체제 속의 삶이 남긴 잔영 때문인지 표정이 무겁고 어두웠다는 게 차이라면 차이다.
 리베로와의 만남은 쉽지 않았다. 리베로는 11월 5일 뉴욕대에서 망명 후 첫 강연을 했고, 리셉션 현장에서 다음 날 오전 인터뷰를 하기로 약속했다. 그런데 이튿날 아침 약속 장소에서 1시간을 기다려도 나타나지 않았다. 철석같이 인터뷰 약속을 한 뒤 몇 번이나 재확인을 했는데 그는 나타나지 않았다. 만나지 못할지도 모른다는 불안감에 마지막 방편으로 수소문 끝에 그의 숙소 주소를 확인한 뒤 무작정 찾아가 문을 두드렸다. 10여 분이 지났을까? 굳게 닫혀 있던 철문이 열리고 한 중년 여성이 부스스한 표정으로 나왔다. 영어가 되지 않는 그는 나를 안으로 들였는데, 리베로는 겨우 일어난 듯 담뱃불을 붙이고 있었다. 리베로와의 인터뷰는 이렇듯 어렵게 잠자는 사람을 깨운 뒤 시작됐지만 그가 쏟아내는 한마디 한마디는 달콤하고 향이 강한 쿠바 식 에스프레소만큼이나 강렬했다.
 서로의 모국어를 뒤로한 채 영어로 의사소통을 하는 불완전한 대화였지만, 그의 얘기를 들으면서 가슴이 저렸다. 에스프레소 커피한 잔을 놓고 얘기를 하는 1시간 내내 참 먹먹하고 슬펐다. 그간 진행했던 인터뷰 중 가장 가슴이 아팠던 자리로 기억된다. 그의 얘기를 들으며 사회주의 쿠바, 반미의 나라 쿠바에 대한 진보 인사들의 수없는 상찬들이 얼마나 허구인지 새삼 생각하게 됐다. 그를 만난 후 '부에나 비스타 소셜 클럽'의 복고적 선율을 현장에서 들어보고 싶다는 막연한 꿈을 접었다. 그곳은 사회주의의 낭만이 남아 있는 이국적 땅이 아니라 리베로 같은 수많은 지식인들이 숨죽이고 고통을 받는 땅이었기 때문이다.

그를 소개해준 사람은 폴 버먼 뉴욕대 교수다. 그는 뉴욕의 지식인들이 리베로를 미국으로 초청, 강연을 하게 됐다며 내게 연락을 해준 것이다. 그는 리베로를 뉴욕에 초청해 지식인 사회에 소개하는 일을 도맡아 했다.

인터뷰를 끝낸 뒤 뉴욕에서 워싱턴으로 돌아오는 그레이하운드 버스 안에서 리베로를 만나 왜 그렇게 먹먹했나 생각해보니 결국 북한 때문이었던 것 같다. 리베로는 쿠바의 열악한 현실을 말한 뒤 "그렇지만 쿠바에서의 삶은 북한보다 훨씬 더 자유롭다"는 말을 했다. 쿠바에서 상상할 수 없는 억압을 받은 뒤 수감되어 자살까지 생각했다던 그가 "북한은 숨 쉬고 살기 힘든 사회"라는 말을 했을 때 내상을 받았다고 할까? 리베로를 만났을 때 느꼈던 그 가슴 저린 먹먹함은 결국 그가 겪은 고난에 대한 연대감 때문이었다기보다도 그가 토해낸 북한의 단상, 우리의 또 다른 한쪽 북한 체제에 대한 답답함이었다는 것을 뒤에 깨닫게 됐다. 다음은 버먼 교수가 영역한 리베로의 시를 다시 우리말로 옮긴 것이다.

공화국 세관을 위한 선언

라울 리베로

내 노스탤지어를 금지하려 들지 말라
내 심적 고통을 체제 전복적이라고 규정하려 들지 말라

내가 꿈꾸지 못했던 것을 이제 꿈꾸게 해달라
지금 바로 내가 꿈꿔왔던 것을 꿈꾸고 있는 것처럼

자유의 섬광을 느끼게 해달라
그 자유로운 정신의 흐름을

당신을 신문에 유혹되게 하지 말라
누구도 이상에 대해 토론하지 않는다

진정한 환상은 보석을 이용하지 않는다
개들은 이미지를 간직하지 않는다

고통은 TV에 나타나거나
회색 엑스레이로 감지할 수 없다

당신의 특별한 감시자들
그들은 메타포를 이해할 수 있을까
(2004년 스페인으로 망명을 떠나기 전 쿠바에서 쓴 마지막 시)

수색명령

라울 리베로

이 사람들은 내 집에서
무엇을 찾고 있는가

이 관리들은 내가 종이에 쓴
'야망' '가벼움' '상처받은' 이란 단어를 읽으며
무엇을 하는가

검은 넥타이 차림의 내 아버지가
존경심 없이 수도 거리에 서 있는 사진을 보며
이들은 어떤 음모의 암시를 읽을까
그는 내 이혼증명서를 어떻게 해석할까

뛰어난 학대 기술을 가진 그가
내 시의 10행을 읽었을 때
내 증조할아버지의 전쟁 상처를 이해할 수 있을까

8명의 경찰관이

내 딸의 교과서와 그림을 검사하고
내 감정의 흐름에 파고들려 하고
작은 안드레아가 어디서 잠자는지 알려 하고
그의 기침이 카펫 위에 흔적을 남기는 것을 알려 하는데

그들은 내 신비적 텍스트 속에 그려진
주크의 메시지 코드를 풀려고 한다
"음악박스 속의 성채. 나는 그 소년이 흑인과 함께 나가도록 하지
않으련다. 제니"

특별감시관, 높은 지위에 있는 문학비평가가
시집 속에 숨겨진 총을 검사하기 위해 온다

여덟 명의 경찰관이
수색 명령장을 들고 내 집으로 들어와 실시한
분명한 작전
완전한 승리
프롤레타리아트의 전위를 위하여
내 콘술 타자기를 압수한 사람들
142페이지의 백지, 그리고 내 슬픈 종이 더미들
이 여름 상하기 쉬운 것 중에서도 가장 상하기 쉬운 것들

(2003년 5월 옥중에서 쓴 시)

만약 당신이 진보 세력에 속해 있다면 좀 더 신중해져야 한다. 진보 세력들이 한국의 정치적 부정부패에 저항하는 것은 좋은 일이지만, 글로벌 세계 논리 자체를 부정하는 것은 정치적으로 신중하지 못한 행동이다. 세계화는 누구도 부정할 수 없는 현실인 만큼 글로벌 세상을 좀 더 민주적이고 가치 있는 곳으로 바꿔나가려는 노력이 필요하다.

민주주의 실천 운동으로 글로벌 세상을 바꾼다

글로벌 시민운동가
벤자민 바버

BENJAMIN BARBER

• 질문
•• 대답

미국의 대표적 글로벌리스트로 꼽히는 벤자민 바버는 글로벌 민주주의 운동을 벌이는 정치학자다. 동유럽 체제가 붕괴된 1980년대 말부터 글로벌 세계의 변화상을 탐색하며 자본주의의 세계화를 맥월드McWorld로, 이에 따른 반발을 지하드Jihad란 개념으로 정리해 《지하드 대 맥월드》란 책을 펴내 국제적 주목을 받았다. 그는 '지하드 대 맥월드'에 관한 논문을 1991년 월간지 〈애틀랜틱〉에, 그리고 같은 제목의 책을 1995년 펴냈다. 한국을 포함해 27개국에 번역 소개된 이 책은 '9·11테러를 예측한 저작'으로도 유명하다. 그는 1939년 미국에서 태어나 스위스 앨버트 슈바이처 칼리지, 런던경제대를 거쳐 미 아이오와 주 그린넬 칼리지를 졸업했고 하버드대에서 정치학 박사학위를 받았다. 빌 클린턴 대통령을 비롯, 독일 사민당, 프랑스 사회당의 정책자문역을 맡아 활동해왔다. 요즘엔 뉴욕에 본부를 두고 있는 국제 시민운동기구 '민주주의 협력체Democracy Collaborative'의 대표로 활발한 활동을 벌이고 있다. 《강한 시민사회 강한 민주주의》, 《권력의 진실》 등 10여 권의 저서 및 공저를 펴냈다.

- 《지하드 대 맥월드》를 펴낸 이후 '미국의 대표적 글로벌리스트'로 불리고 있는데 지하드와 맥월드 개념으로 글로벌 세계를 접근하게 된 동기는?

•• 동유럽 붕괴 후 전 세계의 경제적 통합성이 커짐과 동시에 국지적인 분열이 증폭되는 현상을 주목해왔다. 맥월드가 확장될수록 그 역기능인 지하드적 요소도 늘어나는 것이다. 9·11테러는 글로벌 지하드의 대표적 사건이다. 이 같은 사건을 방지하려면 무력으로는 불가능하다. 글로벌 세계를 민주화시키는 방법이 최선책이다.

- 〈뉴욕타임스〉 칼럼니스트 토머스 프리드먼은 '렉서스와 올리브나무'란 개념을 사용해 글로벌주의와 지역적 이해관계를 설명했는데…….
- • 프리드먼과 기본적으로 비슷한 생각이지만, 지하드 개념은 올리브보다 중층적이다. 지하드는 단지 이슬람 근본주의뿐 아니라 현대화, 서구화, 세계화 등에 반발하는 모든 복고적이고 독단적인 접근법을 총칭한다. 말하자면, 미국의 복음주의 기독교인들의 근본주의적 행태까지 포함한 넓은 개념이다.

- 그럼에도 불구하고 지하드란 개념은 이슬람 근본주의를 먼저 떠올리게 한다.
- • 9·11테러 때문이다. 9·11테러는 동유럽 공산체제 붕괴 후 자본주의 세계화가 확산되면서 나타난 대표적 역기능적 사건이다. 말하자면 맥월드가 만들어낸 반동이 바로 9·11이다.

- 그런 점에서 9·11테러를 예견했다는 평가를 받고 있는데…….
- • 내가 9·11테러를 예언한 것은 아니다. 다만 글로벌 세계가 민주화하지 않은 상태에서 맥월드만이 강요될 경우 지하드와의 충돌은 불가피하다는 것을 상징적으로 언급했을 뿐이다.

• 최근 이라크 등에서는 자살폭탄 테러가 급증하고 이란도 극단적인 지하드로 나아가고 있는데, 상황은 점점 악화되는 게 아닌가?

•• 상황이 악화된다기보다, 과거보다 그런 사건에 대한 정보가 인터넷 등을 통해 많이 소개되고 알려지는 측면이 있다.

• 제2의 지하드를 막기 위해선 어떤 게 필요하다고 보는가?

•• 조지 W. 부시 행정부는 테러와의 전쟁을 적극적으로 벌였지만 그렇다고 지하드가 해결되지 않았다. 좀 더 장기적 차원에서 글로벌 시민교육과 민주주의 운동이 필요하다.

• 그것은 너무 원론적인 얘기가 아닌가?

•• 그렇지 않다. 맥월드가 부정할 수 없는 현실인 만큼 맥월드를 좀 더 민주적으로 바꿔나가기 위한 운동이 필요한 것이다. 나는 이미 미국 내외 지식인들과 함께 9·11테러의 다음 날인 9월 12일을 '상호 의존의 날Interdependency Day'로 제정해 2003년부터 국제적 상호 이해 촉진운동을 벌이고 있다. 첫 행사를 필라델피아2003에서 가졌고, 이어 다음 해부터 로마와 파리, 카사블랑카, 멕시코 시티 등에서 매년 행사가 열리고 있다.

• 맥월드의 폐해를 줄이기 위한 방안을 민주주의 확산운동에서

찾는 것은 너무 추상적인 접근법 같은데……

•• 물론 나는 교육과 각성이 모든 것을 해결할 수 있다고 믿는 순진한 사람은 아니다. 우리는 글로벌 시민교육 외에 유엔의 역할 강화, 그리고 4천여 개에 달하는 세계의 비정부기구NGO 총회 창설, 세계은행 등 국제금융기구의 적극적 활용 등을 위해 각국 지식인들과 연대운동을 벌이고 있다. 이와 함께 뉴욕 시의 5개 공립고등학교에 글로벌 시민교육 프로그램을 마련해 교육을 하고 있는데 이것을 각 주로 확산시키는 방안도 협의 중이다.

• 한국인의 글로벌 의식을 강화하기 위해선 어떤 노력이 필요하다고 보는가?

•• 그간 한국 친구들과 교유하며 발견한 것이지만 한국과 미국은 매우 자국 중심적 사고가 강하면서도 글로벌 세계에 깊이 관여하고 있다는 점에서 유사한 점이 많다. 한국에서는 민족주의, 미국에서는 애국주의가 늘 넘쳐나지만, 두 나라 모두 세계 어떤 나라보다 글로벌 세계에 깊게 개입해 있다. 문제는 한국 사람들이 글로벌 의식보다 민족주의를 강하게 갖고 있다는 데 있는 게 아니다. 오히려 나는 한국인들에게 '더욱더 깊이 한국을 사랑하고 더욱더 깊게 민족을 생각하라'고 권하고 싶다. 그렇게 더 한국을 사랑하기 위해 노력하게 되면 필연적으로 세상은 혼자 살아갈 수 없다는 것, 세상은 상호 깊이 관련을 맺고 있다는 점을 깨닫게 될 것이다.

● 역설적인 조언 같은데, 과연 그게 답이 될 수 있을까?

●● 한국이나 미국에서 국수주의적 태도가 나타나는 것은 자국의 조건에 대한 이해가 깊지 않기 때문이다. 그러니 한국의 국수주의적 행태를 비판하며 그 같은 생각을 중단하라고 다그칠 게 아니라, 한국을 더욱더 사랑하기 위해선 무엇이 필요한지 자각케 한다면 필연적으로 세계가 서로 연결되어 있고, 타국을 더 이해해야 한다는 공감대가 생길 것이다.

● 당신을 정치사상가라고 해야 하나, 시민운동가라고 해야 하나?

●● 플라톤 이래 모든 정치사상가는 현실 개혁을 위해 이론을 만들어왔다. 아리스토텔레스가 그랬고, 볼테르, 루소, 존 듀이 모두 관심은 현실 개혁에 있었다. 이 사상가들은 단지 추상적 이론에 몰두하지 않았다. 그런 점에서 나는 과거 정치사상가들의 범주에 속해 있다고 볼 수 있지 않을까?

● 지하드와 맥월드 개념으로 얘기하자면, 북한은 지하드이고, 남한은 맥월드라고 할 수 있는데 두 세계를 어떻게 통합할 수 있을까?

●● 북한이 외형적으로 지하드적인 것은 사실이지만 역사나 종교, 문화, 언어적인 뿌리가 깊은 여타 지하드 국가와는 전혀 다르

다. 말하자면 북한은 '인위적 지하드 국가'다. 이란이나 사우디아라비아의 지하드가 종교와 역사적 뿌리가 있는 것과 달리 북한은 이 같은 뿌리가 결여된 상태에서 정부가 지하드를 주도하고 있을 뿐이다.

• 그럼 북한의 지하드는 어떻게 될까?
•• 북한의 지하드는 체제가 바뀌면 사라질 것이다. 물론 북한에서는 이미 주체사상교육이 서너 세대 이상 진행됐지만 지하드의 뿌리는 없는 나라다. 북한이 반미주의를 체제 구호로 내세우는 것은 정치적 편집증paranoid일 뿐이다.

• 북한이 어떤 편집증을 갖고 있다는 말인가?
•• 존재하지 않는 위협을 실재하는 것처럼 내세우며 체제를 유지하고 있다는 것이다. 말하자면 북한이 주장하는 미국 위협론은 체제의 편집증일 따름이다.

• 그렇다면, 그런 정치적 편집증만 해결되면 남북문제는 해결될 수 있다고 보는가?
•• 그렇다. 그런 점에서 나는 김대중 식 대북 포용정책을 지지한다. 남북한은 문화와 역사, 언어를 공유하고 있기 때문에 한국 측에게 북한 문제 해결 주도권이 주어진다면 북한 체제의 편집증을

해소시켜나갈 수 있다고 본다.

• 한국의 일부 진보 세력들은 글로벌 세계에 대해 회의적인 반면, 북한 체제에 대해선 호감을 보이는 경우가 있는데…….
• • 한국도 약간의 편집증을 갖고 있기 때문이다.

• 어떤 편집증이 있단 말인가?
• • 글로벌 세계에 대해, 그리고 중국과 미국에 대해 두려움을 갖고 있는 것 같다. 물론 북한의 편집증과는 비교가 안 될 정도로 약하지만 글로벌 기준으로 볼 때 한국은 대외적 편집증이 있다. 이것을 해소해야 한다.

• 그런 편집증이 진보 세력들에게 더 있다는 얘기인가?
• • 진보 세력들은 종종 모든 것을 비판하는 경향이 있다. 나도 분명 진보주의자이지만, 1960년대 미국의 진보 세력이 미국을 제국주의 파시스트 국가로 규정하는 것에 대해선 반대했다. 자기 기반을 부정해버리면 설 자리가 없어지고, 남을 설득할 수도 없다. 만약 당신이 진보 세력에 속해 있다면 좀 더 신중해져야 한다. 진보 세력들이 한국의 정치적 부정부패에 저항하는 것은 좋은 일이지만, 글로벌 세계 논리 자체를 부정하는 것은 정치적으로 신중하지 못한 행동이다. 세계화는 누구도 부정할 수 없는 현실인 만큼 이

세상을 좀 더 민주적이고, 가치 있는 곳으로 바꿔나가려는 노력이 필요하다.

취재노트

글로벌리즘의 빛과 그림자를 정치학적으로 분석해온 벤자민 바버를 만난 것은 2006년 1월 중순 뉴욕에서다. 그는 한국에 대한 애정이 깊은 학자였고 아이디어가 풍부한 시민운동가였다. 그에게 '글로벌 코리아를 위한 전략'을 묻자 "한국이 글로벌 리더가 되려면 외국에 대한 경계심을 풀어야 한다"고 조언했다. 러트거스대에 있을 때부터 김홍명 조선대 정치외교학과 교수와 친하게 지냈던 그는 국제정치학 서울대회 때 서울을 방문한 적이 있다고 했다.

바버 교수는 한마디 한마디가 명쾌했고, 대화도 술술 풀렸지만, 그를 만나 얘기하는 기회를 마련하기까지는 쉽지 않았다. 그가 미국과 유럽을 오가며 글을 쓰고 강연하고, 시민사회운동을 하고 있어 시간을 내기가 어려웠기 때문이다. 그의 비서 줄리아 그린과 10여 차례 이메일과 전화를 교환한 끝에 2006년 1월 중순 뉴욕 맨해튼의 센트럴파크가 내려다보이는 그의 자그마한 연구실에서 만날 수 있었다. 바버 교수와의 인터뷰 약속 시간은 40분으로 예정되어 있었지만, 그가 신바람을 내며 얘기를 이어가는 바람에 뒤의 약속은 늦춰졌고, 우린 글로벌 이슈를 소재로 1시간여 열정적인 대화를 나눌 수 있었다.

그는 글로벌 민주주의를 촉진시키기 위한 다양한 아이디어를 갖고, 전 세계를 잇는 네트워크를 동원해 단계적인 실천작업을 벌이고 있다. 이날 인터뷰 때 언급한 '상호 의존의 날' 행사는 이미 2003년 9월 12일 미국 필라델피아에서 12개국의 지식인과 정치지도자, 예술가들이 모여 '상호 의존 선언'을 한 이후 2004년 로마, 2005년 파리, 2006년 카사블랑카, 2007년 멕시코 시티, 2008년 브뤼셀에서 개최됐다. 9·11테러의 다음 날을 상호 의존의 날로 제정, 국제적 상호 이해를 높이기 위한 캠페인을 벌이자는 그의 구상은 벌써 전 세계 각국의 호응 속에 점차 현실화하는 것이다.

뉴욕에 살고 있는 그는 뉴욕과 필라델피아, 뉴저지의 시민 공간을 확장시키자는 '아고라 연대The Agora Coalition' 운동도 벌이고 있다. 시민들이 함께 모여 대화할 수 있는 공간을 만들면 민주주의적 시민문화가 생기고, 이 같은 문화는 글로벌 민주주의에 기여할 수 있다는 게 그의 구상인데, 뉴욕 동부 지역에서 상당한 지지를 받고 있다. 그는 인터뷰 때 "시민들을 위해 공공 공간을 제공하는 건물주나 기업인들에게는 시 정부 차원에서 혜택을 제공해 서로 윈윈win-win할 수 있는 기반을 만들고 있다"고 이 구상을 설명한 바 있다. 글로벌 민주주의를 위한 그의 아이디어는 구상 수준을 넘어서 현실화 단계로 나가고 있는 것이다.

2007년 말 그는 전 세계의 친구들에게 보낸 신년 축하 이메일에서 새로운 근황을 알려왔다. 메릴랜드대 교수직을 끝내고 2008년부터 뉴욕의 글로벌 시민운동 조직인 데모스Demos에서 상근 선임연구원으로 새롭게 일을 시작해 글로벌 시민운동의 국제적 협력 프로그램을 만드는 일에 주력하겠다는 내용이었다. 칠순의 나이에도 새로운 일을 시작하고 전 세계 친구들에게 적극적으로 알리며 협력을 구하는 그를 보면서 '열정이 살아 있는 한 나이는 정말 숫자에 불과하다'는 생각이 들었다.

새로운 진보는 중산층의 생활 가치 속에 숨어 있다

아시아 시민운동가
월든 벨로
WALDEN BELLO

우리가 살고 있는 시대는 보수주의자들의 파워가 강한 게 사실이다. 그들은 경제를 어떻게 운용해야 하는지 잘 알고 있다. 진보주의자들은 대부분 유토피안이다. 이제 세계화 바람 속에서 진보 세력이 대안을 마련하려면 중산층이 신뢰할 수 있는 것에서부터 찾아야 한다. 중산층이 신뢰할 수 있는 방안을 모색하고 현실에서 실천해야 한다.

• 질문
•• 대답

월든 벨로 필리핀대 사회학과 교수는 아시아 시민운동계의 선두주자로서 꼽히는 인물이다. 1970년대 마르코스 독재 시대엔 민주화를 위해 싸웠고, 필리핀 민주화 이후엔 국제 비정부기구NGO '남반구 포커스South Focus'를 이끌며 진보 성향의 시민운동가 겸 정치인으로 활약하고 있다.

1945년 마닐라에서 태어나 1969년 도미, 프린스턴대에 입학했고 1972년 칠레로 유학을 떠나 선거로 집권한 사회주의자 대통령 아옌데 정부가 몰락하는 것을 지켜봤다. 이후 그는 이탈리아와 칠레의 반혁명 비교연구로 프린스턴대에서 사회학 박사학위를 받았다. 마르코스가 계엄령을 내린 뒤 망명해 필리핀 정치민주화운동에 관여해왔고 마르코스 실각 후 귀국해 필리핀대 교수로 활동 중이다. '남반구 포커스'는 아시아 경제·정치 생태환경을 연구하기 위한 NGO인데 미국의 포드재단 등으로부터 기금을 지원받고 있다. 그는 지난 2002년 7월 〈뉴 레프트 리뷰New Left Review〉 인터뷰에서 "남반구의 상대적 빈국들에게 선진국들이 그린 테크놀로지를 전수해 함께 잘 살아갈 수 있도록 하는 글로벌 대안이 마련돼야 한다"면서 '글로벌 마셜 플랜'을 제안했다. '남반구 포커스'는 이와 같은 일을 추구하는 시민단체이다.

• 한국에는 그간 미국 및 선진국 주도의 세계화에 반대하는 반세계화 운동가로 소개됐는데 당신의 입장을 직접 설명한다면?

•• 나는 실용주의자다. 보수적인 사람들은 나를 반세계화를 주창하는 좌파라고 하고, 필리핀 공산당원들은 나를 개혁적 반혁명주의자라고 하지만, 내가 견지하는 생각은 실용주의다. 일반 국민의 파워가 강해져야 사회의 민주화가 이뤄진다는 게 내 신념이다. 물론 나는 신자유주의적 독트린을 싫어하는 사람이다. 그렇다고 좌파적 독트린을 견지하는 전통적인 좌파는 아니다. 급진적 실용주

의자라고 말하면 좋을 듯하다.

- 한국과 인연은 어떻게 맺어졌나?
- • 1988년 처음 한국에 온 이래 10번쯤 온 것 같다. 처음 한국에 왔을 때에는 한국 경제에 대해 공부를 하기 위한 것이었다. 서울에서 3개월 동안 머물면서 지식인들을 만나고 토론하며 한국 경제 관련 책을 썼다. 그리고 1989년 북한에 2주 동안 갔었다. 북한에서 환영을 받았지만 북한을 직접 체험하기는 어려웠다. 왜냐면 계속 통역으로 상황을 이해해야 했기 때문이다. 나는 평양에 갔고, 백두산에도 갔고, 북한 쪽 비무장지대도 살펴봤다. 아주 흥미로운 경험이었는데 북한 내부에서 일어나고 있는 일에 대해서는 정말 알기 어려웠다. 그리고 계속 안내원이 함께했기 때문에 직접 북한 사람들과 접촉하기 어려웠다. 1988년 첫 서울 방문 이래 계속 한국에 왔고 한국의 경제 발전, 민주주의 발전에 대해 주목해왔다. 1989년 당시 북한은 아직 식량난이 본격화되기 전이었지만 북한 경제에 문제가 있다는 보도는 이미 시작됐던 시점이었다.

- 필리핀은 공산당이 합법화된 나라이고 아주 파워가 센 편인데, 북한 방문 때 만난 노동당 인사들과 필리핀 공산당 사람들을 비교한다면?
- • 1980년대 말 필리핀 공산당은 반독재 운동에 힘쓰고 있을 때

였다. 그래서 공산주의 이념에 집중하지는 않았다. 그게 큰 차이다. 필리핀 공산당은 민주집중제를 견지하는데, 그것이 공산당의 핵심이다. 그런데 필리핀 공산당은 북한 사람들보다 훨씬 덜 위계적이고 좀 더 열린 조직이다.

- 필리핀은 한국과 더불어 80년대 피플파워로 민주정권이 들어섰는데 민주주의가 위기라는 지적이 많이 나온다. 그 원인이 무엇이라고 보는가?
- - 현재 필리핀이 처해 있는 상황은 확실히 민주주의의 위기다. 필리핀의 경우, 글로리아 아로요 대통령의 장악력은 미미하고 군부에 의지한 상태이다. 아로요의 경제정책은 신자유주의에 입각해 있다. 필리핀 민주화는 20여 년 됐는데 마닐라 피플파워가 가져온 민주체제는 위기에 처해 있다.

- 1988년부터 한국의 경제 발전과 민주주의 진전 과정을 연구해 왔다고 하는데 한국의 경제 상황에 대해 어떻게 분석하는가?
- - 한국은 1970~80년대 한국적 모델을 통해 급속한 경제 발전과 민주주의를 이뤄냈다. 한국적 모델이란 수출 지향적 경제, 보호주의적 경제정책에 입각해 있다. 1990년대부터 미국은 한국을 개방하기 위해 노력했는데 1998년 외환위기 때 이 같은 의지를 관철시켰다. 외환위기 과정에서 미국이 한국에 강제한 정책은 기본적

으로 한국의 발전 모델인 국가자본주의적 모델을 해체시키는 것이었다. 한국의 구조조정 문제는 IMF라기보다 미국에 의해 강제된 것이라고 본다. 이에 따라 한국의 신자유주의적 경제정책은 급속도로 파급됐고 빈부 격차가 커지고, 일반인들의 삶의 질도 추락하고 있다. 진보 진영도 보수 진영도 이 같은 신자유주의적 조류에 대해 대안을 제시하지 못하고 있는 상태다. 그래서 사람들이 포퓰리슴으로 빠져들고 있는 것이다.

• 세계화 바람 속에서 진보 세력은 어떻게 대안을 찾아나갈 수 있을까. 현재 보수주의의 힘은 진보주의보다 훨씬 큰 상황인데······.
•• 우리가 살고 있는 시대는 보수주의가 강한 게 사실이다. 그들은 경제를 어떻게 운용해야 하는지 잘 알고 있다. 진보주의자들은 대부분 유토피안이다. 이제 우리는 중산층이 신뢰할 수 있는 대안을 만들어야 하는데 그것은 사람들이 신뢰할 수 있는 것에서부터 찾아야 한다. 중산층이 신뢰할 수 있는 방안을 모색하고 현실에서 실천해야 한다.

• 아시아 문제를 오랫동안 관찰해온 학자 겸 시민운동가로서 한국의 경제 발전, 정치 발전사에 대해 어떻게 평가하는가?
•• 한국에 대해 내가 공부하기 시작할 때 경제 발전 문제가 핵심

이슈였다. 고도 성장을 이뤘는데, 아주 강한 국가 주도로, 국내 보호주의 정책과 수출 드라이브 정책으로 성공을 거뒀다. 그런데 당시 내가 한국에 대해 글을 쓰면서 느낀 것은 한국이 자유주의적 경제가 아니었다는 점이다. IMF와 세계은행도 한국은 자유시장이 아니라 국가 주도의 경제이고 그것이 성공의 열쇠였다고 분석했다. 한국은 경제적 성취와 더불어 민주화를 이뤄냈지만 여전히 노사 갈등은 심하고 환경과 농업 분야에는 문제가 많다. 그래서 한국은 긍정적인 모델이기도 하지만 부정적인 모델이기도 하다. 내가 긍정적으로 보는 것은 국가의 역할이다. 물론 국가 드라이브 경제정책에 따라 환경과 농업이 파괴된 것은 사실이다. 한국은 국가의 직접적인 계획 덕분에 성장했고 아시아의 호랑이가 됐다. 그러나 1998년 아시아 경제위기 이후 제대로 위기를 극복하지 못한 느낌이 든다.

- 1960년대 필리핀은 한국보다 훨씬 더 개발이 됐던 나라인데, 30여 년 만에 역전됐다. 무엇이 필리핀과 한국이 서로 다른 길을 걷게 만들었다고 보는가?
- • 필리핀의 구조적인 문제는 토지개혁이 이뤄지지 않은 점이 가장 크다. 한국에서는 비록 보수적이고 제한적이었지만 토지개혁이 있었다. 그러나 필리핀에는 그런 게 없었다.

- 그런 개혁의 결여가 지도자의 리더십 때문이라고 보는가?
- - 그런 측면도 있다. 지주계급이 미국의 지지하에 있어서 산업정책을 쓸 수 없었고 산업정책이 부재했다. 1960, 70년대에는 코코넛, 설탕 등 농작물 수출에만 집중됐다.

- 한국의 시민운동에 대해선 어떻게 평가하는가? 한국이 앞으로 아시아를 위해 무엇을 해야 한다고 보는가?
- - 한국의 시민사회는 아주 역동적이고 시민운동도 매우 활성화되어 있다. 특히 학생운동은 한국 민주화에 매우 선도적인 역할을 했고, 노동운동은 한국의 민주화 과정에 많은 영감을 주었다. 요즘 세계를 놀라게 하는 세력은 한국 농민들이다. 칸쿤은 물론, 홍콩 세계무역기구WTO 각료회의 때 결정적인 역할을 했다. 이런 세력들이 분명하게 아시아에 영감을 주고 영향을 미치고 있다. 나는 요즘 한국이 추진하는 FTA에 대한 시민운동의 투쟁에 주목하고 있다. 한국 시민사회가 벌이는 FTA와의 싸움에 대해 아시아가 주목하고 있다.

- 동남아시아 지식인들에게 동북아의 한국과 일본, 중국은 어떤 이미지로 그려지는가?
- - 중국을 주시해야 한다. 중국은 아주 크고 강력한 경제권이다. 중국은 동남아시아 국가들과 아주 적극적으로 관계를 증진시키고

있다. 아시아 경제가 중국의 필요성에 의해 재구조화될까봐 걱정이다. 중국이 아시안 블록 형성에 주도적으로 나서기 전에 아시안은 스스로 먼저 조직화해 중국에 집단적으로 대응해야 한다고 본다. 중국은 동남아시아 국가들을 개별적으로 상대하고 협상하려 하는데 이럴 때 동남아시아 국가들은 무력할 수밖에 없다. 동남아시아 국가들은 아세안 차원에서 중국과 협상해야 하는데 아직 이런 노력이 제대로 나타나지 않고 있어 문제다. 일본은 쇠퇴하는 파워라고 생각한다. 물론 아직도 경제적으로 힘이 강하고 부유하나 그 힘은 쇠락하고 있다. 중국은 이미 일본보다 강력한 경제 파워로 아시아에서 인식되고 있다. 일본은 고령화 국가다. 인구학적으로도 일본은 위기다. 일본은 부유한 나라로 비추어지지만, 경제적 파워는 이미 중국으로 이전됐다고 평가를 받는다. 한국은 아직도 1998년 아시아 금융위기를 완전히 극복하지 못한 나라로 보인다. 외환위기 후 한국은 과거에 갖고 있던 역동성을 제대로 회복하지 못해 성장의 모멘텀momentum을 잃고 있는 것 같다.

- 한국이 성장의 모멘텀을 잃고 있는 원인이 어디에 있다고 보는가?
- • 한국이 외환위기 후 신자유주의로 너무 빨리 변화됐고 이것이 한국 사회에 수많은 위기를 낳았기 때문이라고 본다. 또한 김대중·노무현 정부가 남북한 문제에 너무 집중한 것도 부분적인 원인

이 된다고 본다. 한국 정부와 한국인들은 바깥세상에 관심을 갖기보다 자신의 문제에 너무 몰입하고 있는 게 아닌가 하는 생각이 든다. 이것은 참 역설적 현상이다.

- 김대중·노무현 정부를 거치며 한국 사회에서는 보수와 진보 간 대립이 심해지고 있다. 아시아의 수많은 지적 논쟁을 경험한 학자로서 한국의 이념 논쟁에 대해 조언한다면?

•• 어느 나라나 지식인 논쟁은 있다. 새로운 세대는 늘 새로운 도전에 직면하게 된다. 진보와 좌파의 비전이 유의미하기 위해서는 한국을 압도하는 신자유주의에 대한 대안을 내놓고 신보수주의에 대한 정책 대안을 내놓아야 한다. 보수도 마찬가지다. 필리핀의 경우, 구 좌파는 농촌 지역에서 마오주의를 견지하며 무장투쟁을 하고 구 사회주의자의 길을 걷고 있다. 일부는 도시 주변에서 노동운동을 하며 싸우는데 위계질서를 매우 강조한다. 새로운 시대적 조건에서 신자유주의적 사회에 경제적 민주주의를 도입하고 참여적인 프로세스를 마련하기 위해 수많은 레벨에서 싸워야 하는데 특히 아이디어의 싸움이 중요하다. 교육과 문화에서의 헤게모니, 안토니오 그람시가 말한 그 개념이 핵심이다. 우리의 능력과 정통성을 확보하기 위해서는 문화적 헤게모니가 필요하다. 우리가 특별히 추구해야 할 도전이 바로 그런 것이고, 확보해야 할 것도 바로 그런 것인데 한국에서도 마찬가지라고 본다. 문화적 헤게모니를

확보하면서 설득력을 갖추는 일, 상상력으로 무장하고 진정성을 갖고 세상에 대한 안목을 지니고 효율성을 갖추는 것, 이것이 핵심이다.

- 이상보다 중요한 게 현실이라는 말씀인가?
- • 그렇다.

취재노트

월든 벨로 필리핀 사회학과 교수는 한국 진보 진영에서 상당히 지명도가 있는 아시아 진보 인사다. 그의 저작은 대부분 창작과비평사에서 번역이 됐고, 성공회대 강연에 자주 초청되는 인사이기도 하다. 그와의 만남은 2007년 2월 23일 조희연 성공회대 교수의 주선으로 이뤄졌다. 당시 벨로 교수는 성공회대 세미나차 방문했는데 조교수와 저녁을 함께하며 글로벌 시대 진보 운동의 현황과 전망에 대해 깊은 얘기를 나눌 수 있었다.

필리핀은 50, 60대 장년층에겐 남다른 소회가 있는 나라다. 60년대 우리나라의 1인당 GDP가 100달러 선에도 못 미칠 때 필리핀은 아시아의 선진국이었다. 1960년대 대학생이었던 50, 60대 인사들은 필리핀 얘기를 많이 하는데 당시 필리핀은 우리나라가 보기에 부러운 선진국으로 기억됐다는 게 일반적이다.

월든 벨로는 그런 필리핀에서 1945년 태어났다. 아버지는 영화 제작자였고 어머니는 피아니스트. 상류층 가정에서 태어나 교육받은 그를 진보 인사로 만든 것은 필리핀 정치 상황이다. 그는 마르코스 체제의 부침 과정 속에서 좌파에 관심을 갖게 됐고 결국 좌파 진영을 대표하는 지식인이 됐다.

그런 그에게 1960년대의 한국과 2000년대의 한국은 어떻게 다가올까? 인터뷰가 진행되면서 묻고 싶었던 질문은 바로 이것이었는데 직설적으로 묻지 못했다. 필리핀의 과거와 현재의 모습은 한 나라가 잘못된 정책, 잘못된 지도자 때문에 어떻게 한 세대 만에 퇴행하는가를 보여주는 생생한 예가 되기 때문이다.

벨로 교수에게 묻고 싶었던 질문은 그가 2002년 7월 〈뉴 레프트 리뷰〉와 했던 인터뷰에 잘 드러나 있어 참고가 된다. 그는 이 인터뷰에서 "공산주의 블록에 위기가 온 것은 바로 레닌주의의 전위주의적 정당과 엘리트주의 때문"이라면서 레닌주의에 대해 비판적인 입장을 취했다. 그는 이 인터뷰에서 필리핀 공산당과의 불화 및 이념에 대한 자신의 생각을 솔직하게 털어놨는데 인터뷰의 한 대목을 옮기면 다음과 같다.

- 국제 언론에 알려진 필리핀 공산당의 이미지는 아주 경직되고, 무장투쟁을 주로 하는 조직으로 묘사되는데…….
- • 그것은 1990년대 이후의 일이다. 1980년대 반독재 운동 시절에는 필리핀 공산당도 유연했고 덜 권위적이었다.

• 지난 2005년 필리핀 공산당이 당신의 생명을 위협한다고 해서 국제적으로 구명 운동이 일었던 적이 있는데 왜 필리핀 공산당이 암살하려 했는가?

• • 그들은 나를 반혁명주의자라고 여기고 공격했다. 실제 공산당은 나 같은 개혁적 지식인들을 반혁명주의자라고 비난했고 실제 암살하기도 했다.

• 당신은 한때 공산당원이었고, 현재도 좌파 운동가로 활동하고 있지 않은가?

• • 물론 그렇다. 그런데 필리핀 공산당은 나를 반혁명주의자로 규정했다.

• 어떤 점이 필리핀 공산당을 불편하게 했다고 생각하는가?

• • 내가 개혁을 지향하는 민주사회당의 리더가 되니까 나와 경쟁하고 싶지 않아서 그런 시도를 한 것 같다. 그 과정에서 필리핀 공산당은 점점 대중들로부터 유리되기 시작했다. 우리는 참여적 민주주의를 중시하고 위로부터 강제되는 어떤 것도 거부했다. 그들은 마르크스·레닌주의자로서 전위당을 주창하고 있다. 나는 레닌주의자당은 문제가 있다고 본다.

거대한 파도는 모든 배를 뜨게 한다

헤리티지재단 이사장
에드윈 퓰너
EDWIN FUELNER

나는 "거대한 파도는 모든 배를 뜨게 한다"는 존 케네디 대통령의 말을 좋아한다. 일단 규모를 크게 키우면 모든 이들이 훨씬 더 좋아지고 사회의 혜택을 누릴 수 있는 기회가 많아지게 된다는 뜻이다. 글로벌이라는 큰 파도에 몸을 맡길 때 지금보다 훨씬 풍족한 삶을 누릴 수 있다.

・ 질문
・・ 대답

보수 성향 싱크탱크인 헤리티지재단의 에드윈 퓰너 이사장은 워싱턴을 움직이는 대표적 파워엘리트로 꼽히는 인물이다. 1941년 일리노이 주 시카고에서 태어나 조지타운대를 졸업한 뒤 펜실베니아대 와튼스쿨에서 경영학 석사, 에든버러대에서 정치학 박사학위를 받았다. 그는 1973년 헤리티지재단의 창립 이사로 활동을 시작해 1977년 이사장이 됐는데 그의 뛰어난 리더십 덕분에 헤리티지재단은 미 행정부 및 의회에 가장 신속하게 국제정세 분석 및 정책 제안을 하는 싱크탱크로 자리 잡았다. 그는 특히 1970년대부터 정주영 현대명예회장 등 한국의 수많은 정·재계 인사들과 교유하며 한미 양국의 가교 역할을 해왔다. 김승연 한화그룹 회장과의 친분도 남달라 서울 프라자호텔에는 퓰너 이름이 새겨진 특별룸 에드윈 퓰너 스위트이 있을 정도다. 이명박 대통령과 '30년 지기'라고 말하는 그는 2007년 대선 직후 방한한 것을 비롯해 수시로 서울을 방문, 이 대통령을 비롯한 정부 안팎의 핵심 인사들과 의견을 교환해왔다. 그는 40년 가까이 싱크탱크를 경영해온 덕분인지 한미 관계 및 전 세계 주요 이슈를 훤히 꿰뚫고 있으며 언론 인터뷰 때는 분명하고 명쾌하게 현안 설명을 해 '미디어 친화적 싱크탱크 경영자'라는 평도 듣는다. 미국의 〈GQ 매거진〉은 2007년 '워싱턴에서 가장 영향력 있는 50인' 중의 한 명으로 퓰너를 꼽았고, 영국의 〈텔레그래프〉지는 '미국에서 가장 영향력 있는 100명의 보수주의자' 중의 한 명으로 그를 선정했다.

퓰너 이사장과의 인터뷰는 한미 자유무역협정 비준동의안 논란으로 국회가 난장판이 된 2009년 1월 진행되어 질문도 자연스레 이 문제로 시작됐다.

- 한미 자유무역협정FTA 비준 동의안을 둘러싼 여야의 입장 차이로 2009년 1월 국회는 전기톱과 해머까지 등장한 '폭력 의회'가 됐는데 이런 한국 정치 현장을 보고 느낀 소회를 말씀하신다면?
- • 한미 양국 국민들이 민주주의 프로세스를 이해해야 한다는 말

을 우선 하고 싶다. 민주주의 사회에서 개별 사안에 대해 생각과 관점이 다를 수 있다. 하지만 선거를 통해 유권자들의 결정이 내려졌다면 그것이 좌파 노선이든 우파 노선이든 간에 민의를 따라야 한다고 생각한다. 생각과 지향점이 다른 지도자가 당선되면 정책이 많이 달라진다. 한국은 1년 전 대선을 통해 이명박 정부가 탄생하면서 많은 변화가 진행 중이고, 미국에서도 버락 오바마 행정부가 출범하면서 많은 변화가 이뤄지고 있다. 한국의 민주당, 미국의 공화당은 여당이었지만 선거에서 패했기 때문에 그 선거 결과를 준수해야 한다. 그런데 국회의 폭력점거농성 사태를 보면, 한국에서는 아직 민주주의가 실험 단계에 있는 게 아닌가 의구심을 갖게 한다. 한국의 민주주의는 역사가 오래지 않아도 역동성이 뛰어나 세계가 찬사를 보내고 있는데 이번 사태를 보니 절차적 민주주의가 도전받는 게 아닌가 하는 인상을 받았다. 나는 30년 전부터 한미 양국을 왕래해왔지만 2009년 1월 국회 폭력사태에 대해선 전혀 이해할 수 없다. 노무현 정부 때부터 한국의 여당과 야당은 한미 FTA에 대해 많은 토론과 협의를 해왔고 이제 비준 절차에 들어간 것이다. 그런데 과거 노무현 시대 여당이었던 민주당은 비준을 반대하며 폭력점거농성을 벌였다. 민주당은 총선 결과 소수당이 된 만큼 이제 민의를 존중하며 다수결의 원리에 따라야 한다. 그리고 일을 잘해서 다음 총선 때 민의의 심판을 받아야 한다. 그게 다수결의 원리이고, 민주주의를 존중하는 자세다.

• 오바마 시대 한미 관계에 대해선 어떻게 전망하는가?

•• 멀리는 김대중-부시 시대, 가까이는 노무현-부시 시대에 이르기까지 한미 양국 간에는 크고 작은 문제가 많았고, 특히 한국의 대북정책에 대해 불신이 많았던 게 사실이다. 하지만, 이명박 정부가 들어선 뒤 지난 1년간 대부분 문제가 해소됐다. 물론 노무현-부시 시대 대북 문제에 대해선 갈등이 있었지만 전시작전권 전환 문제나 주한 미군기지 이전 문제 등 굵직한 문제가 대부분 해결됐고 이 같은 합의는 지속적으로 유지될 것이다. 더구나 2008년 4월 캠프 데이비드 한미 정상회담 때 미국 측은 주한 미군 규모를 더 이상 감축하지 않고 동결하겠다는 약속도 했다. 다만 주한 미군기지 이전의 시기 문제에 대해 서로 이견이 남아 있지만 그것도 큰 논란거리는 아니라고 생각한다. 한미 간의 이 같은 긴밀한 관계는 오바마 시대에도 그대로 이어질 것이다. 오바마는 이스라엘-팔레스타인 갈등, 인도-파키스탄 문제 등에 우선적으로 집중할 수밖에 없지만, 궁극적으로는 한반도 문제에 집중하게 될 것이다. 그러니 부시 행정부에서 오바마 행정부로 전환된다고 해서 한미 간에 무엇이 크게 바뀌지는 않을 것이다.

내 우려는 한미 FTA다. 오바마는 대선 과정에서 한미 FTA에 대해 회의적인 입장을 드러냈지만 한미 양국 간에 이 문제가 아주 중요한 이슈라는 것을 알게 될 것이다. 또한 장기적인 관점에서 한국이 미국의 무역 상대국으로서 중국이나 유럽연합, 일본만큼이나 중요하다는 것을 알게 될 것이다. 그러니 한국은 아주 현명하게 한미 FTA를 진전시켜나가야 한다.

- 한국이 현명하게 한미 FTA를 진전시켜나가야 한다는 말을 좀 더 설명한다면?
- • 국회가 한미 FTA 비준 동의안을 먼저 처리하면 미국에 좋은 사인이 된다고 본다. 국회가 한미 FTA를 아주 빠르게, 그리고 압도적으로 통과시킨다면 오바마 측에 한미동맹의 중요성을 각인시키는 계기가 될 것이고, 한국이 한미 FTA로 인해 발생될 수 있는 위험을 감내하겠다는 신호가 된다. 한국이 정치적 위험부담을 무릅쓰고 통과시켰으니 이제는 미국 차례라는 것을 오바마 행정부 측에 인식시킬 필요성이 있다. 한미 FTA 국회 비준 후 한국의 국회의원단과 통상 관료들이 방미해 한국의 비준 의미를 강조하면서 오바마 행정부와 미 의회, 싱크탱크 인사들을 두루 만나며 '한미동맹 정신에 기초해 잘 마무리해달라'고 설득하는 자세가 필요하다. 한미동맹의 중요성에 입각해 미국 의회의 비준 필요성을 설득한다면 관철될 수 있다. 미국에서는 미시건 주 등이 자동차 산업에 민감하지만, 자동차 산업을 둘러싸고 많은 오해가 있는 것 또한 사실인 만큼 대화와 토론을 통해 오해를 풀어야 한다.

- 노무현 정부 때 한미 FTA 협상을 지지했던 민주당이 조기 비

준을 결사반대하고 있는데…….

•• 한국의 민주당은 선거에서 진 만큼 무조건 힘에 기반해 밀어붙이기보다 다수결의 원리에 따라 다수의 의견을 존중해야 한다. 선거에서 지면 다수당이 일을 하도록 존중해줘야 한다. 그게 법치정신이다. 부시 시대 다수당이었던 공화당은 선거에서 진 뒤 민주당이 일을 하도록 존중해주고 있다.

• 이명박 대통령의 지지도가 2009년 1월 국회 폭력사태를 거치며 하락했는데 민심이반 현상을 어떻게 보는가?

•• 모든 정치인들의 인기는 높아질 때가 있고 떨어질 때가 있다. 나는 여론 지지도에 대해 지나치게 우려하지 않는다. 마거릿 대처 영국 총리는 재임시 "나는 여론 지지도를 읽지 않는다. 다만 여론 지지를 만들 뿐"이라고 말한 적이 있다. 이 대통령은 지난 대선에서 500만 표차로 승리했고, 그런 선거적 자산을 갖고 있는 만큼, 한국이 어디로 가야 하는지, 정부가 무엇을 하고 국민은 뭘 해야 하는지에 대해 명확한 비전을 갖고 리더십을 행사해야 한다. 그게 민의를 따르는 것이다. 김대중, 노무현을 지지하던 유권자가 이명박을 리더로 선택했다면 그가 추구하는 정책을 추진하도록 해야 한다. 야당이 이것을 무시하면서 법치의 틀 밖에서 활동하려는 것은 민주주의를 위협하는 위험한 발상이다.

- 이 대통령에 대해선 여전히 낙관적인가?

• • 이 대통령의 업적에 대해 얘기하기에는 아직 이른 상태지만 나는 그가 성공한 대통령이 될 것이라고 확신한다. 세계 경제위기 시대를 맞으며 그는 추가적인 과제를 안게 됐는데 그는 위기 발생 직후 미국이나 이탈리아나 필리핀의 지도자에 비해 아주 발 빠르게 대응했다. 이 대통령은 최선을 다해 위기에서 경제를 구해야 한다는 메시지를 전달하면서 리더십을 발휘했다. 우리는 위기를 맞았을 때 이 대통령이 발휘한 리더십에 대해 주목해야 한다.

- 오바마 시대가 개막됨에 따라 미국 사회가 부시 식 보수주의에서 오바마 식 진보주의로 변화될 것이라는 관측이 많은데…….

• • 나는 그렇게 보지 않는다. 부시 대통령이 정책을 잘못 펼쳐 반대자가 늘어난 것일 뿐 미국의 진보파가 확산된 것은 아니다. 미국은 여전히 보수적인 나라다. 2008년 11월 대선출구조사 결과를 보면 38퍼센트가 보수라고 답한 반면 진보라고 응답한 이는 19~20퍼센트에 불과하다. 나머지는 중도다. 지난 대선 때 존 매케인 상원의원은 나쁜 경제 상황과 싸워야 했고 이라크, 아프가니스탄의 상황도 몹시 좋지 않아 외교정책 면에서도 큰 어려움을 겪었다. 반면 오바마 진영은 변화를 기치로 내걸면서 유권자들의 관심을 끌었고 선거 과정에서 그것을 효과적으로 홍보했다. 피상적

으로 보면 진보주의가 미국 대선에서 승리했다고 볼 수 있지만 미국은 여전히 보수적인 나라이고, 경제가 매우 어려운 상황이라는 것을 잊지 말아야 한다.

• 그럼에도 불구하고 한국에서는 오바마의 진보주의적 성향에 대해 관심이 많은데…….
•• 오바마는 진보 성향을 갖고 있는 게 사실이지만 미국인들은 진보 쪽으로의 전환을 원하는 것은 아니라고 본다. 다만 경제적 치유를 원할 뿐이다. 따라서 오바마는 진보적 정책보다는 중도적 정책을 펼 가능성이 높다.

• 30여 년 이상 헤리티지재단을 이끌며 미국 보수주의 운동의 핵심 인사로서 역할을 해왔는데 한국의 보수주의 운동가들에게 조언한다면?
•• 정치나 재단이나 원칙은 마찬가지다. 모든 정부 정책의 밑에는 근저를 이루는 이념이나 아이디어가 깔려 있는데 어떤 원칙하에 그런 아이디어가 마련됐느냐가 중요하다. 어떤 상황에서도 변치 않는 원칙은 법치주의와 개인의 자유, 선택의 자유가 존중되는 사회가 최선이라는 점이다. 미국 보수주의가 지향하는 작지만 강한 정부도 국민 보호, 법치주의에서 출발한다. 이 같은 원칙에 입각해 정부의 구조와 정책 방향이 제시된다. 물론 정치 세력에 따라

정책은 달라질 수 있고 그에 대한 논쟁도 있을 수 있다. 예컨대 노무현 정부에서처럼 소득 재분배 정책이 경제 규모를 키우는 것보다 중요하다고 볼 수도 있고, 그게 정부의 정책도 될 수 있다고 본다. 그러나 나는 경제 규모를 키우는 것도 중요하다고 본다. 나는 보수주의자이지만 "거대한 파도는 모든 배를 뜨게 한다"는 민주당 출신 존 케네디 대통령의 말을 좋아한다. 일단 경제 규모를 크게 키우면 모든 이들이 훨씬 더 좋아지게 된다는 말이다. 어떤 아이디어든 그것에는 양면성이 있다. 싱크탱크는 일정한 원칙에 바탕해 정책연구를 하고 그에 따른 정책을 권고한다. 그리고 정치인들은 국민의 소리에 귀 기울이면서 그들의 원칙에 기반해 정책 권고를 수용하고 나라를 전진할 수 있는 방향으로 이끄는 것이다.

- 오바마 시대 보수적 싱크탱크로서 헤리티지의 역할은 무엇이라고 보는가?
- • 헤리티지재단은 보수적인 싱크탱크이고, 보수주의에 입각한 정책을 지지하지만, 그렇다고 공화당이나 민주당 어느 한편을 일방적으로 지지하지는 않는다. 우리는 시민들이 정책을 만들기를 원하고, 정부 정책이 책임성 있게 전개될 수 있도록 감시하고 비판하고 조언한다. 따라서 우리는 부시의 재정정책에 대해선 비판적이었다. 2008년 미국 대선에서 공화당이 패한 것은 부시의 재정적자에 대해 비판적인 유권자들이 많이 늘어났기 때문이다. 오바

마는 경기 부양책을 얘기하면서 재정확대 정책을 펴고 있는데 우리는 경기 부양을 위해선 감세가 더 효과적이라고 생각한다. 경기 부양을 위한 최고의 정책은 일자리를 늘리는 것이다. 일자리 창출을 위해선 감세가 재정 투입보다 낫다는 대안을 헤리티지재단은 제시하고 있다. 미국 일자리의 70퍼센트는 스몰 비즈니스에서 만들어진다. 따라서 우리는 그것을 위한 정책을 제안하고 있다.

• 역사의 무대에서 퇴장한 부시 대통령의 공적은 어떻게 기록될 것으로 보는가?

• • 부시 대통령은 미국 역사에 해리 트루먼과 같은 지도자로 기록될 것이다. 트루먼은 백악관을 떠날 때 별 인기가 없었지만 30년 후, 50년 후엔 평가가 달라졌다. 전후 최고의 지도자라는 얘기까지 나온다. 그는 미국 정부와 국제 시스템이 테러와의 전쟁을 할 수 있도록 효과적으로 이끌었고 핵확산을 막기 위해 노력했다. 미국 내적으로는 적극적인 감세정책을 통해 미국 경제에 활력을 줬다. 역사는 부시 대통령에 대해 현재의 미디어보다 훨씬 호의적인 평을 할 것이다.

• 오바마의 미덕은 무엇이라고 보는가?

• • 오바마는 첫 흑인 대통령으로 상당한, 도전적인 과제를 안고 있다. 그는 역사적으로 볼 때 여러 면에서 모든 미국인들로부터 지

지받는 대통령이 될 수 있는 기회를 갖고 있다고 볼 수 있다. 오바마는 아주 뛰어난 호소력을 지닌 글과 연설로 미국인들을 연결시켰다. 그는 국내외적으로 아주 현명하고 똑똑하게 리더십을 발휘할 것으로 본다. 오바마는 보수주의자는 아니지만 그렇다고 진보주의자도 아니다. 그는 중도주의적 입장에서 국내외적 문제, 즉 에너지 문제나 핵확산 문제 등의 해법을 찾을 것이다. 오바마에 관한 한 나는 신중한 낙관론자다.

취재노트

에드윈 풀너 이사장은 매년 초 한국을 방문한다. 새해를 가족과 함께 조용하게 맞는 미국인들이 많지만, 그는 매년 정초에 한국을 비롯한 아시아 국가들을 순방하며 각국의 리더들을 만나고 한 해의 정세 전망에 대해 논의한다. 그는 30여 년 전부터 매년 한국을 방문해왔지만 오랜 지기인 이명박 대통령에 대한 기대가 남다른 탓인지 2008년부터는 방한 횟수도 잦아졌다. 이 대통령의 취임 전인 지난 2008년 1월 풀너 이사장을 만났을 때 헤리티지재단이 펴낸 《성공하는 대통령의 조건》이라는 책 얘기를 하면서, "이 대통령이 성공하기 위해선 어떤 조건을 갖춰야 하느냐"고 물었더니 그는 이렇게 설명했다.

"첫째, 미국에서는 '국민이 정책people are policy'이라는 말을 많이 한다. 새 정부는 국민이 무엇을 원하는지에 집중해 그것을 실현시킬 수 있는 인사를 장관 및 고위 관료로 발탁해야 한다. 발탁된 인사들은 가치를 공유해야 하고 국가를 새로운 방향으로 이끌기 위한 방안을 마련해야 한다. 그런데 문제는 정부 내 관료 조직이다. 그들은 대개 정부 변화와 무관한 스스로의 어젠다를 고수하려는 경향이 있다. 또한 비선출직 인사들이 아니기 때문에 국민의 요구를 모를 때가 많다. 대통령이 자신의 어젠다를 실행하기 위해선 국민의 뜻에 따라 정책을 입안하고 이것을 실천할 수 있도록 관료들의 지원과 협력을 끌어내야 한다.

둘째, 커뮤니케이션을 분명히 해야 한다. 우선 잘 듣고, 그 메시지를 잘 보유해야 하고 그것이 일관되게 실행되도록 해야 한다. 국민들이 무엇을 원하는지 분명하게 이해한 뒤 그것을 실천하기 위해 일관성을 갖고 정책으로 밀고 나가야 한다.

셋째, 대통령은 지침을 내릴 때 짧고 분명하게 해야 한다. 메시지를 복잡하게 얘기하면 실행 과정에서 문제가 생긴다. 상황이 복잡해지지 않도록, 정부 내 역할과 기능이 서로 엉키지 않도록 늘 미션을 분명히 제시해줘야 한다."

그는 2007년 대선 후 이 대통령을 만났을 때 '성공하는 대통령이 되기 위한 조건'에 대해 '특강'을 했는데 이에 대해 이 대통령은 매우 수용적인 자세를 보였다면서 "이 대통령은 성공한 대통령이 될 것"이라고 낙관했다. 그는 이 대통령이 성공할 것이라는 근거로 "들을 줄 아는 지도자"이기 때문이라면서 다음과 같이 덧붙였다.

"이 당선인과는 벌써 30년 넘게 교유를 해온 사이다. 아주 오래전부터 그가 일하는 모습을 지켜봤다. 그는 현대건설 최고 경영자로, 또 서울시장으로 활동하며 큰 기구를 움직인 경험이 있다. 거대 관료기구를 어떻게 이끌어야 하는지 방법을 아는 사람이다. 최고 경영인 출신의 경험, 그리고 거대 서울을 이끌었던 경험은 그가 대통령직을 성공적으로 운영하는 데 큰 도움이 될 것이다. 특히 이 당선인이 지닌 가장 큰 장점은 들을 줄 아는 사람good listener이라는 것이다. 이것은 리더 자질로서 아주 중요한데 잭 웰치 제너럴 일렉트릭스 회장은 재임시 가장 역점을 둔 것이 소비자들의 발언에 귀를 기울이는 것이었다고 얘기할 정도다. 이 당선인도 그렇게 들을 줄 아는 지도자다."

풀너 이사장은 한국에 대해 공개적인 자리에서는 좀처럼 쓴소리를 하지 않는 '외교적인 인사'지만, 2009년 1월 만남 때엔 한국인에 대해 솔직한 충고도 아끼지 않았다.

"나는 35년 이상 한국을 오가고 있는데 한국의 오랜 친구들에게 이 기회를 빌려 한마디 하자면, 한국 사람들은 스스로를 저평가하는 경향이 있다. 그들은 자신들이 세계 속에서 할 수 있는 일을 스스로 낮게 생각하고 있으며, 세계 속에서 무슨 역할을 해야 할지에 대해 자신을 갖지 못하고 있다. 그런데 이 대통령은 한국인의 그런 잠자는 자신감을 일깨우고 새로운 자신감을 불어넣어주는 계기를 마련해주고 있다고 생각한다. 한국은 이명박 시대에 국제 무대에서 제대로 평가되는 그런 시대, 글로벌 코리아의 시대를 열 수 있다고 본다. 한국 친구들이여, 자신감을 가져라."

이 대통령에 대해 어떤 관점을 갖고 있느냐에 따라 풀너 이사장의 조언이 달리 들릴 수 있겠지만, 오래 우리나라를 오가며 경험한 이의 지혜를 존중할 필요가 있다는 점에서 한번 생각해볼 여지는 있는 것이다.

3장

열정으로 세계를 사로잡은 리더들의 일하는 법

글로벌 리더들은 호기심 많고 진지하며 열심히 일하는 사람들이다. 또한 자기가 속한 세계에 안주하지 않고 더 넓은 세상을 향해 마음을 열고 탐구하고 활동하는 휴머니스트들이다. 21세기의 최전선에서 활동하는 세계 각국의 리더들은 일과 사람과 세상과의 관계를 어떻게 설정하고 있는가.

21세기 파우스트를 꿈꾸는 퍼블릭 지식인

미연방 판사
리처드 포스너

RICHARD POSNER

인간이 파우스트의 꿈을 버렸을 때 모든 것이 분과로 쪼개진 전문가들의 세상이 됐고, 분열이 깊어졌다. 미세한 분야에 집착하다 보면 보편적인 문제를 볼 수 없다. 한 사회가 발전하려면 좀 더 넓은 관점에서 세상을 보면서 시대의 문제를 꿰뚫어 보는 퍼블릭 지식인이 있어야 한다. 하지만 미국은 전통적으로 반지식인 사회였는데 점점 더 지식인을 엔터테이너처럼 대하고 있어 걱정이다.

• 질문
•• 대답

리처드 포스너의 공식 직함은 미연방 제7순회항소법원 판사다. 우리 식으로 얘기하면 고등법원 판사다. 1939년 뉴욕에서 태어나 예일대 영문학과 및 하버드대 로스쿨을 졸업했고, 시카고대 로스쿨에서 법학을 가르치고 있다. 그는 로널드 레이건 행정부 때인 1981년 종신직인 연방 판사로 임명된 이래 줄곧 시카고에서 이 일을 하며 법학뿐 아니라 미국 사회 전반에 대해 적극적으로 글을 쓰고 있다. 그가 펴낸 책은 반독점법에서 민주주의, 지식인 문제에 이르기까지 40권에 달하는데 모두 출간될 때마다 주목을 받았다. 그는 영국 〈프로스펙트Prospect〉지가 선정한 2005년 '100명의 글로벌 지식인'에서 32위를 차지했을 정도로 영향력이 크다. 또한 2007년 미국의 법학 전문지 〈리걸 어페어즈Legal Affairs〉가 선정한 '우리 시대 가장 영향력 있는 법사상가 20인'이기도 하다.

그는 판사로서의 공적 활동을 100퍼센트 수행하면서도 세상 모든 문제에 대해 오감을 열어놓고 연구, 이를 글이나 책으로 써내는 '파우스트' 같은 인물이다. 세상의 모든 것에 대해 알고 싶은 열망과 탐구 정신 때문에 악마에게 영혼을 저당 잡힌 파우스트와 그가 다른 점은 컴퓨터와 인터넷이라는 첨단 조수가 있어 영혼을 팔아 넘기지 않아도 되는 세상에 살고 있다는 것뿐이다.

그러한 왕성한 활동 덕분에 포스너는 '법률계의 슈퍼 노바초신성' '1인 싱크탱크' '퍼블릭 지식인계의 황제' 등으로 불린다. 〈뉴요커〉는 그를 일주일 동안 관찰하며 기록한 심층 인터뷰에서 "포스너에겐 2개의 페르소나가 있는데 포스너 I은 판사, 포스너 II는 사회비평가"라고 평한 바 있다. 낮에는 포스너 I, 밤에는 포스너 II에 충실하게 살며 퍼블릭 지식인으로서의 역할을 수행한다는 것이다. 한 가지 일도 제대로 하기 어려운 세상에 두 가지 일을 모두 성공적으로 할 수 있는 무한 에너지는 어디서 나오는 것일까. 시카고 시내에 위치한 항소법원 판사실에서 만나서 그의 저작 활동에 대한 얘기를 들었다.

- 판사로 있으면서 어떻게 사회 전반에 대해 수없이 많은 글을 쓰고 책을 펴내는가?

•• 판사 일은 대개 낮에 하고, 책을 보고 글을 쓰는 일은 밤과 주말에 한다. 애들은 다 컸고, 사교 활동도 거의 하지 않기 때문에 시간을 많이 낼 수 있다. 요즘엔 인터넷 검색엔진이 좋고, 시카고대에 스태프도 있어 아이디어만 생기면 곧바로 집필에 들어간다.

• 연방 판사로서의 삶을 얘기한다면?
•• 제7순회항소법원은 일리노이 주와 위스콘신, 인디애나 주를 관할하는데 11명의 판사가 일한다. 1981년 연방법원 판사가 된 이래 주로 경제법, 지적재산권에 집중해왔는데 일이 매우 흥미롭다.

• 책 구상과 집필은 어떻게 하는가?
•• 내가 혼자 생각해서 결정한다. 빌 클린턴 대통령 탄핵처럼 사회적 현안이 발생할 경우엔 곧 자료를 모아 집필에 들어간다. 사회적 요구에 답하는 게 지식인의 역할이라고 본다.

• 어떻게 그렇게 다양한 문제에 대해 흥미를 가질 수 있는가?
•• 나는 좀 참을성이 없는 편이다. 새로운 것에 호기심이 강하고 새로 배우는 것을 좋아한다. 그래서 내 책의 일부는 완결성이 떨어진다는 것도 알고 있다.

• 2001년작인 《퍼블릭 지식인Public Intellectuals》은 특히 반향이

컸는데 이 책을 쓰게 된 동기는?

• • 글쎄, 그때 어떤 생각을 했더라…….

그는 워낙 많은 책을 '생산'한 탓인지 책의 저술 동기를 떠올리기 위해 조금 뜸을 들이다가 "〈뉴욕타임스〉 '북 리뷰'에 게르트루드 힘멜파브네오콘의 대부 빌 크리스톨의 어머니가 미국 문화에 대해 부정적인 글을 썼는데, 이후 하버드대 출판부에서 이 글에 반박도 할 겸 책을 써보라고 제안해 시작했다"고 설명했다. 말하자면 '주문 생산'된 책이라는 것이다.

• 《퍼블릭 지식인》의 100대 지식인 표에 헨리 키신저 전 미국무장관이 1위로 꼽혔는데 책 출간 후 반응은 어땠는가?

• • 극단적으로 말하면 키신저 한 사람 빼고 모두 불만을 나타냈다. 미국은 아주 경쟁이 치열한 사회이기 때문에 서열 매기는 것에 대해 극도로 민감하다. 내가 주관적으로 판단한 것도 아니고, 미디어에 언급된 횟수로 통계 처리를 한 것임에도 불구하고 자신의 이름이 언급된 모든 사람들이 불만을 나타냈다.

통계 처리로는 키신저가 1등이지만, 개인적으로 누구를 최고 지식인으로 보느냐고 물었더니 그는 주저없이 영국 출신 언론인 앤드류 설리번Andrew Sullivan과 크리스토퍼 히친스Christopher Hitchens

를 꼽았다. "두 사람 모두 보수적 정치관을 지녔지만 시대를 읽는 감각이 뛰어나다"는 게 그 이유다. 그가 영국 언론인을 꼽은 것은 아마 공화당이나 민주당 어느 한편을 지지하는 미국 언론인들에 대한 간접적인 불신이기도 하다. 과거 인물들 중에는 《동물농장》의 작가 조지 오웰을 든다. 시대의 문제를 꿰뚫어 볼 줄 아는 지식인이었다는 것이다.

• 사회·정치 문제에 대한 개인적인 입장을 설명한다면?
•• 이슈에 따라 다르다. 예컨대 동성애나 낙태를 지지하고, 지구 온난화에 대해 우려하고, 국제 테러에 대해 걱정하는 사람이다.

그는 자신을 "외교 안보적으로는 보수, 사회적으로는 리버럴"이라고 표현했다. "어떤 이념도 선호하지 않는다는 말이냐"고 따져 물었더니 "그렇다"고 단답형으로 답변했다. 이런 이유 때문에 포스너는 "좌우 어느 쪽도 아니면서 좌우 양편을 모두 괴롭히는 인사"라는 혹평을 받기도 한다.

그는 당초 민주당 지지자였으나 1960년대 말 생각을 바꿨다. 조지 W. 부시 행정부에 대해서는 극도로 불신하는 쪽이지만, 굳이 정치적 견해를 밝히라면 '공화당'이라고 설명한다. 또한 시카고의 자유로운 지적 풍토가 좋아 1969년 이사한 이래 이곳을 제2의 고향 삼아 살고 있다.

- 60년대 말 민주당 성향의 리버럴 지식인 대열에서 벗어난 이유는?
- • 스탠퍼드대에서 베트남 반전운동을 경험했는데 급진주의가 미국 사회의 대안이 될 것이라고 보지 않았다.

- 요즘 미국에서 퍼블릭 지식인의 역할이 쇠퇴하고 있다고 보는가?
- • 물론이다. 미국은 전통적으로 반지식인적 사회였는데 점점 더 지식을 중시하지 않는 사회가 되고 있다. 지식인들을 엔터테이너처럼 대하는 게 요즘의 풍조다.

그는 얼마 전 비행기에서 만난 맥도널드의 햄버거대에서 일하는 사람 얘기를 꺼냈다. 자신이 시카고대에서 법학을 30여 년 강의해왔다고 했더니 그 사람이 "시카고대가 햄버거대만큼이나 유명한 학교냐"고 물어 아연실색했다는 것.

- 미국의 미래를 어떻게 보나?
- • 나는 비관적으로 본다. 요즘 미국에서는 종교가 부흥기를 맞고 있는데 종교적 신념이 강한 사람들을 이성적으로 설득하는 일은 아주 힘들다. 이런 추세로 볼 때 미국은 점점 더 보수화할 것이다. 장기적으로 미국에 대해 비관적이다.

- 그렇다면 보수적인 공화당의 장기집권 시대가 열릴 것으로 보는가?
- 공화당과 민주당의 정권 교체는 정치 게임이기 때문에 미국 사회의 장기적 보수화 추세와는 다른 문제다.

- 요즘처럼 여론이 갈리는 것은 시대를 통찰하는 파우스트 같은 보편주의자가 점점 사라지고 있기 때문이 아닌가?
- 인간이 파우스트의 꿈을 버렸을 때, 모든 것이 분과로 쪼개진 전문가들의 세상이 됐고 분열이 깊어졌다. 그런 점에서 나는 파우스티안이다. 미세한 분야에 집착하면 보편적인 문제를 볼 수 없다. 나는 좀 더 넓은 관점에서 세상을 보고 싶다.

취재노트

워싱턴에서 일하던 지난 2005년 가을 무렵, 반즈 앤 노블 서점에서 《퍼블릭 지식인》이란 책을 발견했다. 미국 현대 지성계의 경향을 정리하면서 미국 퍼블릭 지식인의 활동이 쇠퇴하고 있다는 것을 분석한 저작인데, 주제 자체도 흥미로울 뿐 아니라 저자의 문제 접근법도 신선했다. 며칠간 책을 읽은 뒤 포스너 판사에게 이메일로 인터뷰 신청을 했다. 그랬더니 포스너 판사는 몇 시간 만에 답장을 보내왔다.

"아시아에 가본 적도 없고, 아시안 친구도 없지만 한국에도 내 책이 몇 권 번역 소개됐으니 언제든 만나고 싶다"면서 "아시아 언론인과의 첫 만남에 기대를 갖고 있다"는 답신을 보내왔다. 2005년 9월 29일 이른 아침 워싱턴 로널드 레이건 공항에서 비행기를 타고 1시간여 만에 시카고에 도착, 지하철로 이동해 시내로 들어갔다. 그의 사무실은 시카고 시내에 위치한 제7순회법원의 27층에 있었다.

수많은 법전들이 병풍처럼 둘러쳐진 사무실에서 포스너 판사와 '법률 이외의' 문제를 주제로 대화를 시작했다. 그와의 만남에서는 묻고 싶은 게 너무 많았지만, 일단 주제를 그가 펴낸 야심작《미국의 100대 지식인》에 집중했다.

포스너 판사는 철저히 객관적 자료에 기준해 우리 시대의 퍼블릭 지식인 100명을 선정했다. 이 지식인 분류표는 미국 주요 언론에서 누가 가장 많이 언급됐는가를 기준으로 통계 처리한 것이다. 관점에 따라 지식인의 선호도가 다르기 때문에 질적인 분류보다는 양적인 분류가 필요했다는 게 포스너 판사의 주장이다.

그는 시카고대 조사팀과 협력해 특별 소프트웨어를 만들어 지식인 분류 작업을 시작했다. 초판에서는 1995~2000년까지 조사를 했는데 이 시기가 빌 클린턴 행정부 때라 수정본에서는 클린턴 행정부와 조지 W. 부시 행정부가 교차하는 1997년 1월부터 2002년 7월로 시기를 변경했다. 신문은 〈뉴욕타임스〉와 〈워싱턴 포스트〉의 일요판과 〈월스트리트 저널〉이고, 잡지는 좌우파를 망라해 19개를 대상으로 삼았다. 좌파인 〈먼슬리 리뷰〉에서 자유 성향인 〈뉴요커〉와 〈아메리칸 프로스펙트〉, 우파인 〈내셔널 리뷰〉, 네오콘 주간지인 〈위클리 스탠더드〉 등을 모두 포함시켜 균형을 맞췄다.

포스너 판사는 표의 순위에 대해 "누가 사회적 요구에 가장 적극적으로 발언했느냐의 정도를 볼 수 있을 뿐 위대성이나 탁월성을 드러내는 것은 아니다"라고 한계를 그었다.

1등만을 선호하는 미국 문화의 탓일까, 포스너 판사는 이 책을 펴낸 뒤 여론의 몰매를 맞았다. "퍼블릭 지식인을 정리하다 퍼블릭 에너미public enemy, 공공의 적가 됐다"는 게 그의 농담 섞인 회고다. 특히 책이 나온 뒤 작가 고어 비달은 "내가 왜 몇 년 동안 아무것도 하지 않고 있는 노먼 메일러보다 뒤처지게 나왔느냐"며 공식 항의를 해오는 등 소동이 있었다.

미국 사회에 반향을 불러일으켰던 포스너 판사의 100대 지식인 표에 따르면 남자는 84명, 여자는 16명이며, 학자와 비학자의 비율은 반반이다. 학자 중에서는 경제학자가 10명으로 가장 많고 이어 정치학, 역사학, 철학자가 각 5명씩이다. 또한 비학자 중에서는 작가가 34명으로 선두이고, 이어 언론인이 15명이다. 미국인은 79명, 외국인은 21명이며, 정치적 성향은 보수 35명, 진보 63명이며 정치색을 알 수 없는 이는 2명으로 분류됐다. 한편 포스너 판사는 학술지에 언급된 지식인들도 별도로 통계 처리를 해 '학계에서 꼽는 지식인 100명' 도표도 만들었는데, 여기서는 프랑스 철학자 미셸 푸코가 1위, 피에르 브르디외가 3위, 미국 화학자 라이너스 칼 폴링과 물리학자 스티븐 와인버그가 각각 2위와 4위, 그리고 독일 철학자 위르겐 하버마스가 5위를 차지했다.

100대 퍼블릭 지식인*

순위	이름	미디어 언급 횟수*
1	헨리 키신저	22,157
2	대니얼 패트릭 모니핸	17,774
3	조지 소로스	15,078
4	로버트 라이시	14,089
5	윌리엄 베넷	13,539
6	아서 밀러	11,353
7	로렌스 서머스	11,054
8	살만 루시디	10,538
9	안토닌 스칼리아	10,375
10	조지 윌	10,106
11	조지 오웰	9,407
12	윌리엄 사파이어	9,294
13	앨런 더쇼비츠	8,968
14	톰 울프	8,186
15	시드니 블루멘털	7,959
16	노먼 메일러	7,359
17	토니 모리슨	7,313
18	데이비드 브로더	7,274
19	조지 버나드 쇼	7,136
20	모린 다우드	6,806
21	스티븐 브레이어	6,596
22	바츨라프 하벨	6,287
23	글로리아 스타이넘	5,961
24	고어 비달	5,909
25	토머스 프리드먼	5,783
26	윌리엄 F. 버클리	5,480
27	앨런 긴즈버그	5,408
28	존 스타인벡	5,297
29	칼 세이건	5,132
30	도리스 K. 굿윈	4,916
31	로버트 보크	4,766
32	커트 보네거트	4,751
33	제프리 토빈	4,401
34	필립 로스	4,190
35	티모시 리어리	4,117
36	빌 모이어스	4,096
37	밀턴 프리드먼	3,985
38	폴 크루그먼	3,966
39	로버트 휴즈	3,796
40	프랭크 리치	3,765
41	조이스 C. 오츠	3,684
42	린 체니	3,627
43	H. G. 웰스	3,586
44	로라 타이슨	3,500
45	찰스 크로서머	3,494
46	크리스토퍼 히친스	3,418
47	앤서니 루이스	3,389
48	빌 크리스톨	3,371
49	가브리엘 가르시아 마르케스	3,351
50	E. J. 디온	3,333

51	데이비드 브룩스	3,298
52	C. S. 루이스	3,291
53	레이첼 카슨	3,280
54	데이비드 햄버스탐	3,240
55	올더스 헉슬리	3,168
56	존 실버	3,133
57	앨리스 워커	3,123
58	토마스 E. 만	3,110
59	마이클 킨슬리	3,107
60	아서 슐레진저	3,088
61	로렌스 트라이브	3,067
62	밥 허버트	3,056
63	솔 벨로	3,013
64	피터 드러커	2,999
65	스티븐 제이 굴드	2,924
66	존 케인즈	2,916
67	올리버 홈즈	2,907
68	아인 랜드	2,772
69	수전 손탁	2,772
70	베티 프리단	2,769
71	에즈라 파운드	2,758
72	조셉 스티글리츠	2,749
73	노엄 촘스키	2,718
74	장 폴 사르트르	2,713
75	폴 존슨	2,664
76	윌리엄 예이츠	2,645
77	수전 에스트리치	2,628
78	헨리 루이스 게이츠	2,622
79	윌리엄 라즈베리	2,607
80	페기 누넌	2,570
81	앤드류 설리번	2,566
82	리처드 도킨스	2,560
83	래리 맥머트리	2,560
84	앤 쿨터	2,546
85	벤자민 스포크	2,546
86	토마스 만	2,475
87	제임스 볼드윈	2,427
88	존 케네스 갈브레이드	2,330
89	코넬 웨스트	2,319
90	H. L. 멘켄	2,318
91	제프리 삭스	2,309
92	스콧 트로	2,308
93	알베르 카뮈	2,283
94	나오미 울프	2,276
95	즈비그뉴 브레진스키	2,265
96	에드워드 사이드	2,210
97	릴리언 헬먼	2,202
98	랠프 엘리슨	2,198
99	폴린 카엘	2,182
100	알렉산드르 솔제니친	2,167

* 1995년 1월부터 2002년 7월까지 〈뉴욕타임스〉〈워싱턴 포스트〉〈월스트리트 저널〉 등 주요 일간지와 〈뉴요커〉 등 19개 주간지에 언급된 횟수.

하나의 직업에 만족하고 안착하기 전에 좀 더 자신을 격려하면서 더 넓은 세상의 흐름을 보기 위해 노력하라. 현재 선진국에 살고 있는 사람들은 자신들이 누리고 있는 삶의 조건에 대해 성찰해봐야 한다. 저개발국에 태어났다는 이유만으로 공부할 기회도 얻지 못하고 평생 불리한 위치에서 살아가는 사람들이 있다는 것을 잊지 말아야 한다.

유방암도 물리친 뚝심으로 세계 어린이의 수호천사가 되다

유니세프 사무총장
앤 베너먼

ANN VENEMAN

· 질문
·· 대답

미국 농무부 최초의 여성 장관직을 마무리한 뒤 2005년 유니세프 수장으로 옮긴 앤 베너먼은 이혼 경력이 있는 무자녀 독신 여성이다. 그런 베너먼이 어린이 국제기구인 유니세프 수장으로 임명됐을 때 안팎의 저항이 적지 않았다. 조지 W. 부시 행정부의 낙하산 인사인 데다 무엇보다 그의 경력이 어린이 구호사업과 무관하다는 점 때문이었다. 하지만 베너먼 사무총장은 특유의 뚝심과 친화력으로 안팎의 부담스런 분위기를 이겨냈고 '유엔 산하 국제기구 대표들 중 가장 열정적으로 일하는 인물'이라는 이미지를 각인시키는 데 성공했다.

그는 1949년 캘리포니아 모데스토에서 태어나 데이비스 캘리포니아대 정치학과를 졸업한 뒤 버클리 캘리포니아대 공공정책대학원을 졸업했다. 1986년 미 농무부 외국농업처 관리관으로 일하기 시작, 농무부 국제 담당 부차관, 부장관을 거쳐 농무장관이 됐다. 식품, 농업, 환경 전문 변호사이기도 하다.

• 유니세프는 전 세계 어린이들의 수호천사라고 할 수 있는데, 2005년 5월 유니세프 수장이 된 이후 활동을 소개한다면?

•• 유니세프를 세계 어린이들의 수호천사로 규정한 것에 대해 고맙게 생각한다. 멋진 표현이다. 지난해 5월부터 유니세프 사무총장으로 일하기 시작하며 아프리카, 아시아 지역 어린이들의 빈곤과 질병을 퇴치하기 위해 노력해왔다. 특히 말라리아는 어린이들을 사망으로 이끄는 최대의 적이며, 에이즈 문제도 심각한 상태다. 지난해 유니세프는 '어린이를 위한 연대' 이니셔티브를 발표했는데 어린이들의 에이즈 모태감염 예방 등이 주요 내용이다. 또한 어린이 인신매매, 아동 병사, 어린이 성착취 행위 등을 막기 위한 활

동도 적극적으로 벌이고 있다.

그는 이어 유니세프의 수장답게 세계 어린이 통계를 설명했다. 3명 중 1명은 화장실 등 위생시설이 없는 집에서 살고, 6명 중 1명은 기아에 시달리고, 7명 중 1명은 의료 사각지대에서 산다고 설명했다. 또 매일 1,800명의 어린이들이 에이즈에 감염된 채 태어나고 있으며, 더 심각한 것은 취학 연령에 있는 세계 어린이 1억 1,500만 명이 학교 교육을 받지 못하는 상태에 있고, 매년 120만 명의 어린이들이 밀거래되어 위험 노동이나 향락 유흥업소에 팔려간다고 한숨을 쉬었다.

- 유니세프 사무총장으로서 어떤 분야에 주력하고 있나? 전임자인 캐럴 벨러미 전 유니세프 사무총장과 어떤 차별성을 갖는다고 보는가?
- • 내가 전임자와 어떤 차별성을 갖느냐는 것은 별로 중요한 문제가 아니다. 나는 다만 어떻게 하면 구체적인 성과를 가져올 것인가, 어떻게 하면 국제 어린이 보호에 있어 커다란 진보를 이룰 것인가에 초점을 맞추고 있다. 우리는 리더십을 극대화해서 저개발국 어린이들을 질병과 빈곤, 기아에서 구해내는 구체적인 성과를 만들어야 한다. 중요한 것은 성과다. 이를 위해 나는 각국 정부와 유엔 기구들과 긴밀한 협조를 추구하고 있다. 구체적 성과를 얻기

위한 파트너십 형성에 주력하고 있다.

• 미국 농무장관으로서의 경험이 그런 일을 하는 데 유용한가?
•• 지난해 내가 유니세프로 올 때 몇몇 사람들은 농업과 어린이 문제가 어떤 연관성이 있냐고 비판을 하기도 했지만, 천만의 말씀이다. 나는 1980년대 중반 농무부에 들어온 이후 대부분 국제협력, 국제정책 분야를 맡았다. 농무부는 개도국 어린이의 영양실조를 막기 위해 개도국 학교에 대한 급식 프로그램, 어린이 긴급구호 프로그램 등을 지원해왔다. 이것은 유니세프의 인도적 지원 프로그램과 아주 밀접한 관련이 있다.

• 농무부 장관 경험이 그대로 유니세프 사무총장으로 일하는 데 도움이 된다는 얘기인가?
•• 물론이다. 농무부 일은 '누구도 식량 없이 못 산다'는 전제에서 출발하는데 유니세프에서도 식량 문제는 핵심이다. 어린이 기아와 영양실조 등을 막는 것은 유니세프가 집중하고 있는 중요한 핵심 사업 중의 하나다.

• 조직 운영에도 유사성이 있는가?
•• 농무부는 직원이 10만 명, 1년 예산이 1천억 달러에 달하는 거대 조직이다. 기업으로 치면 미국에서 일곱 번째 규모의 거대 기

업이다. 여기에 비하면 유니세프는 작은 조직이다. 전 세계 157개국에 지부가 있지만 글로벌 스태프를 모두 합쳐봐야 1만 명에 불과하고 예산도 20억 달러 정도다. 하지만 조직 운영은 그리 다르지 않다. 큰 조직을 운영하려면 정책과 예산, 인사, 조직 운영 방향 등에 대해 명확한 판단을 갖고 리더십을 발휘해야 한다는 점에서 공통점이 있다.

• 유니세프 사무총장으로서 남북한의 어린이 실태에 대해선 어떻게 보고 있나?

•• 한국은 수혜국에서 기부국으로 위상이 바뀌면서 유니세프에 많은 도움을 주는 나라가 됐다. 북한의 경우, 어린이 영양실조나 보건, 교육 면에서 매우 취약한 상태여서 아직도 많은 도움을 필요로 한다. 하지만 북한 당국이 인도적 지원 대신 개발 지원을 해달라고 요구하는 바람에 어린이 지원도 어려움을 겪고 있는 상태다. 북한이 어떻게 주장하든 간에 상당히 많은 수의 북한 어린이들이 긴급지원을 받아야 할 상태에 놓여 있다는 것을 우리 모두가 잘 알고 있다. 우리는 가능한 한 중립적인 상태에서 북한 어린이들에게 실질적으로 도움이 될 수 있는 일을 하려고 한다. 나는 아직 북한 당국자들과 어떤 직접적 대화도 하지 않았지만 북한 당국이 어떤 이해관계를 떠나 어린이 영양실조 등의 문제를 심각하게 다루길 바랄 뿐이다.

• 당신의 지난 경력을 보면 성공을 위해 달려온 사람 같다는 인상을 주는데 20, 30대 시절부터 인생의 목표에 대한 뚜렷한 생각이 있었는가?

•• 자신의 인생이 어디로 향할지는 누구도 예측하기 힘들다. 삶에는 예측할 수 없는 일이 많고, 삶의 고비에서 사람들은 다른 길을 택할 수 있다. 또 그 길이 종국적으로 자신을 어디로 데려갈지는 누구도 예측하기 힘들다. 남들은 내가 성공을 향해 달려왔다고 볼 수 있겠지만, 뚜렷한 계획을 갖고 한 방향으로 매진한 것은 아니다. 누구도 자신의 삶에 대해 완벽한 계획을 세우지 못할 것이다. 다만 긍정적인 자세를 갖고 멀리 보며 유연한 자세를 가지려 노력할 뿐이다.

• 그럼에도 불구하고 당신은 성공한 여성의 전형으로 평가되는데 여성 후배들에게 해주고 싶은 말은?

•• 자신의 삶에 대해 모험적이 되라는 말을 하고 싶다. 요즘 미국과 같은 선진국에 사는 여성들은 과거에 비해 훨씬 더 많은 기회가 주어진다. 남녀가 동등하게 교육 기회나 직업 선택의 기회를 얻을 수 있다. 따라서 학교 졸업 후 하나의 직업에 만족하고 안착하기 전에 좀 더 자신을 격려하고, 더 넓은 세상의 흐름을 보라고 권하고 싶다. 또 한 가지 얘기하고 싶은 것은 현재 선진국에서 누리는 그런 기회에 대해 성찰할 기회를 가졌으면 한다. 그런 교육 기회,

직업 선택의 기회는 세상 모든 사람들에게 자연스레 주어지는 것은 아니다. 저개발국에 태어났다는 이유로 공부할 기회도 얻지 못하고 평생 불리한 위치에 살고 있는 수많은 여성들이 있다는 것을 잊지 말았으면 한다. 세상에는 아직도 투표권 없이 사는 여성이 많고, 가난한 집에서 태어나 교육을 받지 못하는 여성들도 너무 많다. 세상에 태어났다면 당연히 누구나 교육을 받고, 인간으로서 이상을 추구하며 살 수 있도록 여성들이 대우받는 세상을 만들기 위해 노력해야 한다.

• 취미를 소개한다면?
•• 일하는 게 내 취미다. 나는 일을 좋아하고 즐긴다.

• 요리 솜씨가 일품으로 알려져 있던데?
•• 친구들을 초대해 요리를 많이 해준 덕분에 그런 얘기를 들었는데 실제 요리를 좋아한다. 뉴욕으로 옮긴 이후엔 일이 너무 바쁘고 해외방문 일정이 많아 거의 하지 못하고 있다.

• 요즘 일상을 설명한다면?
•• 요즘 뉴요커로서의 삶을 배우고 있다. 뉴욕에서의 하루하루가 너무 흥미롭다. 나는 캘리포니아 모데스토에 있는 복숭아 농장에서 태어나 거기서 자랐고, 일은 대부분 워싱턴에서 했기 때문에 뉴

욕은 처음이다.

취재노트

앤 베너먼 유니세프 사무총장과의 첫 만남은 2005년 11월 유엔 프레스 투어 때다. 베너먼 사무총장이 직접 국제 저널리스트들에게 유니세프에 대해 설명회를 가졌는데, 모임 후 인터뷰 제안을 했더니 흔쾌히 수락했다. 그 후 베너먼의 비서와 일정을 조율하며 한두 달이 훌쩍 흘렀고, 2006년 2월 말 임박해서 인터뷰 날짜가 3월 7일로 결정이 됐다. 이때는 워싱턴 특파원 3년 임기를 끝낸 뒤 시카고와 시애틀을 여행 중인 시기였지만 국제기구의 수장을 만날 기회가 흔치 않을 것 같아 시애틀 일정을 줄이고 뉴욕을 추가했다.

2006년 3월 7일 오전, 맨해튼 유엔 본부 앞에 위치한 유니세프 본부로 들어서 엘리베이터를 탔더니, 검은 코트를 입은 한 중년 여성이 무거운 서류 자료를 한 아름 안고 급하게 올라탔다. 자세히 보니 베너먼이었다. 인사를 건네니 "유엔 본부의 긴급 아침회의를 마치고 오는 길"이라며 "약속 시간에 늦을까봐 바삐 걸어왔다"며 활짝 웃었다. 꽃샘추위 탓인지 그의 볼은 발갛게 상기됐지만 표정엔 자신감이 넘쳐났다. 유니세프 수장 베너먼과의 인터뷰는 이렇게 엘리베이터에서부터 시작됐다.

베너먼은 "일하는 게 취미"라고 말할 정도로 지독한 일벌레지만 한 분야에서 성공한 여느 여성들과 달리 권위적이지 않고, 다정다감한 성격의 사람이다. 일 이외에 그가 즐겨 하는 '또 하나의 일'은 음식 만들기. 친구들을 집으로 초대해 포도주와 음식을 대접하는 게 취미인데 그의 워싱턴 집은 부시 행정부 주요 인사들의 사랑방으로 이용되곤 했다. 특히 콘돌리자 라이스부시 행정부 2기 국무장관와 해리엇 마이어스부시 행정부 2기 백악관 법률고문는 와인 파티의 단골 멤버였다. 이 때문에 세 사람은 '부시 행정부의 독신 여성 삼총사'로 불리기도 했다.

그에게 성공 비결을 물었더니 즉답을 피하면서도 "정부에서 일하며 많은 친구들을 만났고, 이들에게 늘 감사한 마음을 갖고 있다"고 답변, 동료들과의 오랜 교유가 성공의 비결이었음을 강조했다.

베너먼은 서글서글한 중년 여성 이미지가 강하지만 워싱턴 사람들은 그를 '용기와 배짱을 지닌 리더'라고 평한다. 워싱턴의 주미 대사관 관계자는 "베너먼이 시민단체와 농업생산조직 등 수많은 이해관계가 뒤얽혀 있는 농무부 장관직을 매끄럽게 해내는 것을 보고 놀랐다"면서 그의 유방암 투병기와 미국의 광우병 파동 극복 과정을 소개했다. 베너먼은 2002년 유방암 투병 생활을 하면서도 그의 측근 인사들 외엔 아무도 그 사실을 모를 정도로 완벽하게 장관 일을 수행했다. 또한 2004년 12월 크리스마스 전야에 발생한 광우병 파동도 정공법으로 돌파해냈다. 당시 그는 기자회견에서 다음과 같이 밝히며 성난 미국 여론을 잠재웠다. "현재 나타난 증거로 볼 때 광우병이 인체에 미치는 영향은 미미한 것으로 밝혀졌지만 우리는 모든 적절한 조치를 취하고 있다. 이 사건은 테러와 연관된 사태가 아니다. 현재 미국인들은 성탄절 음식을 준비 중이다. 나는 시민들이 우리의 식습관을 바꿀 필요가 없다고 본다. 나 또한 성탄 만찬에 쇠고기를 내놓을 것이다."

베너먼의 과감한 정공법 덕분인지 미국의 광우병 파동은 이내 잠잠해졌다. 대부분의 미국인들은 성탄절 만찬 때 쇠고기 스테이크를 즐겼다.

할리우드를 사로잡은 로비의 승부사

미국영화협회 회장
잭 발렌티

JACK VALENTI

좋은 영화를 만들기 위해선 교육이 가장 중요하다. 미국에 300개의 영화학교가 있는데 한국에도 체계적인 영화학교가 많이 만들어져야 한다. 좋은 작가, 좋은 제작자, 좋은 카메라맨은 체계적인 교육에서 나온다. 그런 밑바탕을 가진 상태에서 열린 세상과 경쟁하며 교류해야 한국 영화가 좋아지고 발전한다.

• 질문
•• 대답

미국영화협회MPAA를 40년 가까이 이끌어온 잭 발렌티 회장은 린든 존슨에서 조지 W. 부시에 이르기까지 미국의 전현직 대통령과 잭 니컬슨, 톰 행크스 등 할리우드의 스타들을 '내 친구'라고 불러온 미국 영화계의 실력자다. 1921년 텍사스 주 휴스턴에서 태어나 휴스턴대 영문과와 하버드대 경영대학원을 졸업한 그는 1963년 린든 존슨 대통령 특별보좌관으로 일하며 연설문 작성과 홍보 업무를 전담했고, 이후 1966년부터 MPAA 회장으로 일하다 지난 2004년 물러났다. 그는 40년간 워싱턴과 로스앤젤레스를 오가며 할리우드의 궂은일을 소리 없이 해결해 '미국 영화계 최고의 로비스트'로 불리지만 한국의 스크린쿼터 축소론을 주창해온 탓에 한국 영화계에선 '공적 1호'로 꼽혔다. 그와의 만남은 2006년 2월 노무현 정부가 한미 자유무역협정 협상 개시에 앞서 전격적으로 스크린쿼터 축소 결정을 한 뒤 이뤄진 것이어서, 대화도 이 문제에서부터 시작됐다.

• 노무현 정부가 미국과 한미 FTA 협상에 앞서 스크린쿼터 축소 결정을 내린 데 대해 한국 영화계는 크게 반발했는데 미국영화협회 회장 시절부터 줄곧 이 문제를 주창해온 당사자로서 어떻게 생각하는가?

•• 그간 한국 영화인들은 스크린쿼터 체제 속에서 많은 것을 얻어냈다. 한국 영화인들은 이미 승리를 한 셈이다. 쿼터의 존재 의미가 사실상 없어졌기 때문이다. 영화의 질이 낮으면 관객들이 외면하는데 요즘 한국 영화엔 천만 명 이상이 몰리지 않느냐?

• 한국의 스크린쿼터 축소론을 주창해온 당신이 진정한 승리자

아닌가?

•• 내가 한국의 스크린쿼터 축소론을 편 것은 자유무역에 대한 내 믿음에 따른 것이기 때문에 승자와 패자를 구분하는 것은 무의미하다.

• 한국은 세계 다른 나라에 비해 작은 나라인데 왜 그렇게 집요하게 한국의 스크린쿼터를 문제 삼았는가?
•• 한국은 작지만 인구 규모는 프랑스나 이탈리아 수준이다. 또한 중국 외에 세계 어떤 나라도 스크린쿼터를 갖고 있지 않다. 프랑스도 유럽연합 차원의 50퍼센트의 TV 쿼터만 유지하고 있을 뿐이다.

• 미국영화협회의 궁극적 목표는 한국의 스크린쿼터 폐지인가?
•• 그렇지 않다. 우리는 스크린쿼터 폐지가 아니라 축소를 요구해왔다. 한국 정부의 146일 쿼터 규정은 국제적 기준에서 볼 때 지나친 특혜였다. 이제 한미 FTA 협상에 앞서 내가 주장했던 게 관철되어 기쁘다. 더구나 그간 한국 영화는 질적으로 발전했고 더 이상 인위적인 쿼터가 필요하지 않은 단계가 됐다.

• 스크린쿼터가 146일에서 73일로 축소된 것에 만족한다는 뜻인가?

•• 물론이다.

• 영화인들은 문화적 다양성을 얘기하며 스크린쿼터의 존속 주장을 펴고 있는데…….
•• 나도 문화적 다양성을 중시한다. 그런데 정부의 인위적 보호막에 안주한다고 해서 영화의 문화적 다양성이 지켜진다고 보는가? 나는 그렇게 생각하지 않는다. 문화가 세계 속에서 살아남으려면 열린 세상에서 경쟁하고 교류해야 한다. 한국 영화도 장벽이 제거된 상황에서 세계 영화와 함께 경쟁해야 더 클 수 있다.

• 한국 정부의 스크린쿼터 축소로 미국 영화의 한국 수출이 늘어날 것으로 보는가?
•• 그것은 예단하기 힘들다. 한국 관객들이 미국 영화를 좋아하면 그렇게 되겠지만, 미국 영화가 한국 영화보다 별로 낫지 않을 경우엔 오히려 줄어들 수도 있다.

• 귀하는 '워싱턴 최고의 로비스트'로 불리는데 그런 평가에 만족하는가?
•• 로비스트로 불릴 때 마음이 좀 불편하다. 나는 그간 내가 진실이라고 생각하는 것을 상대에게 전하며 그것을 확신시키기 위해 힘써왔을 뿐 그것이 꼭 미국이나 한국 어느 한편만의 이익을 옹호

하는 게 아니었기 때문이다. 내 소신은 과거나 지금이나 변함없이 자유무역주의자다. 서로가 장벽 없이, 공평하게 경쟁해야 한다는 게 내 신념이고, 이 같은 생각에 입각해 진실을 말해왔다.

• 그럼 무엇으로 불리길 원하는가?
•• 나는 39년간 진실에 입각해 양심적으로 공평하게 미국 영화를 세계에 알리기 위해 일해왔고, 마찬가지로 세계 영화를 미국에 소개하기 위해 힘써왔다. 그런 점에서 미국 영화계의 앰배서더 ambassador로 불릴 만하지 않을까?

• 당신은 '뛰어난 설득자'로 불리는데 상대를 설득하는 특별한 비결이라도 있는가?
•• 상대를 설득하려면 본인이 먼저 명확하게 이해하고 있어야 한다. 나는 가능한 한 문제를 단순화시키고, 그것을 친구들에게 이해시키려 노력한다.

• 백악관에서 일하다 영화계로 전직하게 된 동기는?
•• 나는 린든 존슨 대통령의 특별보좌관으로 일하며 그의 연설문을 작성하고 스케줄을 관리했는데, 백악관에 오기 전엔 텍사스에서 광고업을 했다. 영화계에서의 일도 결국 과거에 내가 했던 일과 비슷하다.

- 역대 대통령들과 모두 절친한 것으로 아는데 대통령과의 친교관계를 소개한다면?
- • 존슨, 제럴드 포드, 지미 카터, 로널드 레이건, 조지 H. 부시, 빌 클린턴, 조지 W. 부시 등과 모두 친하게 지내왔다.

- 그중 제일 친한 인물을 꼽는다면?
- • 존슨과 조지 H. 부시다.

- 역대 대통령 중 리처드 닉슨만 빼놓은 이유가 있는가?
- • 나는 그를 혐오한다. 왜냐하면 닉슨은 미국 대통령직을 불명예스럽게 만들었고, 미국 헌법을 준수하지 않았기 때문이다.

- 영화계의 친구들은 누구인가?
- • 커크 더글러스, 마이클 더글러스, 캐서린 제타 존스, 톰 행크스, 잭 니컬슨 등이다.

- 그렇게 많은 영화계 스타들과 교유하면 영화에 직접 출연하고 싶은 생각도 들 텐데…….
- • 나는 영화배우 자질이 전혀 없는 사람이다. 연기란 아주 어려운 기술이다.

• 미국 영화사상 최고의 배우는 누구라고 생각하나?
•• 클라크 게이블과 헨리 폰다, 제임스 스튜어트 정도라고 본다.

• 미국 영화계의 요즘을 어떻게 보는가?
•• 세상의 변화가 빠른 만큼 영화에 대한 취향도 빠르게 변화한다. 요즘 새로이 등장하는 제작자나 배우, 작가들을 보면 경이로울 뿐이다. 미국 영화계에 새로운 스타들이 끊임없이 나오는 것을 보면서 미래가 아주 밝다는 느낌을 받게 된다.

• 영화를 얼마나 보는가?
•• 요즘에도 매 주말 극장에 가서 3편 정도 본다.

• 그렇게 많이 보는가?
•• 영화계의 최신 흐름을 따라가야 하지 않느냐?

• 미국 영화사상 최고작은 무엇이라고 보는가?
•• 커크 더글러스가 주연한 〈스파르타쿠스〉, 험프리 보거트의 〈카사블랑카〉다. 또한 〈대부 1〉과 〈대부 2〉, 〈라이언 일병 구하기〉도 아주 뛰어난 작품이다.

• 팔십 평생 살아오면서 견지한 생활철학은?

• • 즐겁고 유쾌하게 하고 싶은 일을 하며 산다는 것이다. 좋아하는 일을 할 때 돈도 따라오지만 돈만을 생각하면 인생이 불행해진다.

• 건강 유지를 위한 특별 비결이라도 있는가?
• • 운동이 가장 중요하다. 나는 40대 중반부터 태권도를 배웠는데 블랙벨트까지 땄다. 요즘에도 매일 아침 1시간씩 운동한 뒤 일을 시작한다. 나는 운동 예찬론자다.

발렌티 회장은 태권도에 대한 애정 때문인지 한국 영화는 물론 한국 상품에 대한 애정과 이해가 깊었다. 그의 집에 있는 TV 세트가 삼성전자 제품이라는 얘기도 했다.

• 한국과의 인연을 소개하신다면?
• • 내 친구 이준구 씨에게 태권도를 배우며 한국을 깊이 이해하게 됐는데, 처음 알게 된 것은 린든 존슨 행정부에서 일할 때다. 허버트 험프리 부통령과 함께 1966년 방한해 박정희 당시 대통령을 만난 게 한국과의 첫 인연이다. 한국은 지난 40년간 상상하기 어려울 정도의 빠른 속도로 발전을 거듭해온 나라다. 특히 한국의 TV나 핸드폰, 자동차 수준은 미국도 따라가지 못할 정도로 세계 최고 수준이다. 우리 집의 TV 세트도 삼성전자 제품인데 굉장히 좋다.

• 요즘 한국 영화를 어떻게 보는가?

•• 지난 10년간 한국 영화를 지켜보니 질이 상당히 높아졌다. 내가 보기에 한국 영화는 세계 수준급이다. 한국의 영화 제작자들이 한국 관객의 취향과 기호를 정확히 파악하고 있는 것 같다. 최근 2, 3편의 한국 액션영화를 봤는데 스토리 구성이나 배우의 연기가 지난 20년 전에 비해 괄목상대하게 변했다. 수백만의 관객들이 돈을 내고 극장에 가서 한국 영화를 본다는 것은 놀라운 변화다.

• 한미 FTA에 대해선 어떻게 보나?

•• 자유무역협정은 미국보다 한국에 득이 많을 것이다. 미국은 더 이상 전자제품을 만들지 않는다. 왜냐하면 삼성과 소니가 미국 제품보다 좋고 값싸기 때문이다. 나도 집에 삼성전자 TV를 갖고 있지만 정말 제품이 뛰어나다. 자동차도 마찬가지다. 현대나 기아 차가 미국에서 얼마나 잘나가고 있느냐. 만약 미국이 자동차나 전자제품에 대해 쿼터를 둔다면 어떻게 되겠는가. 나는 그런 인위적 장벽을 반대하는 자유무역론자다. 그러니 한미 간 자유무역은 한국 측에 많은 혜택을 줄 것이다.

• 한국에서는 한미 FTA로 인해 한국 문화 및 서비스 산업이 위태롭게 될 것이라는 주장도 나오고 있다.

•• 단기적으로 그럴 가능성이 있지만 장기적으로는 한국에 유리

할 것이다. 그간 오래 접촉해보니 한국 정부의 관리들은 아주 영리하고 슬기롭더라. 한미 FTA가 한국에 어떤 영향을 미칠지 아마 수차례 연구하고 검토했을 것이다. 손해가 되는 상황에서 한국이 나서겠느냐. 한국 정부 관리들이 멀리 내다보고 어렵고 명예로운 결정을 한 것이라고 생각한다.

- 평생 영화계를 위해 살아온 사람으로서, 한국의 영화계를 위해 조언한다면?
- ● 좋은 영화를 만들기 위해선 교육이 가장 중요하다. 미국엔 300개의 영화학교가 있다. 한국에도 체계적인 영화학교가 많이 만들어져야 할 것이다. 좋은 작가, 좋은 제작자, 좋은 카메라맨은 체계적 교육에서 나온다. 그리고 여기에 정부의 재정 후원이 따른다면 더 바랄 게 없다.

- 앞으로 얼마나 더 일할 생각인가?
- ● 영원히…… 내게 은퇴란 없다. 20년은 더 일할 수 있을 것 같다. 최근 회고록을 탈고했는데 올가을에 출간된다.

취재노트

2006년 2월 노무현 정부가 전격적으로 스크린쿼터 축소 결정을 내리던 무렵 잭 발렌티 회장을 백악관 인근에 위치한 그의 사무실에서 만났다. 그는 단아한 체구에 서글서글한 미소가 인상적인 노인이었다. 황금색 실크 와이셔츠에 짙은 감색 양복을 입은 팔순의 그에게선 노인 분위기를 느낄 수 없었다. 목소리엔 힘이 넘쳐났고 몸놀림도 민첩했다. 한국의 최신 뉴스를 묻는 그의 표정은 호기심 많은 홍안의 소년 같았다. "20년은 젊어 보이는 것 같다"고 운을 떼자 그는 파안대소하며 "젊었을 때 태권도를 배운 덕택에 남보다 젊게 사는 것 같다"며 말문을 열었다.

발렌티 회장은 미국 영화계의 신화적인 인물이라는 얘기를 듣는 사람이다. 막상 만나보니 그것이 과장된 표현이 아니라는 생각이 들 만큼 매우 인상적이었다. 팔순 노인임에도 불구하고 새로운 것에 대한 호기심이 남달랐고 무엇이든 배우려는 자세가 두드러졌다. 그런 지적 유연성이 젊음을 유지하는 비결인 듯했다.

인터뷰 때 그가 탈고했다고 소개한 회고록은 《지금 이곳에서-전쟁과 백악관, 그리고 할리우드에서의 내 인생 This Time This Place-My life in War, the White House and Hollywood》인데 이 책은 불행하게도 유작이 되어버렸다. 그는 2007년 4월 26일 별세했는데 책은 그로부터 보름 후 발간됐다. 쩌렁쩌렁한 목소리로 웃으면서 "한 20년은 더 일할 수 있다"던 그의 목소리가 아직도 귓전에 맴도는 듯한데 인생의 끝은 누구도 짐작하지 못하는 것 같다. 〈뉴욕타임스〉 등 미국 유력지들은 '미국 영화계의 대사, 발렌티 영면하다'라는 제목의 부고 기사로 그의 마지막 길을 장식했다. '할리우드의 로비스트'가 아닌 '미국 영화계의 앰배서더'로 불리고 싶었던 그의 꿈은 이뤄진 셈이다. 한편 그의 모교인 휴스턴대는 평생에 걸친 발렌티의 공헌을 기리기 위해 2008년 커뮤니케이션 스쿨 이름을 '잭 발렌티 커뮤니케이션 스쿨'로 바꿨다.

모국어만으로는 글로벌 시대를 살아갈 수 없다. 시골이나 작은 도시에서 외톨이로 살겠다고 결심한 사람이 아니라면 다른 나라의 언어와 문화를 배워야 한다. 그게 글로벌 시대를 살아가기 위한 기본 준비다. 반세기 전만 해도 국제사회에서는 프랑스어가 주류였지만, 이젠 영어의 시대다. 그렇지만 앞으로는 중국어를 못 하면 살지 못하는 시대가 될지 모른다.

모국어만으로는 글로벌 세상을 살 수 없다

조지워싱턴대 총장
스티븐 트래첸버그

STEPHEN TRACHTENBERG

- 질문
- • 대답

조지워싱턴대 스티븐 트래첸버그 총장은 30년간 대학 총장으로 일한 대학행정 전문가다. 연간 예산 5억 달러를 움직이며 학생 2만 명과 교직원 6천 명을 이끄는 조지워싱턴대의 총장으로 19년 일했고 이에 앞서 코네티컷의 하트포드대 총장으로 11년, 매사추세츠 주 보스턴대 부총장으로 8년을 일했다. 1969년 보스턴대 부총장으로 일하기 시작하면서 대학 경영 전문가의 길을 걸어온 그는 '대학 총장이 되기 위해 태어난 사람'이라는 얘기도 들었다. 총장·부총장 경력이 38년이니 대학 경영에 관한 한 미국 최고의 전문가인 셈이다.

그는 1937년 브루클린에서 태어나 컬럼비아대와 예일대 로스쿨, 하버드대 행정대학원을 졸업한 미 동부 명문대 출신 엘리트지만, 동네 아저씨와 같은 수수한 인상을 지녔다. 넉넉한 몸매의 털보 총장에게선 '예의 바르지만 차갑다'거나 '지적이지만 공허한' 느낌을 주는 동부 아이비리그 엘리트의 이미지를 찾아볼 수 없다. 오히려 자선사업가가 된 미국 철강왕 앤드류 카네기를 연상케 한다.

• 30년간 대학 총장으로서 활동한 비결이 뭔가?

•• 사람을 좋아하고, 대학을 사랑하고, 진지하게 하루하루 노력하는 것이 비결이라면 비결이다. 특히 중요한 것은 사람이다. 사람을 사랑하고, 좋아하고, 존경하는 게 기본이다. 우리가 하는 일이 늘 성공하는 게 아니고 때로 실패도 하지만, 뭐가 문제인가 생각하고 탐구하며 다시 시도하면 길이 열린다.

• 대학 총장이라는 자리는 수많은 교수와 학생, 직원들을 이끌어야 하고, 많은 기금도 끌어와야 하는 복잡한 자리인데…….

•• 물론이다. 그래서 해럴드 고 예일대 로스쿨 학장은 "학장이란

때로 묘지 관리인 같은 자리"라고 농담을 한 적이 있다. 해야 할 일은 많지만 아무도 관심을 갖지 않는 자리가 바로 이 자리이다. 그래서 때때로 실망할 때도 있다.

• 조지워싱턴대에서 보낸 19년을 설명한다면?
•• 19년이라고 하지만 실제 대학에서 다뤄야 하는 일은 매년 다르다. 사회 변화에 따라 매년 할 일이 달라지고, 하루하루의 일도 다르다. 대학 내부적으로 보면 매년 각 대학의 학장이 바뀐다거나 부총장이 다른 곳으로 옮긴다거나 해서 변화가 있었다. 그렇기 때문에 매년이 새롭고, 하루하루가 새로웠다. 실제 우리가 살아가기 위해선 스스로 매일매일 자기 자신을 새롭게 변화시키며 새로워지려는 시도를 해야 하는 것 아닌가.

그는 여느 대학 총장보다도 국제적 변화에 빠르게 대응해왔고, 대학의 사회적 역할에도 주목해왔다는 평가를 듣는다. 예컨대 9·11테러 후 그는 국무부와 의회 관계자들을 만나 해외 학생 비자 문제에 대해 특별히 관심을 촉구하는 한편, 한·중·일 3국과 중동 국가들을 방문, 정부와 대학 관계자들을 만났다. 미국의 대학들은 외국 학생들에 대해 여전히 문을 열어놓고 있으며, 비자 발급의 어려움에 대처하기 위해 국무부와 긴밀히 협력하고 있다는 것을 직접 설명했다고 한다.

- 그런 일은 미국 정부가 해야 할 공공 외교가 아닌가?
- - 외국에 나갔을 때 모든 미국인들은 미국의 대표라는 생각으로 일을 해야 한다고 생각한다. 내가 한국에 가서 얘기할 때, 한국 사람들은 나를 통해 미국을 보고, 미국을 판단하게 되는 것 아니냐.

- 조지워싱턴대가 한국의 국제교류재단Korea Foundation과 협력을 강화하게 된 것도 그런 차원에서 시작된 것인가?
- - 한미 관계는 오랜 역사가 있지만 미국인들의 한국 이해는 좀 더 높아져야 할 필요가 있다. 그런 점에서 학생들에게 한국어와 한국 문화에 대해 많이 배우도록 격려하고 있다. 우리 대학은 특별히 한국과 인연이 깊다. 국제교류재단 워싱턴 사무소 개소식 축하연설 때2005년 12월도 밝혔지만 구한말 독립협회를 이끈 서재필 박사, 이승만 초대 대통령이 모두 조지워싱턴대 출신이다.

- 한국에서는 요즘 대학의 경쟁력 향상에 대한 논의가 많은데, 대학경영 전문가로서 조언을 한다면?
- - 한국의 대학 수준을 절대 과소평가하면 안 된다. 최상급은 아니지만, 그렇다고 뒤처진 수준도 아니다. 세계적인 대학이 될 만한 가능성을 많이 갖고 있다. 대학을 세계 수준급으로 육성하려면 시간과 인재, 돈이 필요하다. 연세대와 고려대 같은 대학은 벌써 100년 역사를 보유한 명문대다. 특히 고려대를 방문했을 때 테크

놀로지와 수학, 엔지니어링 분야가 아주 뛰어나다는 인상을 받았다. 다만 인문사회과학 분야가 함께 크기 위해선 시간이 더 필요할 것이다.

• 시간이 필요하다는 게 어떤 뜻인가?
•• 미국이나 유럽의 명문 대학들을 보면 좋은 전통을 쌓는 데 많은 시간이 들었다는 것을 알 수 있을 것이다. 그저 대학을 세계적 수준으로 키워야 한다는 당위만 앞세워서는 곤란하다. 인내심을 갖고 오래 투자해야 한다. 특히 좋은 대학교육엔 돈이 많이 든다. 값싸게 고등교육을 할 수는 없다. 수준 높은 교육엔 많은 투자가 따라야 하는 것이다.

교육 투자를 얘기하면서 그는 정부뿐 아니라 한국의 초일류 대기업들의 역할을 강조했다. 기업들이 한국 및 해외의 대학에 기부 형식으로 투자를 해야 한다는 것이다. 한국에서는 정부 예산으로 조성된 국제교류재단이 해외 한국학 연구에 집중 투자하고 있지만, 한국의 주요 기업들도 장기적 투자 관점에서 국내외 주요 대학에 기금을 제공할 필요가 있다고 강조했다.

• 총장으로서 특별히 조지워싱턴대 학생들에게 강조했던 메시지가 있는가?

● ● 미국은 큰 나라라서, 미국에만 있으면 미국이 전부인 줄 착각하게 된다. 그래서 학생들에게 외국에 많이 나가서 직접 보고, 외국의 언어와 문화, 역사에 대해 공부할 필요성을 느끼라고 강조한다. 그리고 학교 다닐 때 중국어든, 한국어든, 일본어든 꼭 외국어 하나를 배우라고 강조한다. 영어만으로는 글로벌 시대를 살아가는 데 충분치 않다는 말을 한다. 시골이나 작은 도시에서 외톨이로 살겠다고 결심한 사람 아니면, 다른 나라의 언어와 문화를 배워야 한다. 그게 글로벌 시대를 살아가기 위한 기본 준비다.

● 한국에서는 아직 글로벌 시대 생존 교육에 대해선 적극적이지 못한데……

● ● 한국은 국토 면적으로는 작지만 경제적인 면에서는 세계 10위권에 드는 큰 나라다. 국가 경제 수준에 맞는 지도적 역할을 하려면 상대국의 언어와 문화를 이해해야 한다. 상대에 대한 이해 없이 물건을 팔고 무역을 할 수는 없다. 한국은 무역 의존도가 높은 나라이니 글로벌 시대의 생존 차원에서라도 글로벌 교육이 더 강화돼야 한다. 반세기 전만 해도 프랑스어가 주류였지만 이젠 영어의 시대다. 그렇지만 앞으론 중국어를 못 하면 살지 못하는 시대가 될지도 모른다.

● 명문대 총장으로서 한국의 대입 준비생과 학부모들에게 조언

을 한다면······.

•• 학생들이나 부모들은 어떤 대학을 선택해야 할 것인가에 대해 모든 신경을 집중할 것이다. 대학 선정이 인생 행로를 결정한다고 하지만, 인생은 아주 복합적인 것이다. 대학 입학이라는 첫 선택이 인생의 모든 것을 결정하진 않는다. 더구나 요즘엔 학부 4년을 마치고 대학원에 가는 게 일반화한 상태다. 세상이 복잡해져서 배울 것이 아주 많기 때문이다. 그러니 첫 선택이 그리 마음에 들지 않더라도 너무 낙담할 필요는 없다. 만약 한국에서 원하는 대학에 가지 못했다면 시야를 넓혀 미국이나 중국의 대학으로 진학하는 것도 생각해볼 만하다.

그러면서 그는 "하루하루 자신을 개조하고inventing 향상시키겠다는 자세가 인생을 바꿔준다"며 대학 자체보다 어떤 인생을 살 것인가에 대해 관심을 가지라고 말했다. 인생론이 나오기에, 그에게 대학 전문 경영인으로서의 인생 성공 비결을 물었더니 "어렸을 적부터 돈에 대한 관념을 심어준 아버지 덕분"이라며 "신문 배달에서 택시 운전에 이르기까지 블루칼라들의 일을 모두 해본 게 대학 경영에 큰 도움이 됐다"고 말했다. 뉴욕 브루클린의 유대계 가정에서 태어난 트래첸버그 총장은 '고학 소년'을 방불케 할 만큼 어렸을 적부터 온갖 궂은일을 하며 성장했다. 가정이 유난히 어렵지도 않았는데 아버지의 독특한 교육관 덕분에 초등학교 시절부터 '돈 버는 일'과 '노동'의 중요성을 체험하며 컸다는 것이다.

• 신문 배달은 언제 했는가?
•• 초등학교 때 브루클린에서 했다. 아버지는 돈이 나무에서 그냥 떨어지지 않는다면서 구체적으로 돈을 벌어봐야 한다고 말했다. 그 후 농장에서 젖소 짜는 일, 양계장에서 계란 모으는 일, 과수원에서 사과 따는 일 등 안 해본 일이 없다.

• 대학에 다닐 때도 했는가?
•• 물론이다. 방학마다 택시 운전사를 했고, 틈틈이 맥주회사 트럭도 운전했다. 호텔에서 웨이터로도 일했고, 고급 레스토랑의 주방에서 접시도 닦았다. 안 해본 일이 없다. 블루칼라 직종의 모든 일을 10대와 20대 때 다 해본 것 같다.

• 그렇게 혹독한 일을 하면서 컬럼비아 대학을 졸업하고 예일대 로스쿨에 갔다는 게 믿기지 않는다.
•• 물론 경제적 어려움 때문에 한 것은 아니다. 아버지는 늘 돈에 대한 존경심을 가져야 한다는 것, 그리고 모든 일은 고귀하며 사람을 직업으로 판단하지 말라는 얘기를 했다. 어렸을 적 여러 가지 일을 하면서 세상을 알게 됐다. 그때의 체험을 소중하게 생각한다.

• 그런 체험이 대학 총장으로 일하는 데 도움이 됐는가?

•• 대학에는 교수와 학생뿐 아니라, 청소부에서 목수, 요리사, 도서관 사서에 이르기까지 수천 명의 스태프가 있다. 이들의 일은 하나하나가 모두 중요하다. 이들이 보이지 않게 일을 하기 때문에 큰 조직이 잘 움직이는 것이다. 나는 학교 곳곳에서 일하는 사람 한 명 한 명을 존중한다. 직업에는 귀천이 없으며 아무리 허드렛일을 하는 사람이라 해도 그 직업으로 사람을 판단하면 안 된다는 아버지의 가르침은 내게 늘 깨우침을 준다.

취재노트

스티븐 트래첸버그 조지워싱턴대 총장과의 만남은 2005년 12월 9일 한국국제교류재단 워싱턴 사무소 개소식 축하연설을 계기로 이뤄졌다. 트래첸버그 총장의 연설이 감동적이어서 인터뷰 신청을 했더니 "연말 일정이 꽉 차 있지만 주말에 시간을 내보자"면서 12월 17일 낮 워싱턴 시내 총장 관저로 초대했다. 그는 토요일 오전 조지워싱턴대 총장 관저에서 진행된 인터뷰에서 자신이 30여 년간 대학 경영자로서 일하며 견지해온 교육철학에서부터 유대인 가정에서 태어나 유년 시절 '돈'에 대한 철학을 익히기까지의 모든 경험을 솔직하게 전해줬다. 그의 한마디 한마디는 실전 '탈무드'와 같았다.

그는 2007년 7월 조지워싱턴대 총장직에서 물러나 명예총장 겸 교수로 활동 중이다. 총장직에서 물러나기에 앞서 그는 조지워싱턴대 총장으로 일한 19년 동안 이 대학이 얼마나 발전했는지를 보여주는 종합보고서와 《고등교육에 대한 회고 Reflection on High Education》란 저서를 보내왔다. 그와 인터뷰 때 필자의 학부 전공이 교육학이었다는 얘기를 한 적이 있는데 그가 그것을 기억한 모양이다. "네가 관심 있어 할 책인 것 같아 보낸다"는 자필 편지도 함께 써 넣었다. 트래첸버그 총장의 후덕한 마음과 세심한 배려를 느낄 수 있는 순간이었다.

글로벌 외교계의 카멜레온

유엔 사무차장
샤시 타루르

SHASI THAROOR

21세기는 더 이상 슈퍼파워를 두려워하거나 부러워하는 시대가 아니다. 지금은 일반 국민들의 복지가 중시되는 웰빙 시대다. 한국은 2차대전 후 최빈국이었는데 짧은 시간에 경제성장과 민주주의를 이뤄냈고 일반 국민들은 수준급의 교육과 의료, 복지를 기본권으로 누리고 있다. 중국과 인도의 경제는 성장하고 있지만 양국 국민들은 아직도 충분한 교육과 생활수준을 보장받지 못하고 있다. 그런 점에서 아시아를 가르칠 나라는 중국이나 인도가 아니라 한국이다.

· 질문
·· 대답

샤시 타루르는 인도 출신의 외교관 겸 작가이자, 시사평론가다. 2006년 유엔 사무총장 선거에 출마, 반기문 당시 외교부 장관에 이어 2위를 기록하며 주목을 받았다. 그는 1956년 영국 런던에서 출생했고, 두 살 때 인도로 귀국, 인도 델리 세인트 스티븐 칼리지에서 역사학을 전공했다. 이어 미국 터프츠대 플레처 법률외교대학원에 진학, 22세 때 정치학 박사학위를 받는 진기록을 세웠다.

대학원 졸업 직후 유엔난민기구UNHCR에 들어가 11년 반 동안 난민 문제를 다뤘고 이어 △유엔 본부, 평화유지군 담당 업무1989~96 △코피 아난 유엔 사무총장 행정자문역1997~98 △유엔 사무국 공보국장1998~2002 등을 거쳐 46세 때인 2002년 사무차장에 임명됐다. 런던에서 태어나 인도와 미국에서 교육받은 뒤 유엔에서 일해온 그에 대해 뉴욕 외교가에서는 "인도가 낳은 대표적인 코스모폴리탄 외교관"이라는 후한 평을 주고 있다.

샤시 타루르는 유엔 재직 중 인도 관련 저술 활동을 활발하게 한 덕분에 인도를 대표하는 지식인으로도 국제적 명성이 높다. 그가 지금까지 펴낸 책은 10권인데 이 가운데 소설 《쇼 비즈니스》는 〈볼리우드〉란 제목으로 영화화됐고, 인도 초대 총리 네루의 평전인 《네루 평전》은 '정치적 안목이 높은 저작'이라는 평가를 받았다.

- 2006년 유엔 사무총장 선거에서 2위를 했는데, 선거에 대해 평가한다면?
- • 이번 사무총장 선출 프로세스는 아주 투명하고 열린 상태에서 진행됐다. 유엔 안보리의 역대 사무총장 인선 절차와는 아주 달랐다. 나는 이번 스트로 폴straw poll, 밀짚을 바람에 날려 바람의 방향을 알아본다는 뜻에서 유래된 말로, UN 사무총장 선출을 위한 예비투표를 가리킨다. UN 안전보장이사회 15개 상임, 비상임 이사국이 사무총장 후보로 출마한 인사들을 대상으로 실시한다. 당락에 영향을 주기보다는 출마한 후보들의 지지도를 알아봄으로써 현격한 지지율

차이를 보이는 후보에게 사퇴할 수 있는 기회를 주는 정도로 여론조사 성격이 짙다. 투표지에는 선호encourage, 반대discourage, 기권no position 등 3가지 경우가 쓰여 있다. 과정에서 2위를 지켰지만 그 결과가 그리 나쁜 것이 아니다. 내가 유엔에서 28년 근무한 과정에 대해 회원국들로부터 좋은 평가를 받았다고 생각한다. 이번 예비선거후보 중 반기문은 아주 강력한 후보였는데 그는 스트로 폴 과정에서 더 많은 나라들의 지지를 얻어내며 훨씬 강해졌다.

- 인도는 유엔 사무총장을 배출하기에는 너무 큰 나라가 아니냐는 지적도 있는데…….
- • 그런 얘기도 있지만 개인적으로는 그렇게 생각하지 않는다. 나도 최선을 다했지만, 반 장관은 나보다 더 최선을 다한 것 같다. 그는 개인적으로 나보다 더 뛰어난 선거를 치렀다.

- 한국은 분단국이고 북한 문제 때문에 유엔 사무총장을 배출하기 어렵다는 비관적 전망도 있었는데 이 문제에 대해서는 어떻게 생각하나?
- • 몇몇 사람들은 그런 우려를 하기도 했다. 그러나 반기문은 개인적으로 아주 설득력 있게 각국 대표들에게 접근했다. 반기문의 부드러운 스타일이 그런 우려를 불식시키는 데 큰 기여를 했다. 그래서 각국 대표들은 한국의 정치적 상황보다는 한국이라는 나라

자체, 그리고 반기문의 개인적 자질을 높이 평가하고 그를 지지한 것으로 본다.

- 런던에서 태어나 뭄바이와 미국에서 교육받고, 28년간 유엔에서 일하고 있는데 어떤 점이 글로벌 시대의 글로벌 외교관으로 활동하게 만든 핵심 요소라고 보는가?

•• 나는 두 살 반 때 런던을 떠나 뭄바이로 왔다. 그리고 그곳에서 초등학교부터 대학교까지 다닌 뒤 대학원을 미국으로 갔다. 이후 유엔에서 일하기 시작했다. 나는 늘 거울을 보면서 생각한다. 나는 누구인가? 나는 인도 사람이다. 내 뿌리는 어디까지나 인도다. 초중고 및 대학을 인도에서 다니면서 인도인으로서의 자각이 생겼다고 본다. 인도인으로서 세계를 보면서 글로벌 마인드를 갖게 됐다. 그럼에도 불구하고 나는 단 하루도 내가 인도인이라는 것을 잊어본 적이 없다. 그리고 유엔에서 일하다 보면 세계 자체가 하나의 마을이라는 것을 발견하게 된다. 우리가 여행을 하다 보면 다른 나라에 가고 다른 문화를 만나면서 사람들 간의 공통점을 더 많이 느끼게 된다. 문화나 날씨, 언어, 음식 모든 것이 다르다 하더라도 인류의 공통점은 많이 있다. 특히 인도의 경우, 인종이나 피부색이나 문화가 매우 다르다. 내가 《인도》라는 책에도 썼지만 인도 자체가 언어, 문화, 인종이 다른 사람들로 구성되어 있어 이것이 유엔에서 일하게 되는 데 큰 도움이 된 것 같다.

- 인도인으로서 아주 강한 자긍심을 갖고 있는데, 유엔의 업무가 인도의 이해관계와 충돌할 때엔 어떻게 극복했는가?

•• 유엔에서 일하며 인도 관련 일을 맡아본 적은 없다. 유엔 관리들은 출신국 이해관계가 걸린 일을 다루지 않는 경향이 있다. 내 업무 스타일이나 마음가짐은 인도에서 형성된 것이지만 일은 어디까지나 유엔의 문화 속에서 한다. 내가 유엔 난민기구에 있을 때 인도적 가치나 원칙에 기반해서 일한 게 아니라 난민 문제 일반에 대한 원칙 속에서 일했다. 평화유지군 업무를 할 때도 마찬가지였다. 인도가 평화유지군에 군을 파견했지만 평화유지군의 원칙은 인도의 것이 아니라 유엔의 것이었다. 늘 유엔의 글로벌 시각을 견지했다. 유엔에서 일하는 사람은 모두 마찬가지다. 코피 아난 총장이 가나에서 왔다고 해서, 가나의 이해관계를 반영하거나 주장하지 않는다. 나도 마찬가지다. 유엔 직원들은 모두 서로 다른 국가 출신이지만 유엔의 원칙하에 글로벌 맥락 속에서 일하고 생각하고 행동한다.

- 반기문 총장이 한국적 이해관계와 유엔의 비전 사이에서 갈등할 때 어떻게 해야 할지 조언을 한다면?

•• 그간 유엔의 전통적 원칙은 유엔 관리가 자신의 출신국에 영향을 미치는 일에 개인적으로 관여하는 것은 바람직하지 않다는 것이었다. 그런데 그런 원칙은 어떤 점에서 새롭게 변화돼야 할 것

같다. 반 총장은 한국의 외교부 장관으로 오래 일하면서 북한 핵 문제 전문가로 인정되어왔기 때문에 북핵 문제 해결에 아주 특별한 이점이 있는 것으로 받아들여지고 있다. 그래서 유엔의 그런 오래된 원칙이나 태도를 뒤집어서 새롭게 기술해야 할 때가 됐다. 반 총장은 유엔의 사무총장으로서 권위를 갖고 북핵 문제 해결이라는 추가적 역할을 하게 될 것 같다. 따라서 북한 당국은 이제 유엔 사무총장과 협상을 준비해야 할 것이다. 이것은 유엔 사무총장이 한국인이라는 점 때문이 아니라 유엔 사무총장이 북핵 문제에 경험이 많은 사람이기 때문에 북한이 핵 문제를 의논할 수 있는 상대라는 의미다.

- 반 총장이 앞으로 한반도 문제에 관여하는 것이 유엔에 긍정적일 것이라는 얘긴가?
- • 반 총장이 한반도 문제에 관여하는 것은 유엔의 이해관계에서 볼 때 긍정적이다. 그간 유엔은 북한 문제에 깊이 관여하지 못했는데 한국의 외교 장관 출신이 유엔 사무총장이 됨에 따라 북핵 문제에 자연스럽게 적극적으로 관여하게 될 것으로 본다. 그간 유엔은 북핵 문제에 있어 유의미하고 가치로운 역할자가 아니었는데 이제 이 문제에 집중할 수 있게 되었다는 점에서 아주 의미 있다.

- 코피 아난 전 유엔 사무총장의 공과에 대해선 어떻게 평가하

는가?

•• 코피 아난은 지난 10년간 유엔을 아주 잘 이끌어왔다. 지난 10년간 유엔은 훨씬 잘 조직되고 인도적인 문제에 집중하는 국제기구로 변신했다. 아난은 유엔에 아주 고매한 원칙과 기준을 가져온 사람이고 강력한 인권 옹호자다. 글로벌 맥락에서 볼 때 아난은 세계 각국의 비정부기구 및 시민사회 등과 연대해 나갔는데 이것은 아주 바람직한 일이다. 아난은 노벨평화상을 받았고 유엔의 위상을 높이는 데 기여했다. 아난은 위대한 국제 지도자로 평가될 것이다.

• 아난과 미국과의 관계는 좋지 않은 편이었는데 어느 쪽의 책임이 큰가?

•• 초기에는 좋았는데 최근에 나빠졌다. 관계 악화의 책임을 따지는 것은 내 역할이 아니다. 미국은 안보리 상임이사국인데다가 유엔 기여금도 제일 많은 핵심 국가이기 때문에 미국과의 관계를 잘 끌어가는 게 중요하다.

• 인도 출신 국제 외교관으로서, 인도에 투자하려는 한국의 기업과 기업인들에게 조언을 한다면?

•• 인도의 투자 환경이 아주 좋아지고 있다. 과거에는 정부 규제가 많고 관료제가 완고해 외국 기업들이 활동하기 어려웠는데 이

제는 아주 좋아졌다. 인도에서 현대자동차와 LG전자, 대우 등이 매우 좋은 성과를 내고 있는데, 특히 LG전자는 인도의 넘버원 브랜드다. 한국 기업들은 인도에서 일본보다 훨씬 효과적이고 성공적으로 영업을 하고 있다. 한국의 자동차와 전자제품, TV는 일본 제품들과의 경쟁에서 승리하면서 아주 인상적인 결과를 내고 있다. 내가 어렸을 때 인도에서 한국 제품을 본 적이 없는데 지금은 거리마다 슈퍼마켓마다 한국 제품이 장악하고 있다. 현대자동차와 LG전자 제품이 엄청난 양으로 모든 도시에 깔려 있다.

• 인도와 중국, 즉 친디아가 21세기 슈퍼파워가 될 것이라는 견해가 있는데 이에 대해 어떻게 보는가?
•• 그것은 아주 기계적인 사고방식이다. 21세기는 더 이상 슈퍼파워를 두려워하거나 부러워하는 시대가 아니라고 생각한다. 지금은 일반 국민들의 복지가 중시되는 웰빙 시대다. 그런 점에서 한국은 아시아를 가르칠 만한 나라다. 한국은 2차대전 후 최빈국이었는데 짧은 시간에 경제성장과 민주주의를 이루어냈고 일반 국민들은 수준급의 교육과 의료, 복지를 기본권으로 누리고 있다. 그런데 인도나 중국은 아직도 그런 게 정말 문제다. 경제 발전이 슈퍼파워로 가는 데 필요한 길인 것은 사실이지만 인도와 중국 사람들은 아직도 한국처럼 충분한 교육, 음식, 생활수준을 보장받지 못하고 있다. 그런 점에서 인도와 중국을 미래의 위협국으로 규정할 필요가

없다. 두 나라는 시장이나 투자, 인적 교류의 면에서 기회의 대상이고 인적으로 교환을 늘려야 할 나라다.

- 유엔 등 국제기구에 진출하려는 젊은 한국인들에게 조언을 한다면?
- · 한국 젊은이들이 유엔에 합류할 것을 적극 권장하고 싶다. 한국 사람들은 아직 유엔 회원국으로서 유엔 사무국의 적정 쿼터를 채우지 못하고 있다. 한국인들은 아주 뛰어난데 유엔에서의 활동은 적다. 내가 만난 젊은 한국 친구들은 어학도 뛰어나고 일도 아주 열심히 한다. 유엔에 더욱더 많은 한국인들이 와서 일하기 바란다. 앞으로 5~10년 후 유엔에서 한국이 더 이상 저평가되는 나라가 아니길 바란다.

- 그간 소설을 비롯해 역사 관련 서적 등 10여 권을 펴냈는데 바쁜 일상 속에서도 어떻게 그렇게 전업 저술가처럼 많은 책을 낼 수 있는가?
- · 나는 유엔에서 일하는 시간 외에 모든 시간을 읽고 쓰는 데 투자하고 있다. 잠도 충분히 자지 않는다.

- 당신에 대해 주변에서는 "뛰어나지만 인간적으로 친해지기 어려운 인물"이라는 얘기를 하던데…….

•• 글쎄, 나는 한국인 외교관들과 좋은 관계를 유지하고 있다. 그런데 진정한 친구 관계를 유지하는 데엔 시간이 많이 필요하다. 내겐 그게 늘 문제다.

• 한국에 대해 어떻게 평가하는가?
•• 나는 1998년 코피 아난 당시 유엔 사무총장이 서울평화상을 받을 때 함께 갔었는데, 한국은 매우 인상적인 나라고, 한국의 경제 발전상은 아주 놀라웠다. 그때 기억이 정말 새롭다.

취재노트

샤시 타루르를 만난 것은 2006년 11월 18일이다. 반기문 유엔 사무총장의 총장직 수락 연설식 취재차 뉴욕에 갔을 때, '패자 타루르는 어떤 사람이고, 유엔 총장 선거에 대해 어떤 평가를 내릴까' 궁금해 이메일로 인터뷰 신청을 했다. 그랬더니 곧바로 "물론Certainly"이라며 직답이 왔다. 유엔 취재 일정은 빠듯했고, 그 또한 업무로 바빴지만 이메일 교신 다음 날인 18일 오전 유엔 사무국 10층에 위치한 그의 사무실에서 만났다.

젊은 시절의 '싯다르타' 같은 준수한 용모를 지닌 그는 "한국 언론과의 인터뷰는 처음"이라며 활기찬 표정으로 얘기를 시작했다.

타루르는 인터뷰에서 "하루 16시간씩 유엔 업무를 한 뒤에도 집에 가면 어김없이 책상에 앉아 책을 읽었고 잠을 줄여가면서까지 인도에 대한 글을 써왔다"면서 "작가에게 조국은 머리와 가슴속에 있는 것이지 어디에서 어떤 일을 하냐는 것은 그리 중요하지 않다"는 명언을 했다.

그는 특히 "1998년 코피 아난 사무총장이 서울평화상을 받을 때 본 서울의 역동적 모습이 매우 인상적이었다"면서 "한국은 아시아를 가르칠 만한 나라"라고 극찬했다.

유엔에 반기문 시대가 열린 뒤 그의 행보가 궁금했는데 2008년 7월 10일자〈인터내셔널 헤럴드 트리뷴〉에 '확산되는 위험A spreading danger'이라는 제목의 복제 약품 비판 관련 칼럼이 실려 근황을 알게 됐다. 필자 소개를 보니, 그는 유엔을 떠난 뒤《코끼리와 호랑이, 그리고 셀 폰: 21세기 인도에 대한 회고The Elephant, the Tiger and the Cell Phone: Reflections on India in the 21st Century》라는 책을 펴냈고, 두바이 소재 아프라 벤처Afras Ventures의 회장으로 있었다. 21세기의 글로벌 도시로 일컬어지는 두바이로 일터를 옮긴 뒤 창업을 한 것이다. 그는 유엔 사무차장에서 투자자문회사 CEO로 변신했지만, 글은 여전히 잘 정제되어 있었고, 그의 지식인적 취향이 깊이 배어 있었다. 그후 반년 만에 그는 또다시 변신했다. 이번엔 인도국민회의 소속 후보로 2009년 5월 총선에 출마 당선한 것이다. 총선 후 그는 인도 정부의 대외문제담당장관으로 임명되었다. 변화무쌍한 글로벌 시대처럼 그 또한 끊임없이 변화하고 있는 것이다.

그는 인터뷰 때 "어렸을 적부터 천식이 심해 또래들과 뛰어놀거나 어울리지 못했다"면서 "하지만 혼자 책 읽고, 글 쓰는 데 많은 시간을 보낸 덕분에 지식인이 될 수 있었던 것 같다"고 말했다. 세상에 공짜는 없는 것 같다. 나쁜 일은 나쁜 일대로 긍정적 효과가 있고, 그 반대 또한 마찬가지인 것이다. 〈인터내셔널 헤럴드 트리뷴〉에 실린 그의 칼럼을 보면서, 인터뷰 당시 그가 했던 말이 생각났다.

"초등학교 다닐 때 처음으로 내 글이 신문에 실렸는데, 신문에 인쇄된 내 이름을 보고 얼마나 가슴이 뛰었는지 모른다. 글을 쓰는 과정은 힘들지만, 지면에 인쇄된 내 이름을 볼 때의 기쁨은 그 어떤 것과도 바꿀 수 없다. 아마 저널리스트들도 자신의 글이 인쇄된 매체를 볼 때 그런 느낌을 받을 것이다."

그는 초등학교 때부터 신문에 글을 기고하면서 글쓰기에 대한 감각과 역사에 대한 시각을 키웠고, 그 어릴 적 습관과 열정이 인도를 대표하는 글로벌 외교관 겸 작가로 성장하는 데 밑거름이 된 셈이다.

지구촌 가장 낮은 곳에서 소명을 펼치는 난민들의 대모

유엔 난민기구(UNHCR) 한국 대표
제니스 린 마셜

JANICE LYN MARSHALL

선진국에 태어난 사람들은 글로벌 세계에 대한 책무가 있다. 캐나다처럼 모든 것이 주어진 선진국에서 태어난 사람으로서 도덕적으로 무언가 세상 사람들에게 기여하고, 행운을 갖지 못한 이들을 위해 도움을 주어야 한다고 생각한다. 우리는 이제 서로가 서로에게 깊이 영향을 주고 연결되어 있는 사회에 살고 있다. 그들의 문제가 바로 우리의 문제이기도 한 것이다.

• 질문
•• 대답

제니스 린 마셜 유엔 난민기구 한국 대표는 캐나다 변호사 출신 난민 전문가다. 1954년 캐나다 토론토에서 태어나 토론토대 법과대학을 졸업한 뒤 이민 관련 변호사로 활동하다 1990년대 중반부터 유엔 난민기구에서 일하기 시작했다. 1994년 자메이카 및 관타나모, 1998년 코소보, 알바니아 등을 비롯해 10년간 세계 주요 분쟁 지역에서 난민지원활동을 했고 2006년 유엔 난민기구 서울지부 대표로 부임해 활동 중이다. 마셜 대표와의 인터뷰는 2008년 3월 31일 서울 국가인권위 빌딩에 위치한 그의 사무실에서 진행됐다.

- 1990년대 중반부터 국제난민지원활동을 해왔는데 난민 문제에 관심을 갖게 된 이유가 있는가?

• • 이민 관련 변호사로 일하다 난민 문제에 눈떠 캐나다의 난민 관련 지원활동을 하기 시작했다. 1991년 UNHCR과 일하기 시작했는데 주로 자메이카, 아이티, 관타나모 등에서 일했다. 당시 그곳의 정치 상황이 불안정하고 많은 난민들이 발생할 때였는데 사람들은 정치 상황의 불안으로 인해 가족이 이산되는 고통을 겪으며 최악의 조건에서 살고 있었다. 그 사람들을 도우면서 난민지원활동의 매력에 빠져들었다.

- 캐나다에서 일하다 분쟁 지역으로 일터를 옮기게 된 특별한 계기가 있는가?

• • 80년대부터 난민 관련 변호사로 활동하면서 내 의식이 캐나다에서 전 세계로 자연스레 확장됐다. UNHCR과 3개월 단기 계약을 한 뒤 과테말라에서 일하기 시작했는데 너무 흥미롭고 매혹적이어서 3개월을 더 연장했다. 이어 멕시코 등에서 일하면서 엘살바도르 난민을 받았고 난민캠프를 새로 만들었다. 중앙아메리카 지역에서 난민지원활동을 하며 점차 난민지원활동가로 변화해갔고, 난민들이 안전하게 살아갈 수 있으려면 어떤 나라와 협력해야 하는가를 느낄 수 있었다.

- 중년으로 접어든 뒤에도 어려운 곳만 찾아다니며 활동하는 이유가 있는가?

• • UNHCR은 원래 최악의 상황에 처한 사람들을 돕기 위해 만들어진 조직이다. 긴급지원이 요청되는 사람들에게는 그런 지원을 해야 한다. 나는 여행하고 배우는 일에 늘 적극적이었고 내 나이가 몇 살이 되든 간에 세상을 돌아다니면서 배우는 일을 하고 싶다는 생각을 강하게 갖고 있다. 그래서 40대로 넘어가는 시점에 새로운 나라, 새로운 문화, 다른 음식을 먹으며 일을 시작하는 것에 두려움이 없었고 정말 즐겁게 일을 하게 됐다.

· 난민지원활동을 하는 것이 어떤 종교적 책무 때문인가, 아니면 시민적 의무감 때문인가?

· · 나는 그것이 시민적 의무, 도덕적 의무라고 생각한다. 나는 10대 때부터 자원봉사활동에 적극적이었고, 도덕적인 책임감이 강한 편이었다. 캐나다처럼 모든 것이 주어진 선진국에서 태어난 사람으로서 도덕적으로 무언가 세상 사람들에게 기여하고, 행운을 갖지 못한 이들을 위해 도움을 주어야 한다고 생각했다.

· UNHCR 한국 대표로서 한국에서의 생활을 얘기한다면?

· · 한국에서 살면서 느낀 것인데 한국 사람들에겐 한국전쟁 체험이 있어 난민들의 심리를 잘 이해하는 듯하더라. 한국 사람들은 점점 개방적으로 변하고 있다. 탈북자 이슈를 넘어서서 난민 일반으로 관심이 확장되고 있고 이들에 대한 이해와 지원을 넓히려는 움직임도 있어 반갑다. 우리는 이제 서로가 서로에게 깊이 영향을 주고 연결되어 있는 사회에 살고 있다.

· 이명박 정부가 전임 노무현 정부와 달리 북한 인권 문제에 대해 공개적으로 언급하면서 적극적인 의지를 피력하고 있는데…….

· · 이명박 정부의 북한 인권 및 탈북자에 대한 접근법은 노무현 정부와 달라 새로운 기대감이 생겨나고 있는 게 사실이다. 북한 인권 문제 및 탈북자 문제에 대해 한국의 진보 진영 인사들은 침묵했

고, 보수파 인사들은 적극적으로 발언하는 등 차이가 있었는데 이제 한국의 새 정부가 적극적인 대응 노력을 벌이고 있어 기대가 된다. 하지만 탈북자 문제에 관한 한 UNHCR 한국 지부의 역할은 크게 달라지지 않을 것이다. 중국 및 동남아의 UNHCR 지부들은 탈북자를 국제난민의 일부로 생각해 적극적으로 보호하고 새로운 안식처를 찾아주는 역할을 하지만 UNHCR 한국 지부는 탈북자 문제에 대해선 관여하지 않고 있다. 탈북자들은 한국에 입국하는 순간 헌법에 의해 한국 국민이 되기 때문이다.

- UNHCR이 그간 재중 탈북자와 라오스, 태국 내 탈북자 문제 해결을 위해 적극 나선 데 대해 많은 한국인들이 고맙게 생각한다.
- • 우리는 그 나라 정부와 협력해 탈북자들이 가장 안전하게 제3의 정착지를 찾도록 하는 데 주력해왔다. 탈북자도 국제난민이기 때문에 종국적으로 이들이 한국 등 제3국에서 보통 시민이 되어 정상적으로 살아갈 수 있도록 정치적 해결을 하는 데 주력해왔다.

- 한국 지식인들은 탈북자에는 관심이 있어도 글로벌 난민에 대해선 별 관심이 없다는 지적도 있는데…….
- • 그렇다. 한국인들에게 탈북자들은 큰 문제였던 게 사실이다. 그런데 세상으로 시선을 조금만 돌려보면 아프간과 소련 전쟁 속

에서 수백만 아프간 난민이 발생했고 이라크 전쟁을 통해 또 수백만 명이 집과 터전을 잃고 난민이 됐다. 중동의 시리아·요르단·레바논, 아프리카의 콩고·르완다·탄자니아·다퓌르 등도 마찬가지다. 전 세계적으로 매년 수백만 명의 난민이 새로 생겨나고 지구촌을 떠돌고 있다. 한국 사람들은 이제 탈북자들뿐 아니라 글로벌 난민에 대해 점점 관심을 가져야 한다.

• 이명박 정부가 글로벌 난민정책에 대해 전임 정부와 차이를 보일 것으로 보는가?

•• 현재 한국에서 난민 지위를 얻으려고 세계 50개국에서 700명 정도가 신청 중에 있다. 이들 중 대부분은 미얀마, 네팔, 스리랑카, 중국 등 아시아 출신이고, 더러는 아프리카, 중동 출신도 있다. 이들에 대해 이명박 정부가 어떻게 나오는지를 지켜봐야 할 것으로 생각한다.

• 세계 50개국 난민들이 왜 한국으로 와 난민 지위를 얻으려 한다고 보는가?

•• 한국은 경제적으로나 민주화 면에서나 성공한 모범국가다. 세계 각국의 난민들은 한국을 따라 배울 모델로 생각하고 있으며 이것을 배우기 위해 한국에 체류하려는 경향을 보이고 있다. 특히 미얀마 난민들은 한국의 민주화 성공 스토리를 배우고 싶다는 얘기

를 많이 한다.

- 한국은 그간 어느 정도의 난민 신청을 수용했는가?
- • 많은 이들이 난민 지위를 얻은 것은 아니다. 1994년 한국 정부가 난민보호 국제협약에 서명한 이래 지금까지 1,300명 정도가 난민 신청을 했는데 이 가운데 110명 정도가 난민으로 인정된 것으로 알고 있다. 난민 신청자 중 300~400명은 인도 지원 대상 난민으로 분류되고 있고, 나머지는 아직도 판정 대기 중인 것으로 알고 있다.

- 한국이 다른 나라에 비해 엄격하게 난민 자격을 부여한다고 보는가?
- • 글쎄, 난민 판정 기준이 엄격하다 엄격하지 않다고 판단할 수 있는 기준이 마땅치 않은 게 현실이다. 다만 우리가 집중하는 것은 얼마나 공정하고 효율적으로 난민정책을 쓰느냐의 문제인데, 각국 정부가 물적·인적 면에서 난민 문제 해결에 적극적으로 나선다면 좀 더 효율적이고 공정한 난민정책을 펼 수 있지 않을까 한다.

- 난민 문제에서 가장 모범이 되는 국가는 어떤 나라를 꼽을 수 있는가?
- • 지구상에 난민 수용을 모범적으로 하는 나라는 없다. 나라마

다 제도가 달라 하나의 잣대로 결정하기 어렵지만, 내가 태어난 캐나다는 정부에서 독립적인 기구가 난민을 판정하며 난민 문제에 집중하는 인적 자원이 풍부하다는 점에서 평가해줄 만하다. 뉴질랜드도 난민 수용을 위해 적극적이고 훌륭한 시스템을 갖고 있는 나라라고 볼 수 있다. 내가 보기에 한국은 난민 수용에 있어 아시아의 모델 국가가 될 수 있다. 난민보호협약에 서명을 했고 난민 문제에 대해서도 적극적인 입장을 보이고 있기 때문이다. 아시아의 많은 나라, 예컨대 파키스탄은 오랜 세월 동안 아프간 난민을 받아들였지만, 난민협약에는 서명한 바 없고, 태국도 이런 점에서 유사하다. 그렇지만 한국은 난민협약에 서명했고 난민 보호를 위한 국내법도 마련된 상태다. 물론 난민 지위를 얻으려는 이들을 위한 통역 문제나 지원 등의 면에서는 아직도 부족한 면이 있지만, 난민들이 한국을 아시아의 모델 국가로 여기는 만큼 보다 전향적인 정책이 필요하다.

- 아시아에서 한국과 일본은 많은 점에서 비교가 되는데 난민 문제에 대한 두 나라의 정책을 비교한다면?
- • 두 나라는 모두 역사적으로 단일민족 사회를 지켜왔기 때문에 외국 난민에 대해 낯설어하고 힘들어하는 자세가 있는 게 사실이다. 하지만 최근 들어 한국에서는 결혼 이주민 여성이 많이 늘어나면서 난민 문제에 대한 사회적 인식이 많이 높아지고 개방화하고

있다. 이런 추세라면 한국은 난민 문제에 관한 한 일본보다 능동적이고 적극적인 상태로 변화해갈 것으로 본다. 결혼 이주자나 난민들이 그저 도움을 줘야 할 대상만이 아니라 이들 이민자로부터 뭔가 혜택을 받을 수 있다는 인식도 생기고 있는 것 같아 긍정적이다.

- 한국 사람들이 이민자나 난민 문제에 대해 전향적으로 생각하기 위해 필요한 자세가 무엇이라고 보는가?

•• 난민들은 모국의 역사적, 문화적 유산과 자원을 갖고 오기 때문에 이들이 한국에 정착할 경우 한국은 많은 혜택을 입을 수 있다. 상대성이론의 창시자 알베르트 아인슈타인도 스위스에서 미국으로 건너간 난민이었다. 그는 미국의 과학사에 엄청난 기여를 했다. 최근 브룬디의 마라토너가 한국에 와서 난민 지위를 신청 중인 것으로 안다. 이 마라토너를 한국이 받아들인다면 큰 혜택을 볼 수 있지 않을까 한다. 난민은 언제나 가난하고 불행하고 도움을 줘야 할 사람들이라는 시각이 지배적이지만, 때때로 그들은 한국에 엄청난 자원을 가져올 수도 있다. 그러니 세계의 난민에 대해 긍정적이고 적극적인 자세를 가져야 한다.

- 글로벌 이슈에 관심이 있는 한국의 친구들에게 하고 싶은 말이 있다면?

•• 다른 나라에 사는 다른 색깔의 사람들도 피부를 한 꺼풀만 벗

기면 똑같은 사람들이다. 우리는 모든 것이 똑같다. 아프리카 난민이든 안젤리나 졸리든 간에 모두 동등한 사람이고, 인간성을 존중받으며 살아갈 권리가 있다. 그렇게 생각하면 난민 문제도 어떤 거창한 문제가 아니라 바로 우리 자신, 우리 이웃의 문제라는 것을 알게 되지 않을까. 난민 문제는 글로벌 시대의 메이저 이슈다. 개별 국가만의 문제는 아니기 때문에 함께 풀어야 한다. 기후변화 문제처럼 국제적 연대가 필요한데, 한국에서도 이 같은 인식이 생겼으면 한다.

취재노트

제니스 린 마셜 유엔 난민기구 한국 대표를 처음 만난 것은 2007년 여름 피터 벡 국제위기관리그룹ICG 서울사무소장 환송 모임에서다. 서울에서 ICG그룹을 대표해 북한 관련 일을 하면서 서울 주재 각 국제기구의 대표들을 연결하는 역할을 했던 벡 소장은 언제나 다국적 친구들 속에 둘러싸여 지냈는데 이날 환송파티는 작은 지구촌 모임 같았다.

은색 파마머리에 서글서글한 인상을 지닌 그와 간단하게 인사를 나눈 뒤 나중에 난민 문제에 대해 얘기를 깊게 해보자는 약속을 하고 헤어졌는데, 그와의 만남은 그로부터 반년 뒤 이뤄졌다. 상대적으로 탈북자 문제보다 북한과의 관계개선에 집중했던 노무현 정부가 끝나고 이명박 정부가 들어서면서 북한 인권 문제에 대한 문제 제기가 늘어났고, 탈북자 문제에 대해서도 세계 보편의 난민 문제 차원에서 접근하려는 움직임이 구체화했기 때문이다.

그를 만나보니 서울 주재 유엔 산하기구 대표들 사이에 이명박 정부에 대한 상당한 기대감이 있다는 것을 실감할 수 있었다. 이 같은 정서는 아마도 노무현 정부가 남북관계 개선에 비중을 두면서 북한 인권 문제나 탈북자 문제 등에 대해선 상대적으로 소극적인 입장을 취해왔기 때문인 것으로 보인다. 마셜 대표는 "북한 인권 문제 및 탈북자 문제에 대해 한국의 진보 진영 인사들은 침묵했고, 보수파 인사들은 적극적으로 발언하는 등 차이가 있었는데 이제 이명박 정부가 적극적인 대응 노력을 벌이고 있어 기대가 된다"고 솔직하게 털어놨다.

세계 난민 문제는 안젤리나 졸리가 세계난민기구 친선대사로 활동하면서 세인의 관심을 끌고 있지만, 우리나라 지식인 사회에서 진지하게 논의되는 주제는 아니다. 탈북자 문제에 집중하던 시각이 최근 들어 결혼으로 인한 동남아시아 이주 여성들이 많아지면서 다문화 문제로 확산되고 있을 뿐, 여전히 시리아, 요르단, 레바논, 콩고, 르완다, 탄자니아, 수단의 난민 문제는 먼 나라 얘기일 뿐인 것이다. 아마도 지식인 사회에서 국제 문제 인식의 지평이 여전히 '우리' 속에 머물러 있는 것은 우리가 지나치게 민족적이거나, 아니면 우리나라의 글로벌화 정도가 여전히 낮은 수준이기 때문인지도 모른다.

식량난 때문이든, 생활상의 이유 때문이든 살던 땅 북한을 떠나 중국을 떠도는 북한인들에 대해서도 늘 탈북자라는 범주로 생각해왔을 뿐, 한 번도 난민 문제적 시각에서 접근하지 않았던 게 사실이다. 마셜 대표를 만나 얘기를 나누면서 이렇게 '나'와 '우리'에 갇혔던 좁은 인식이 세계 보편 문제 쪽으로 확장되는 것을 실감했다. 특히 유복한 나라 캐나다에서 태어난 그가 생존 자체가 힘든 제3세계 난민촌에서 지내며 난민지원에 나선 이유가 시민적 책무 때문이었다며 다음과 같이 말할 때 머리를 한 대 맞은 기분이었다.

"캐나다처럼 모든 것이 주어진 선진국에서 태어난 사람으로서 도덕적으로 무언가 세상 사람들에게 기여하고, 행운을 갖지 못한 이들을 위해 도움을 주어야 한다고 생각했다."

그의 얘기를 들으며 "한국은 아직 캐나다처럼 모든 것이 주어진 나라가 아니기 때문에, 그리고 우리 발등에 떨어진 북한 문제조차도 해결하지 못하는 상태이기 때문에……"라는 변명 아닌 변명이 주르륵 떠올랐지만, 나와 가족, 그리고 우리나라 문제에만 골몰하던 그간의 삶이 너무 이기적이지 않았나 하는 생각이 스쳐갔다. 마셜 대표가 얘기한 글로벌 차원의 도덕적 책무로부터 우리는 과연 얼마나 자유로울 수 있을까?

한국은 주변 국가들에 대해 역사적 부채가 없는 나라다. 일본은 아직도 과거사에 대한 부채를 청산하지 못해 부담을 주고, 중국은 국가 크기나 경제 규모가 워낙 압도적이어서 위압감을 주지만 한국은 그런 모든 요소에서 자유롭다. 인도에서 한국이 점점 더 매력적인 나라로 부상하고 있는 것은 이 때문이다. 인도에서는 요즘 한국의 민주주의뿐 아니라 경영 기술 면에서도 한국에 대한 관심이 뜨겁다.

인도의 부상을 꿈꾸는 신경제학자의 라이프스타일

인도 사회조사연구소장
프라탑 바누 메타

PRATAP BHANU MEHTA

• 질문
•• 대답

프라탑 바누 메타는 인도의 최대 규모 민간 싱크탱크인 사회조사연구소를 이끌고 있는 인도의 대표적 지식인이다. 아시아의 새로운 시장으로 부상한 인도에 대한 관심이 높아지고 있는 요즈음 그는 국제교류재단 초청으로 2007년 10월 방한, 한·인도 교류 확대를 제안하며 양국 간 싱크탱크 협력 문제를 협의했다.

메타 소장은 1967년 인도 라자스탄 주 조푸르에서 태어나 유년 시절을 보낸 뒤 영국으로 유학, 옥스퍼드대를 졸업했으며 이후 미국 프린스턴대에서 정치학 박사학위를 받은 엘리트다. 하버드대 행정학과 교수로 활동하다 2001년 인도로 귀국, 2년간 자와할랄 네루대 교수를 지냈고, 지난 2004년 37세의 나이에 인도 최대 규모의 민간 싱크탱크인 사회조사연구소 소장으로 발탁되어 화제가 됐다. 미국, 영국, 뉴질랜드, 일본 등에서 개최되는 국제 세미나에 가장 빈번히 초청되는 인도 민주주의 연구의 세계적 권위자이며 미국의 주간 〈뉴 리퍼블릭〉, 격월간 외교 전문지 〈포린 폴리시〉 등에 정기적으로 칼럼을 기고하고 있다. 그의 저서 《민주주의의 역할과 한계The Burdens of Democracy》는 인도 민주주의를 분석한 명저로 꼽힌다.

• 한국 방문에서 느낀 인상은?

•• 나는 오랫동안 한국의 민주주의 발전상과 경제성장에 대해 생각해왔는데 막상 와서 보니 훨씬 더 인상적이다. 인도에서 한국 기업은 일본 기업과 비교할 수 없을 정도로 뛰어난 활동을 하고 있다. 델리 시내는 물론 인도 곳곳에 세워진 현대자동차나 삼성전자, LG의 입간판은 더 이상 새로운 풍경이 아니다. 중국은 국가의 크기나 경제 규모 면에서 워낙 압도적이어서 위압감을 주고, 일본은 아직도 과거사에 대한 부채를 청산하지 못해 부담을 주는 데 비해 한국은 역사적으로 부담이 없는 나라여서 인도인들이 친근하게 생

각한다.

- 역사적 부담이란 어떤 측면에서 사용한 용어인가?
- · 일본은 아직도 2차대전 때의 과오에 대해 완전히 사과하지 않아 아시아 우방국들과 주기적인 갈등 상태에 빠지고 있지만 한국은 그런 부채가 없고 한·미 관계, 한·중 관계를 잘 관리하고 있다. 인도는 아시아 사회에 통합되길 원하며, 한국은 아시아에서 가장 중요한 협력국가 중의 한 나라라고 생각한다.

- 인도에서 한국에 대한 관심은 어느 정도인가?
- · 지식층에서 한국에 대한 관심이 급격히 커지는 추세다. 한국의 민주주의에 대한 관심은 물론 경영 기술적인 측면에서도 한국붐이 일고 있다. 한국은 점점 인도에게 매력적인 나라로 부상하고 있는 게 요즘 상황이다.

- 핵 보유국인 인도의 지식인으로서 북한의 핵 문제를 어떻게 보는가?
- · 글로벌 세계에서 핵의 비확산 체제는 강화돼야 한다는 데 동의한다. 하지만 인도와 북한의 핵을 동일한 선상에서 보는 것은 잘못된 접근이라고 생각한다. 인도가 국제사회의 비확산 원칙을 지키지 못한 것은 사실이지만 과연 파키스탄, 중국 등 주변의 핵 보

유국으로부터 지속적인 위협을 받는 나라가 어떻게 대응했어야 하느냐는 질문을 해봐야 한다. 당시 인도는 핵 옵션을 생각할 수밖에 없었던 특수성이 있다. 북한과 비교해볼 때 인도는 민주국가이며 핵으로 외부를 위협한 사례도 없다. 인도는 핵 보유국이긴 하지만 민주적으로 관리하면서 확산하지 않았다는 역사적 증거가 있기 때문에 2006년 미·인도 간 핵협정이 이뤄질 수 있었던 것이다. 반면 북한은 핵확산금지조약NPT의 비확산정책을 위협해온 나라다. 북핵이 용인될 경우 동북아, 중동, 남아시아 핵확산으로 이어질 가능성이 있다.

- 너무 인도 중심적인 접근법이라고 생각되는데…….
- 물론 변명일 수 있겠지만 인도와 북한의 안보 조건을 면밀히 따져봐야 한다. 나는 오히려 북한 사람들에게 정말 '북한을 위협하는 나라가 어느 나라냐'고 묻고 싶다. 어느 나라가 북한을 위협하는가? 미국, 중국, 한국 모두 아니다. 북한은 미국의 안보 위협 때문에 핵 개발을 했다고 주장하지만 정말 미국이 북한을 위협했는가? 북한은 스스로가 위협 요인을 만들어 주변을 위협하는 게 아닌지 자문해봐야 한다. 내가 보기에 북한은 핵을 가짐으로써 더 위협을 받는 상황이 됐다.

- 인도 지식인의 관점에서 볼 때 북핵은 어떻게 해결돼야 한다

고 보는가?

•• 북한이 핵을 포기해야 하는 것은 당위인데 6자회담 같은 다자 대화를 통해 유도하는 게 바람직하다. 다행히 최근 들어 미국은 안전보장 등을 핵심으로 한 포괄적인 협상안을 제시하고 있고, 한국은 북한이 핵을 포기할 경우 좀 더 과감한 대북 지원에 나서겠다는 입장을 밝혔다. 북한이 더 이상 핵을 고집할 이유가 없어진 셈이다.

• 조지 W. 부시 미 대통령은 재임 중 인도의 기존 핵을 용인하면서 대 인도 포용정책을 과감하게 추진했는데 그 원인은 무엇이라고 보는가?

•• 미·인도 간 관계가 강화하는 것은 미국에 살고 있는 인도계 이민들의 성공 결과다. 미국의 어떤 외교정책도 미국 시민권자들의 영향력에서 자유로울 수 없다. 성공한 인도계 미국인들은 미국 내 엘리트층은 물론 인도의 군, 정계, 경제계와 잘 연결되어 있다. 미국에는 130만 명의 인도계가 살고 있고 매년 8만 5천 명의 인도 학생들이 미국으로 유학을 간다. 이 같은 인적 네트워크가 미·인도 관계 강화의 동력이 되고 있다.

• 인도계 미국인들의 활동을 미·인도 관계 강화의 핵심 축으로 보는 것은 아주 흥미로운 접근인데…….

•• 인도계 미국인들은 대부분 고학력 고소득자들인데 이들이

미·인도 관계 발전의 견인차 역할을 하고 있다. 워싱턴 정치인들은 어떤 면에서 중국 위협론에 대한 대응으로 인도와의 협력을 강화하는 측면도 있다. 인도계 미국인들의 경제적 위상이 높아지면서 미국 내 정치적 발언권이 강화된 데다 미국의 중국 견제정책이 인도에 대한 배려와 관계 강화로 나타나고 있는 셈이다. 또한 미국-호주-인도를 잇는 아시아의 민주주의 벨트를 강화한다는 측면도 있는데 이것 또한 중국을 견제하기 위한 전략으로 봐야 할 것 같다.

- 인도 벵갈루루 등이 세계화 전략에서 대성공을 거두게 된 비결은?
- ● 인도의 대부분 지역은 아직도 빈곤 상태지만 남부의 몇몇 도시는 뛰어난 정보통신기술을 바탕으로 대성공을 거뒀다. 인도 남부가 급격하게 정보통신 중심지로 발전하게 된 것은 정부가 지난 1950, 60년대부터 이 지역에 집중적으로 투자한 덕분이다. 정부의 과감한 투자와 규제완화 덕분에 이 같은 성공신화가 가능했던 것이다.

- 프랑스의 문명비평가 기 소르망은 친디아를 주목하면서도 중국보다 인도의 가능성에 대해 더 전향적인 평가를 하고 있는데……

•• 솔직히 말해 중국과 인도를 비교할 만한 상황은 아니다. 다만 인도는 민주주의 국가이고, 정책 결정이 다양한 층위에서 이뤄진다는 점, 그리고 인구 구성상 아직 젊은 국가라는 점이 중국보다 뛰어난 점이라고 생각한다.

• 아시아 및 글로벌 사회에서 한국의 역할에 대해선 어떻게 보는가?

•• 21세기 들어서도 여전히 강한 나라가 힘을 발휘하는 힘의 정치가 지속되고 있으나 20세기 역사는 강한 나라가 늘 승자는 아니었다는 교훈을 우리에게 남겨주고 있다. 미국은 베트남, 소련은 아프가니스탄에서 치명적 패배를 한 역사가 있다. 강대국이 가진 물리력은 1차적으로 중요하지만 그 실행 과정에 따라 다르게 나타날 수도 있다는 것이다. 따라서 군사력이 자동적으로 외교력이나 정치력으로 전환되는 것은 아니다. 나는 아시아에서 위대한 잠재력을 가진 두 나라가 바로 한국과 인도라고 본다. 두 나라는 그런 점에서 협력을 강화해 나갈 필요가 있다.

취재노트

프라탑 바누 메타 소장은 한국에 전혀 알려지지 않았지만, 인도에서는 상당히 지명도가 높은 인물이다. 그와의 만남은 국제교류재단 초청으로 2007년 10월 방한했을 때 이뤄졌다. 한국 방문이 처음이라는 메타 소장의 명성은 그로부터 한 달 후 싱가포르 방문 때 확인할 수 있었다. 키쇼어 마흐부바니 싱가포르대 리콴유공공정책대학원장은 인터뷰 중 중국과 인도의 차이를 설명하면서 의외로 메타 소장을 "내 친구"라고 소개한 뒤 "인도는 닫힌 마음을 가진 열린 사회, 중국은 열린 마음을 가진 닫힌 사회"라는 그의 언급을 인용했다. 메타 소장이 이미 아시아 지역에서는 인도의 대표적 경제학자로 인정받고 있다는 사실을 마흐부바니 학장 인터뷰 때 확인한 셈이다.

후기

**지상 최고의
글로벌 인터뷰**

인터뷰는 일이자 놀이다

　글로벌 리더는 21세기 세상을 분석하고 전망하면서 세상의 흐름을 이끄는 이들이다. 세계 명문대의 교수이든, 대학 총장이든, 국제기구의 수장이든 간에 국제무대에서 활동하며 네트워크를 쌓고 세상을 주도하는 사람들이다. 이들의 발언은 영향력과 파급력이 크기 때문에 각국 정부는 이들의 발언에 주목하고, 세계의 언론도 이들의 움직임을 추적하고 보도한다.

　글로벌 인터뷰는 세계를 움직이는 이들의 생각과 시각을 가장 압축적으로 드러내는 장이다. 이들이 던지는 한마디 한마디에 세상의 흐름에 대한 진단이 담겨 있다는 점에서 앞으로 세상이 어디로 가는지에 대한 압축적 전망과 시사점을 얻을 수 있다.

　"옷깃만 스쳐도 인연"이라는 말이 있는데 지난 몇 년간 글로벌 인사들을 집중적으로 만나 그들의 얘기와 생각을 전할 수 있었던 것은 어쩌면 이들과 크나큰 인연이 있었기에 가능한 일이 아니었을까. 인터뷰 대상을 선택하고, 접촉하고, 대화를 나눈 뒤 글을 쓰는 일은 늘 힘들고 벅찼지만 그 하나하나의 과정은 언제나 짜릿한 기쁨을 줬고, 한 과정이 끝날 때마다 큰 성취감을 느낄 수 있었다.

한 사람, 한 사람을 만나는 과정에서 내 생각과 시야도 점점 확장됐다. 그들과의 인터뷰는 일이었고, 공부였고 동시에 놀이였다. 글로벌 시대의 길 위에서 묻고 답하고 기록하는 과정을 통해 한반도에 집착하던 몸과 마음이 점점 글로벌 세상 속으로 이동하는 것을 체험했다. 그들은 나를 글로벌리언으로 키워준 스승이었다.

한 분야에서 일가를 이룬 글로벌 인사들은 보통 사람들이 갖고 있지 않은 특별한 취향과 감각을 갖고 있다. 또한 소탈하고 솔직하고 배려심 깊은 이들이 대부분이다. '나 이런 사람인데……'라는 식으로 오만함을 보이는 사람은 드물다. 허세보다는 호기심, 편견보다는 열정이 큰 사람들이다. 그리고 무엇보다도 이들은 세상 문제에 대해 따뜻한 관심을 갖고 세상의 변화를 추구하는 이들이다. 세상일에 편견을 갖지 않으려 노력하고, 가능한 한 합리적으로 생각하며 문제를 풀려는 이들이 대부분이다.

반전운동가인 하워드 진 보스턴대 명예교수가 그랬고, 미국의 100명 지식인 순위표를 만든 리처드 포스너 미연방 판사가 그랬다. 지난 반세기 동안 미국의 역대 대통령들을 모두 '내 친구'라고 불렀던 실력자 잭 발렌티 미영화협회 회장은 팔순의 나이가 믿어지지 않을 정도로 세상에 호기심이 많은 '청년'이었다.

거절에 실망하지 말고 두드리고, 두드리고, 두드려라

　인터뷰는 저널리스트에게 있어 취재의 시작이자 끝이다. 상대의 얘기를 듣고 쓰는 기사인 만큼 가장 쉬운 것일 수도 있지만 어떤 질문을 하느냐에 따라 내용이 달라질 수 있다는 점에서 가장 어려운 기사이기도 하다. 아는 만큼 물어볼 수 있다는 점에서 인터뷰어의 능력과 자질이 적나라하게 드러나는 기사이기도 하다.

　인터뷰 성공 여부의 절반은 인물 선정에 달려 있다. 그 대상은 때로는 사회적 저명인사일 수도 있고, 획기적인 그 무엇을 내놓은 인물일 수도 있고, 특정 이슈에 관련된 전문가일 수도 있다.

　문제는 인터뷰의 대상이 될 만한, 사회적 관심을 끌 만한 오피니언 리더들은 어느 나라, 어느 사회에서나 바쁘고 접근이 어렵다는 것이다. 오늘은 뉴욕, 내일은 워싱턴, 모레는 도쿄로 출장을 가는 경우가 많아 접촉하기가 쉽지 않다. 요행히 접근이 되더라도 거부하면 그만이다. 뉴스 가치가 있는 이들은 그만큼 희소하고 사회적 요구는 많기 때문에 언론 간 경쟁도 뜨겁다. 국내 명사 인터뷰도 어려운데 글로벌 인터뷰가 쉬울 리 없다. 전 세계를 무대로 활동하는 글로벌 지성들을 만나고, 인터뷰까지 하는 것은 정말 어려운 일이다.

　대통령이 된 버락 오바마 미국 상원의원과의 인터뷰 시도는 한국적 취재 관행과 미국적 관행이 얼마나 다른지를 절감케 한 사건이었다. 나는 지난 2005년 가을 워싱턴 의사당에서 그를 만났다. 오바마 상원의원이 일리노이 주 유권자 모임에 참석한다는 것을 미리 파악해 1시간 남짓 기다린 끝에 만나 악수를 나눈 뒤 인터뷰를 신청했다. 그는 당시 미국 정계의 슈퍼스타로 부상했고, 그가 가는 곳엔 늘 록스타의 팬클럽처럼 많은 인파가 몰렸다. 그런 그에게 "한국에서도 귀하에 대한 관심이 많다"면서 "당신의 육성을 한국독자들에게 전하고 싶다"며 인터뷰를 제안했다. 그는 활짝 웃으면서 "좋은 얘기를 해줘서 고맙다"고 말한 뒤 "언론 담당 비서와 의논하라"고 답했다. 한국적 관행으로 봤을 때 그의 말은 '오케이' 사인이었다. 미국 정계의 벼락 스타 오바마와의 인터뷰가 거의 성사되는 줄 알고 서둘러 상원의원 사무실로 달려가 언론 담당 비서를 찾았다. 간단한 인사를 나눈 뒤 "인터뷰 스케줄을 잡아달라"고 하자 비서는 뜨악한 표정을 지으면서 "우리는 미국 전국지와 일리노이 주 미디어하고만 인터뷰한다는 원칙을 갖고 있다"며 냉담한 반응을 보였다. 한국 매체와의 인터뷰는 이 원칙에 벗어나기 때문에 응할 수 없다는 것이다. 오바마 상원의원이 "언론 담당 비서와 의논하라"고 했다고 말하자 그는 "그게 승낙한다는 말은 아니지 않느냐"고 응수했다. 그러고는 "우리는 전 세계 수백 개 언론사에서 들어오는 인터뷰 요청에 다 응할 수 없다"며 미안하다는 표정을 지었다. 한국적 정서로 보면 오바마 상원의원의 답변이 "언론 담당 비서와 인터뷰 시간을 조정하라"는 뜻으로 해석되지만, 미국적 맥락에서 말하자면 '우아하고 품위 있는 거절'이었던 셈이다.

오바마와의 인터뷰는 면전에서 거절된 것이지만, 수많은 인터뷰 신청 메일이 '무회신' 당하는 경우가 부지기수다. 여러 통의 편지와 전화로 접촉하는 데 성공하더라도 막상 인터뷰 제안이 받아들여질 가능성은 절반 이하다. 글로벌 리더가 한국 사람들에게 봉사해야 할 의무는 없기 때문에 "됐어요No thanks" 해버리면 그만이다. 다행히 "일정을 한번 잡아보자"는 절반의 승낙이 떨어지더라도 일정을 조정하는 일은 쉽지 않다. 몇 달간에 걸친 약속 재조정 과정에 들어가고, 그러다가 "정말 안 되겠다"는 최후의 거부 의사가 전달되는 일도 허다하다.

제임스 울펀슨 전 세계은행 총재 인터뷰는 수없는 일정 조정 끝에 막판에 거절된 케이스다. 반면 앨런 맬컴 에밀리스 리스트 회장이나 앤 베너먼 유니세프 사무총장 인터뷰는 몇 달간에 걸친 지루한 일정 조정 끝에 성공한 사례다. 수많은 장애물 끝에 인터뷰 일정과 장소가 확정되고 글로벌 명사와 한 공간에 마주 앉게 됐을 때는 인터뷰도 하기 전에 '성공했다'는 기쁨을 느끼게 된다. 인터뷰가 시작되면 그 성공의 기쁨은 이내 다시 팽팽한 긴장감으로 바뀌지만, 몇 달간 조마조마하게 진행되던 인터뷰 '협상'이 성사됐을 때의 기쁨은 그 무엇과도 바꿀 수 없다.

통상 하늘의 별 따듯 어려운 일도 의외로 쉽게 풀릴 때가 있다. 글로벌 명사들이 친구들을 소개해줄 때다. 이 경우 언론의 접근이 불가능한 인물들이 쉽게 접촉된다.

명사들이 참석하는 리셉션이나 세미나에서 본인에게 직접 인터뷰 제안을 해 승낙을 받는 것도 좋은 방법이다. 빌 에모트〈이코미스트〉편집장 인터뷰는 2007년 한·영 포럼 참석차 서울에 왔을 때 주한 영국대사관 리셉션에서 만나 성사된 예이다. 해외 명사들이 방한했을 때 호텔에 전화를 걸어 본인과 직접 통화를 해서 승낙을 받아낼 수도 있다. 흔치 않지만 가장 확실하게 일을 성사시키는 방법이다. 2002년 민주주의공동체 국제회의 참석차 서울에 온 조지 소로스 소로스펀드 회장은 그렇게 인터뷰가 성사되었고, 레스터 서로 교수 인터뷰도 마찬가지다.

미국에서는 명사들의 언론 인터뷰가 허용되는 특이한 기간이 있다. 명사들은 책을 낸 후 일정 기간은 인터뷰에 적극적으로 응한다. 신간을 펴낸 뒤 저자들은 한 달여 간은 출판사 주도로 '북 투어 book tour'를 하며 독자들과 만나는데 이 기간을 활용하면 쉽게 저자 인터뷰가 가능하다. 한국계 작가 이창래 씨가《가족Aloft》을 펴냈을 때 버지니아 알링턴 서점에서 즉석 인터뷰를 했다. 이것은 '북 투어' 시즌이기에 가능했다.《빅맥이냐 김치냐》의 저자인 마빈 조니스 시카고대 경영대학원 교수,《권력과 이상주의자들》의 저자 폴 버먼 뉴욕대 교수 인터뷰는 책을 매개로 성사된 자리다. 존 F. 케네디의 딸인 카롤린 케네디도 그가《애국주의자의 핸드북A Patriot's Handbook》을 펴낸 뒤 워싱턴의 폴리틱스 앤 프로즈Politics &

Prose 서점에서 강연을 했을 때 만날 수 있었다. 신간이 나왔을 때 저자에게 인터뷰 제안을 하면 대부분 받아들여진다. 《권력과 이상주의자들》이 나왔을 때 책을 읽은 후 버먼 교수에게 인터뷰 신청을 했더니 "〈뉴욕타임스〉 북 리뷰 팀보다 더 빨리 책에 대해 반응을 보인 기자"라면서 흔쾌히 승낙했다. 그는 이어 만나기 힘든 쿠바 시인 라울 리베로의 뉴욕 방문 소식까지 전해주며 인터뷰를 주선해줬다.

인터뷰어의 첫 조건은 공감과 신뢰다

사람들은 대부분 질문에 답하는 형식의 만남을 부담스럽게 생각한다. 더구나 예상치 않은 민감한 질문을 받으면 곧바로 표정이 변하며 긴장한다. 언론에 수없이 노출되고, 언론을 때로 이용하는 노회한 일부 인사들을 빼면 대부분 그렇다. 사회적 지위나 이력에 무관하게 대부분의 사람들은 언론 인터뷰를 편하게 생각하지 않는다.

따라서 상대가 가능한 한 편한 분위기에서 대화를 할 수 있도록 하는 게 무엇보다도 중요하다. 미국의 저명한 저널리스트 해리슨 솔즈베리Harrison Salisbury는 "상대가 편한 분위기에서 스스로 얘기할 수 있도록 하는 게 좋은 인터뷰어의 첫 조건"이라고 말했다. 대부분의 인사들은 스스로에 대해 얘기하기를 좋아하기 때문에 얘기에 끼어들지 말고 충분히 얘기할 수 있는 분위기를 만들어주는 게 제일 좋다는 것이다.

인터뷰 분위기를 일단 부드럽게, 우호적으로 만든 뒤에는 상대의 얘기에 적극 공감하며 그의 얘기 흐름을 따라가는 게 중요하다. 미국의 명사 전문 인터뷰어로 명성을 얻은 여성 앵커 바버라 월터스Barbara Walters는 최근 펴낸 자서전《내 인생의 오디션Audition》에서 자신이 미국 최고의 인터뷰어로 성공할 수 있었던 비결을 "세상에 대한 호기심을 유지한 덕분"이라면서 "인터뷰의 성패는 인터뷰어가 인터뷰 상대와 어떤 신뢰 관계를 쌓느냐에 달려 있다"고 말했다. 또한 그 신뢰는 과도하게 인터뷰 진행자의 관점이나 주장을 내세우지 않고 상대의 얘기를 듣고 반응하는 가운데 생겨난다고 밝혔다.

바버라 월터스의 말처럼 인터뷰어와 인터뷰 상대와의 신뢰나 공감은 주고받는 대화 속에서 형성된다. 인터뷰에 응하는 이들의 반응은 천차만별이다. 얘기가 시작되자마자 가슴을 열고 질문보다 많은 얘기를 하는 사람이 있는가 하면, 인터뷰가 끝날 때까지 거리감을 두고 조심스럽게 질문에만 답하는 이들도 있다. 그러나 일단 얘기 보따리가 풀리면 질문 없이도 얘기를 하는 이들이 많다. 사람들은 누구나 자신의 생각과 말에 귀 기울여주는 사람에겐 얘기를 하고 싶어 한다.

문제는 그 순간을 어떻게 포착하고 끌어내느냐에 있는데 일단 눈과 눈으로 통할 때 이 순간이 오는 경우가 많다. 따라서 인터뷰 때는 늘 상대의 눈을 보면서 질문을 던지고 얘기를 들어야 한다. 가급적 질문은 짧게 한다. 메모도 필요한 것만 간단히 할 뿐 상대에게서 눈을 떼지 않는다. 인터뷰 시간이 30분이 됐든 1시간이 됐든 간에 대화에 몰입하는 것을 가장 중시한다. 인터뷰가 끝났을 때 질문을 한 사람이나 답한 사람이 서로 '좋은 얘기 나눴다'는 느낌을 공유하게 된다면 그 인터뷰는 성공한 것이다.

이런 공감을 얻는 데 언어는 장벽이 되지 않는다. 여기에 실린 인터뷰는 모두 영어로 진행됐다. 모국어가 아닌 말로 묻고 얘기를 듣는다는 것은 두 배 이상의 집중력이 요구되고 온몸과 마음이 긴장되는 과정의 연속이었지만, 100여 명과의 인터뷰라는 길고 긴 터널을 지나오고 보니 결국 문제는 언어가 아니라 상호 공감이라는 생각이 든다.

인터뷰를 하다 보면, 때때로 한국어로 하는 것인지 영어로 하는 것인지 구분이 안 될 정도로 무아지경에 빠질 때가 있다. 물론 영어가 그렇게 자유로웠다는 얘기는 아니다. 다만 상호 공감 속에서 대화를 나누다 보면 서로 어떤 언어를 쓰는지조차 잊어버릴 정도의 상태가 될 때가 있다는 얘기다. 사실 영어를 잘하는 것과 인터뷰를 잘하는 것은 별개 문제다. 영어를 잘한다고 해서 인터뷰를 잘하는 것은 아니고, 그 역은 더더욱 아니다. 진심이 통하면 비록 세련되지 못한 표현이라도 서로의 마음을 열게 되는 것이다.

인터뷰는 재즈다! 섹스다! 댄스다!

인터뷰는 사람과 사람이 만나서 이뤄지는 만큼 현장성이 중요하다. 또한 그때그때의 분위기에 따라 흐름이 달라질 수도 있기 때문에 즉흥성이 강하다. 재즈로 말하자면 즉흥성improvisation이 중요한 요소가 되는 셈이다.

리처드 홀브룩Richard Holbrooke 미 행정부 아프간·파키스탄 특별대표는 〈포린 어페어즈Foreign Affairs〉 2008년 9-10월호에 기고한 글에서 외교를 재즈에 비교하면서 "명확한 원칙을 견지하되 협상 과정에서는 자유롭게 현장성을 발휘해야 한다"고 말한 바 있다. 그의 말에 전적으로 공감한다. 인터뷰도 마찬가지다. 상대의 반응과 무관하게 준비해간 질문을 하나하나 순서대로 읽는 것만큼 재미없는 인터뷰는 없다.

나는 그간 국내외 인사 인터뷰를 진행하며 재즈의 즉흥성, 현장성을 존중해왔다. 미 국무부의 북한 담당관 출신인 조엘 위트Joel Witt 컬럼비아대 위더헤드 동아시아연구원의 연구원을 만났을 때도 그랬다. 위트 연구원은 1994년 1차 북핵 위기 때 북한 측과 협상을 벌였던 전직 국무부 관리로 《북핵 위기의 전말Going Critical:

The First North Korean Nuclear Crisis》을 로버트 갈루치Robert Gallucci 조지타운대 외교대학원장과 함께 펴낸 전문가다.

내성적인 성격인 그는 인터뷰 제안을 하자 적이 소극적인 태도를 보이며 마지못해 수용했다. 인터뷰를 시작하자마자 그는 "내게 별로 뉴스 될 게 없는데 도대체 무엇이 알고 싶으냐"며 시큰둥한 표정을 지었다. 이럴 때가 제일 난감한데 소심한 사람에겐 때로 과감하고 적극적인 자세로 질문을 하는 게 먹힐 때가 있다. 그래서 그에게 먼저 방한 목적이 무엇이냐고 물었더니 "북한이 핵폐기에 나설 때 북한의 핵 관련 기술자 및 과학자 지원이 필요한데 이를 위한 북한판 넌-루가 프로그램을 만들어 한국 정부와 협의하기 위해 왔다"는 의외의 얘기를 했다. 이 얘기는 북핵 6자회담이 답보 상태에 있던 2007년 여름 국면에서 북한을 유인해낼 수 있는 참신한 구상이었다.

그의 발언에 대해 "새로운 접근법"이라며 큰 관심을 보였더니 위트의 표정이 갑자기 달라졌다. 눈을 반짝이기 시작하더니 "너도 이 문제가 중요하다고 생각하느냐"면서 얘기 보따리를 술술 풀었다. 이후 위트는 "네가 궁금해하는 모든 문제에 대해 얘기해주겠다"면서 인터뷰 시간도 "네가 원하는 한 얼마든지"라며 기분 좋게 웃었다. 인터뷰는 대성공이었다. 국내에서 처음으로 한국판 넌-루가 프로젝트 준비 상황을 전할 수 있었기 때문이다. 위트와의 인터뷰를 마치며 다시 한 번 '인터뷰는 재즈처럼 즉흥성과 현장성이 생명'이라는 생각을 하게 됐다.

오리아나 팔라치는 인터뷰를 섹스에 비유해 관심을 끌었던 냉전시대의 대표적 저널리스트다. 정열적인 이탈리아인 기질을 그대로 갖고 있는 팔라치는 호전적인 인터뷰어로 유명한데 "인터뷰는 상대와 격렬하게 상호작용을 하는 섹스와 같다"는 말을 자주 했다. 섹스나 인터뷰나 상호 교감하고 몰입해야 통하는 것이라는 점에서 그 비유는 그리 과장된 것이 아니다. 상호작용이 멈춰버린 인터뷰는 생동감이 없는 '죽은' 인터뷰이고, 상호 교감이 없는 섹스 또한 아무런 감동을 주지 못하는 무용한 몸놀림이기 때문이다. 그런 점에서 인터뷰는 조금 과장해서 말하면 '정신적 섹스'라 할 만하다.

팔라치는 실제 인터뷰를 '섹스'처럼 정열적으로 했던 인물이기도 하다. 그는 1973년 그리스 정부가 반독재 운동가 알렉산드로스 파나골리스를 석방했을 때 그리스로 건너가 인터뷰를 하다 불같은 사랑에 빠졌다. 그리고 곧바로 동거에 들어가 파나골리스가 사고를 가장한 교통사고로 암살당할 때까지 함께 살았다. "우리의 사랑을 법 앞에 선서할 필요가 없다"며 파나골리스와의 동거를 사실상 결혼이라고 얘기했던 팔라치가 그와 함께 산 기간은 3년이다. 파나골리스가 죽은 뒤 팔라치는 1년 동안 집에 틀어박혀 소설을 한 권 써 냈는데 그게 바로 파나골리스와의 얘기를 담은 《한 남자A man》이다.

바버라 월터스와 함께 명사 전문 인터뷰어로 명성을 날리고 있는 ABC방송 여성 앵커 다이앤 소여Diane Sawyer는 인터뷰를 '댄스'에 비유했다. 부드럽고 우아한 미소로 미국 명사들을 인터뷰해 "미국 언론계의 프린세스"로 불린 소여는 "인터뷰란 상대와 함께 추는 춤"이라는 지론을 펼치며 인터뷰를 진행해 호평을 받았다. 상대와 호흡을 맞추며 음악에 몸을 맡겨야 멋진 춤을 출 수 있듯 인터뷰는 인터뷰를 하는 사람과 인터뷰에 응한 사람이 공동으로 만들어가는 왈츠이자 탱고인 것이다.

인터뷰가 재즈든, 섹스든, 댄스든 간에 그것은 내용을 끌어내기 위한 수단이자 형식일 뿐 정작 중요한 것은 내용이다. 인터뷰 진행자가 인터뷰에 응하는 이로부터 최대한 새롭고 흥미롭고 감동적인 얘기를 끌어내는 게 인터뷰의 핵심이라면 결국 좋은 인터뷰는 인터뷰어의 몫으로 돌아오게 된다.

좋은 인터뷰어가 좋은 인터뷰를 만든다

인터뷰의 성패는 인터뷰어의 능력과 자세에 달려 있다. 어떤 질문을 어떻게 하느냐에 따라 내용이 달라진다. "인터뷰는 자동차를 운전하는 것과 같다Interviewing is like driving a car"는 말이 있다. 운전자가 운전을 잘해야 하는 것처럼 인터뷰어가 잘해야 인터뷰가 잘 된다는 얘기다.

유명 인사들은 이미 수많은 인터뷰를 경험해본 이들인 만큼 상투적 질문을 하거나, 원론적인 질문을 반복하면 곧바로 흥미를 잃어버리고 지루한 표정을 짓는다. 얼마나 참신하고, 좋은 질문을 던지느냐에 따라 인터뷰의 질이 결정되고, 인터뷰에 응하는 이의 반응이 달라진다. 좋은 질문이 좋은 인터뷰를 만든다는 말은 과언이 아니다.

해리슨 솔즈베리는 좋은 인터뷰의 기본 조건으로 "잘 준비된 인터뷰어"를 꼽았다. 인터뷰 진행자가 인터뷰할 인물의 배경과 성품은 물론 과거 공적과 문제를 잘 파악한 뒤 이를 적절히 활용해야 좋은 인터뷰를 할 수 있다는 얘기다. 솔즈베리는 특히 인터뷰 초기에 우호적인 분위기를 만드는 게 상대의 긴장을 풀어주는 데 도움이 된다면서 인터뷰를 낚시에 비유했다.

"고기를 낚는 데 여러 방법이 있는 것처럼 인터뷰도 마찬가지다. 고기가 낚싯밥에 물려도 그것을 끌어올리는 데는 여러 방법이 있다. 너무 세게 낚싯줄을 당기면 고기가 가버릴 수 있듯이 상대를 너무 압박하면 제대로 된 얘기를 들을 수 없다. 좋은 인터뷰를 하려면 많은 시간과 인내심이 요구된다." 잭 후버 & 딘 디긴스, 《인터뷰 기법》, p.197

해리슨 솔즈베리는 상대를 몰아붙이지 않으며 우호적인 분위기로 인터뷰를 진행해 좋은 글을 남겼지만 오리아나 팔라치는 전투적 스타일로 인터뷰를 해 성공한 인물이다. 팔라치는 상대를 몰아붙이고, 비난하고 화나게 한다. 이 때문에 팔라치와 인터뷰한 리더들 중 많은 이들이 "인터뷰에 응한 게 실수"라는 반응을 보이기도 했다. 팔라치와 〈플레이보이〉 잡지 인터뷰를 했던 미국 언론인 로버트 시어Robert Scheer는 "팔라치와 인터뷰는 내가 했던 세 번의 결혼보다 긴장된 순간이 많았던 시간이었다"고 회고한 바 있다.

인터뷰를 우호적 분위기로 진행하느냐 전투적 분위기로 진행하느냐는 인터뷰 진행자와 상대의 관계 설정에 따라 달라질 수 있지만, 중요한 것은 준비다. 인터뷰를 하기에 앞서 상대가 사전에 했던 인터뷰를 꼼꼼히 검토해 상대의 스타일과 성격을 파악하고 현안이 되는 것은 미리 파악해두는 게 좋다.

함신익 예일대 음대 교수를 인터뷰할 때의 일이다. 인터뷰에 앞서 "과거에 기자들이 했던 질문은 반복하지 않겠다. 혹시 과거 인터뷰 중 사실과 다르게 잘못 보도된 게 있으면 말해달라"고 운을 뗀 뒤 단도직입적으로 질문에 들어갔더니, 표정이 금세 달라졌다. "그래, 내게 뭐가 궁금하냐. 오늘 정말 하고 싶은 얘기를 할 수 있을 것 같다"며 호감을 보였다. 함 교수 인터뷰는 벌써 10년 전의 일이지만, 이날 인터뷰는 아주 성공적이었고, 함 교수와의 만남은 좋은 선후배처럼 이후에도 이어지고 있다.

함 교수 인터뷰 때 활용한 이 기법을 이후에도 자주 사용하는 편이다. 우선 인터뷰에 앞서 오늘 이 자리에서 듣고 싶은 얘기에 대해 개괄적으로 설명한 뒤 인터뷰 상대의 표정을 살핀다. 적극적인 이는 이때 자신의 생각을 한동안 얘기한다. 이 같은 경우엔 그의 얘기를 자르지 않고, 충분히 들은 뒤 그가 말한 것에 대해 질문을 하며 추가적인 얘기를 이끌어낸다. 인터뷰 상대가 아주 색다르고 재미있는 소재의 얘기를 하면 인터뷰는 재즈의 즉흥연주처럼 그쪽으로 가게 된다.

그런데 조금 내성적이거나 신중한 이는 인터뷰의 전체적인 구성을 설명한 뒤에도 좀처럼 입을 열지 않는다. 구체적인 질문을 던지면 답을 하겠다는 굳은 표정을 지으면서 말이다. 독일의 국제법학자인 뤼디거 볼프룸Rüdiger Wolfrum 국제해양재판소장이 그런 케이스다. 이런 경우엔 질문을 구체적으로 던지며 얘기를 시작하게 된다. 볼프룸 소장은 무뚝뚝하고 근엄한 독일 학자의 전형성을 갖춘 인물이었는데, 이 질문 저 질문을 해도 긴장을 늦추지 않은 채 공식적인 답변만을 해서 '오늘 인터뷰는 완전 실패'라는 생각이 들었다. '이 난국을 어떻게 타개해야 하나' 고심하다가 '지식인으로서 겪은 독일통일 체험' 문제로 질문을 틀었다. 그랬더니 그는 의외의 답변을 하며 말문을 트기 시작했다. 이후부터 그는 묻지 않아도 술술 얘기를 했고 인터뷰는 성공적으로 마무리됐다.

인터뷰는 시간과 지면 제한이 있는 장르다. 무한정 얘기를 들을 수도 없고, 무한정 쓸 수도 없다. 따라서 상황에 따라 주제에 따라 할 얘기의 범위와 시간을 정해야 한다. 명사들과의 인터뷰 시간은 늘 인색하게 주어진다. 오리아나 팔라치는 자신을 글로벌 명사로 만들었던 인터뷰집 《거인과 바보들-역사와의 회견》에서 늘 각국 지도자와의 인터뷰 시간이 1시간 남짓 주어지는 데 대해 불평을 늘어놓은 적이 있다. 그렇지만 1시간은 모자라는 시간이 아니다. 준비만 철저히 됐다면, 인터뷰가 긴장감 있게 진행됐다면 그 정도로도 충분하다. 때로는 20분, 30분을 만나도 교감이 이뤄진다면 좋은 인터뷰가 될 수 있다.

2005년 11월 미국 워싱턴의 캐네디센터에서 공연예술 평생공로상을 받았던 미국 영화배우 로버트 레드포드는 관례에 따라 〈워싱턴포스트〉와 전면 인터뷰를 했다. 그런데 레드포드는 앉자마자 "그래 오늘 무슨 얘기를 해야 하지What's the deal today"라면서 인터뷰 의도를 먼저 물었다. 상을 받았다고 해서, 수상 소감을 얘기해야 하는지, 칠십 평생에 걸친 레드포드의 영화 인생 얘기를 해야 하는지, 아니면 그가 설립한 선댄스 영화제 얘기를 해야 하는지 사전 정보가 없었던 것이다. 레드포드는 이 인터뷰에서 그가 평생 관심을 기울여온 영화에 대한 얘기를 많이 했는데 과거에 초점이 맞춰진 질문에 좀 흥미를 잃었기 때문인지 인터뷰 기사는 생동감이 별로 없었다. 인터뷰어 또한 레드포드의 명성에 주눅이 든 탓인지 일방적으로 얘기를 듣기만 했을 뿐, 레드포드와 공감을 하지 못한 듯했다. 말하자면, 명사를 인터뷰 자리에 끌어내기는 했지만, 성공은 하지 못한 그저 그렇고 그런 인터뷰가 돼 버린 셈이다.

내가 좋아하는 인터뷰 프로그램은 뉴욕 연수 시절 알게 된 '찰리 로즈Charlie Rose'다. 미국의 공영 TV인 PBS 채널에서 월요일부터 금요일까지 매일 저녁 1시간씩 진행되는 이 인터뷰 쇼에는 미국의 대통령에서부터 유명 정치인, 관료, 대학 총장, 외국의 명사들이 화려하게 등장한다. 인터뷰 시간은 명사의 급과 비중에 따라 1시간이 되기도 하고 10분이 되기도 한다. 인터뷰어 찰리 로즈는 현실 정치에서 문화, 예술, 과학기술, 경제, 국제 문제에 이르기까지 다양한 이슈를 다루며 그때그때 미국 내외의 최고 명사들을 불러내는데 인터뷰의 긴장감이 처음부터 끝까지 이어져 한순간도 눈을 떼지 못하게 한다.

그렇게 집중하도록 만드는 비결은 단도직입적인 시작과 끝, 그리고 짧은 질문에 있다. 그는 인터뷰 시작 때 의례적인 인사말을 하지 않으며, 끝날 때 마무리 질문을 하는 적도 없다. 단번에 시속 90킬로미터로 올라서는 성능 좋은 스포츠카처럼 첫 질문부터 팽팽하게 긴장감을 불러일으킨 뒤 끝날 때도 마찬가지 방법을 쓴다. 시동을 켜자마자 시속 120킬로미터로 달리던 차가 1초 만에 멈추는 듯한 느낌이다. 그가 자주 쓰는 표현은 "말해봐요Tell me~"다. 왜 이런 문제에 관심을 가졌는지, 이 문제에 대해선 어떻게 생각하는지 말해보라는 게 그가 가장 애용하는 화법이다. 보통 인터뷰어들은 이러저러한 문제에 대해 설명을 해주시겠느냐는 식의 의례적인 표현을 쓰는데 그는 늘 단도직입적으로 시작한다. 글로벌 세상의 현안을 다루는 인터뷰 중 찰리 로즈만큼 흥미로운 것이 없다. 그의 또 다른 매력은 부드러운 사람에게는 한없이 부드럽게 접근하지만, 조금이라도 거만한 태도를 보이는 이에게는 가혹하게 몰아붙이는 질문을 한다는 데 있다. 그는 조지 소로스 소로스펀드 회장과의 인터뷰에서는 시종일관 웃으며 부드러운 태도를 보이다가도 리처드 홀브룩 미 아프간·파키스탄 특별대표처럼 조금 잰 체하는 이가 등장하면 사정없이 몰아붙인다.

미국 생활을 끝내면서 가장 그리웠던 것이 '찰리 로즈'였는데 요즘엔 인터넷이 워낙 좋아 서울에서도 볼 수 있다. 단 미국에서 방영된 것을 인터넷으로 보려면 하루의 시차는 인내해야 한다. 미국 현지 방송 하루 만에 인터넷www.charlierose.com에 인터뷰 프로그램이 그대로 올려지는 걸 보면 첨단 글로벌 시대임을 실감하게 된다. 어디에 살며 일하든 간에 공간적 거리는 작가나 저널리스트에게 더 이상 장애가 되지 않는다는 샤시 타루르의 말에 새삼 공감하게 된다. 이제 어디에 있든지 글로벌 세계의 여러 매체를 그대로 보면서 글로벌 감각을 공유할 수 있는 하나의 세계가 제대로 열리게 된 것이다.

어쩌면 이 책에 소개된 22명의 인터뷰 중 일부가 찰리 로즈 스타일로 진행됐을 수도 있겠다. "오랫동안 꿈을 바라보는 사람은 그 꿈을 닮아버린다"는 러시아 속담처럼 찰리 로즈 중독 현상이 이 책 곳곳에 배어 있을 수 있다. 그렇지만 그것도 '지속적 배움과

성장'을 꿈꾸는 내겐 즐거움이다. 한국에도 '찰리 로즈' 같은 품격 높은 글로벌 지성의 대화장이 마련됐으면 하고, 또 그런 인터뷰어가 되고 싶은 게 현재의 꿈이다.

이 끝나면 난 서른 살이지만 나를 고용한 회사, 나를 사용하는 회사, 그리고 국가는 서른 이후의 삶을 보장해 주지 않는다. 내 미래를 걱정하는 건 나뿐이다. _이다은(29)

저는 만만한 사람입니다. 누구에게나 물러 터졌죠. 하지만 그렇다고 해서 그 누구도 저를 만만하게 대할 권리는 없어요. 우리 모두 똑같이 존중받아야 할, 자유롭고 당당한 개인입니다.
_이상지(22)

일하는 사람들이 미래에 대한 걱정 없이 살 수 있는 사회, 자신이 가진 능력에 맞게 일하고 필요에 따라 분배받는 사회가 되었으면 합니다.
_정현민(37)

왜 학생들은 어리다고 무시받아야 하나요? 우리에게도 의견을 자유롭게 표현하고 존중받을 권리가 있다고요! _이시우(13)

화장하는 것과 잘못한 학생에게 주는 벌점이 무슨 관계가 있는지 모르겠어요. 나도 내 자신을 꾸밀 권리가 있습니다. _최문영(15)

저는 대한민국의 고3, 남들이 말하는 '찬란한 스물'을 위해 잠시 잿빛이 된 열아홉이에요. 하지만 저의 머리색은 이미 매우 찬란하답니다. 회색, 하늘색 등을 거쳐 지금은 보라색이거든요. 사람들은 하나같이 저에게 학교를 안 다니냐고 묻습니다. 여자애가 발랑 까졌다며 손가락질하기도 하죠. 하지만 제가 제 머리색조차 결정할 수 없다면 무엇을 결정할 수 있을까요? 전 당당히 말합니다. 이것은 나의 권리라고요. _강민채(19)

누군가와 친한 사이라는 건 그 사람에게 무례하게 굴어도 된다는 뜻이 아닙니다! 수능은 잘 봤는지, 취업은, 연애는 왜 안 하는지 묻지 마세요. 크고 작은 좌절의 순간에 '내 그럴 줄 알았다'라며 핀잔하지 마세요. 인권은 멀리 있지 않아요.
_윤지영(22)

나는 이 나라 국민의 한 사람으로서 인간다운 삶을 살아갈 수 있도록 대우받고 존중받을 권리가 있습니다. _최훈태(45)

모든 인간은 법 앞에서 평등해야 합니다. 뉴스를 볼 때마다 허탈합니다. 돈 있고 백 있는 사람들은 한결같이 그 죄가 깃털처럼 가벼워지니까요. _김도윤(36)

음주 관련 각종 범죄가 난무함에도 솜방망이 처벌이 다반사. 엄격한 규제, 법령 시행이 이루어졌으면 합니다. _이선애(39)

화장실에서, 집에서, 기숙사에서, 교실에서, 수영장에서, 카페에서! 일상에서 우리는 사생활을 보호받을 권리가, 관음당하지 않을 권리가 있습니다. 모든 사람이 몰카로부터 안전한 사회가 필요해요! _배주희(16)

당연히 두려움에 떨고, 당연히 조심해야 했던 것들. 당연한 것들이 아니었습니다. 나는 길을 안전히 걸을 권리가 있으며, 누구에게나 제공되는 공공장소를 맘 편히 이용할 권리가 있으며, 더 이상 사랑하지 않는 애인에게 이별을 고할 권리가 있으며, 나의 몸을 보호할 권리가 있습니다. 나는 여성입니다. _배유림(19)

성별에 의해 차별받지 않을 권리는 가장 기본적인 권리이다. 성은 그 누구의 의도나 선택으로 결정된 것이 아니기 때문이다. 성에 구속되지 않고 마음껏 자신의 색깔을 뽐낼 때 이 지구는 더욱 찬란하고 다양한 색깔들로 채워진, 우주에서 가장 아름다운 별이 될 것이다. _김은성(18)

여전히 우리나라 여성들은 성추행과 성폭행으로부터 안전하지 못하고, 장애인들은 밖으로 나오지도 못하고 있으며, 독거 어르신들은 쪽방에 홀로 누워 죽음이 오기만을 기다리고 있다. 세계인권선언문의 시작을 여는 '모든 인간은 평등하다'라는 말을 온 마음을 다해 이해할 필요가 있다!
_장연주(18)

여성 노숙자들은 강간당하는 것이 일상이고, 생리 처리도 제대로 못 합니다. 여성 노숙자의 인권이 보호되어야 합니다. _정효선(22)

고 성장할 권리가 있다! _강진리(15)

일할 수 있는 자유, 일을 하지 않을 자유, 일과 가정을 함께 가질 수 있는 자유가 있었으면 합니다. _문유라(32)

잘못된 것을 잘못되었다고 당당히 말할 수 있는 세상이 오길. 옳은 것을 외치는 약자를 비난하지 않는 날이 펼쳐지길. _김정원(20)

미숙하지만 매 순간 성숙을 위해 노력하는 한 명의 교사로서, 아이들에게 '옳고 그름'과 '더불어 사는 것'을 당당하게 가르칠 수 있길 바랍니다. _안세진(29)

이 땅의 모든 교사는 인격을 갖추어야 하고, 인권의 진실을 가르칠 의무가 있으며, 그 의무를 이행하는 교권은 어떤 권력으로부터도 보호받아야 한다. _박정민(46)

저희는 시민들의 안전을 책임지는 경찰이기 이전에 '사람'입니다. 욕설이나 폭력은 삼가 주세요. 저희도 시민들이 경찰을 어려워하지 않는 사회를 위해 노력하겠습니다. _정지윤(22)

승무원들은 비행기를 하늘에 띄우기 위한 부속품이 아닙니다. 우리에게는 다음 비행 스케줄을 소화하기 위한 법적 휴식뿐 아니라 '인간다운 삶을 살아가기 위해 필요한 최소한의 시간'에 대한 권리가 있습니다. 승무원 역시 누군가의 부모이며 자녀이고 아내이자 남편입니다. _이보배(30)

입시를 준비하는 고등학생에게도 자고 싶을 때 자고, 공부하고 싶을 때 공부하고, 말하고 싶을 때 말하고, 아무것도 안 하고 싶을 때 아무것도 안 할 권리가 있었으면 좋겠습니다. _성다영(17)

코끼리 사슬 증후군을 아시나요? 청소년들은 각자 잘할 수 있는 다른 일이 있음에도, 어렸을 때부터 공부라는 틀에 갇혀서 이제는 스스로를 속박하고 있습니다. 부디 우리를 공부 기계로만 보지 말고 각자의 개성이 있는 하나의 인격체로 봐 주세요. _최희록(16)

학교에서 우리는 많은 시험을 치르고, 그 성적에 따라 웃기도 하고 울기도 합니다. 하지만 우리가 살아가면서 느낄 가장 소중한 가치들은 사랑, 행복, 우정 등 결국 그 값이 매겨질 수 없는 것들이라고 생각합니다. 점수로 그 사람의 삶의 질이나 인성, 가치관과 이념을 판단할 수 없으니까요. 그래서 저는 사람이 단순한 점수로 평가받지 않을 권리가 필요하다고 생각합니다. _최서진(15)

더 많이 놀게 해 주세요. 너무 바빠요. 책도 더 많이 읽게 해 주세요. 해야 할 일이 너무 많아요. _정수빈(10)

아침 식사를 먹고 싶은 만큼 먹고 학교에 갈 권리, 내 책상 정리는 하고 싶을 때 하고 어질러 놓을 권리를 보장받고 싶어요. _정수연(13)

모든 인간은 성과 나이의 제한 없이, 양심과 의지에 따라 생각할 자유가 있다. 또한 그 생각에 따라 행동할 권리가 있다. _이은림(35)

거리에 있는, 혹은 지하방에 혼자 있는 아이들은 인권이 뭔지도 모르는 채 방치되어 있습니다. 건축의 기초가 단단해야 하듯 아이들이 안전하게 자랄 수 있을 때 모든 인권이 건강하게 자리 잡습니다. 국가는 이에 맞는 정책을 고민해 주세요. _구숙녀(56)

퇴사할 각오로 써야만 하는 육아휴직. 엄마의 인생을 희생해서 아이를 키워야 하나요? _오소람(25)

열심히 벌어도 내 집 하나 장만하기 어려운 세상! 떠돌이 생활은 그만! 집 걱정 없이 편안하게 살 권리를 주세요. _박중혁(28)

생각은 언제나 자유롭게, 행동은 타인의 자유를 침해하지 않는 만큼만, 그리고 그만큼의 책임을. _조영호(55)

나는 파견 계약직이다. 근로계약서에서 내 이름은 '갑'도 '을'도 아닌 '병' 옆에 쓰여 있다. 같은 일을 하지만 같은 급여, 같은 복지는 없다. 이 계약